READING TUTOR

TUTOR

고등 독해의
절대 자신감

입문

고등 독해의 절대 자신감
리딩튜터 〈입문〉

지은이	NE능률 영어교육연구소
선임 연구원	신유승
연구원	김은경, 박예지, 안혜림
영문 교열	August Niederhaus, Nathaniel Galletta
디자인	박정진, 김명진
내지 일러스트	박정원, 혜란, 김영미, 홍승표
내지 사진	www.shutterstock.com, www.istockphoto.com, www.hellophoto.kr
맥편집	김선희
영업	한기영, 이경구, 박인규, 정철교, 김남준, 이우현
마케팅	박혜선, 남경진, 이지원, 김여진

NE능률이
미래를
창조합니다.

건강한 배움의 고객가치를 제공하겠다는 꿈을 실현하기 위해
40년이 넘는 시간 동안 열심히 달려왔습니다.

앞으로도 끊임없는 연구와 노력을 통해
당연한 것을 멈추지 않고

고객, 기업, 직원 모두가 함께 성장하는 NE능률이 되겠습니다.

NE 능률

The man who does not read
has no advantage over the man
who cannot read.

읽지 않는 사람은 읽을 줄 모르는 사람보다 나을 것이 없다.
– 마크 트웨인 (Mark Twain) –

영어를 잘하고 싶은데, 지루하고 어렵게 느껴지나요?

다양한 주제의 흥미로운 글을 영어로 읽어 보세요. 문법, 문장구조, 어려운 어휘, 이런 것들에 너무 얽매이지 말고, 전체적인 내용에만 집중하세요. 그렇게 읽다 보면, 조금 더 자세히, 정확히 알고 싶은 부분이 생기고, 그런 것들을 알기 위해 공부하고자 하는 마음이 들 것입니다. 완벽하게 해석이 되지 않는다고 스트레스받지 마세요. 글을 읽으며 자신에게 필요한 학습 요소가 무엇인지 파악하고 차근차근 더해 나가면 됩니다.

이렇게 영어 공부에 대한 스트레스는 줄이고, 재미와 상식을 더하는 영어 독해!
리딩튜터 시리즈와 함께 하면 됩니다.

새로운 정보와 흥미로운 이야기가 담긴 지문들을 읽으면서 재미있게 공부할 수 있고, 자연스럽게 다양한 분야와 주제에 대한 배경지식을 넓힐 수 있을 것입니다. 또한 글을 꼼꼼하게 이해하고 파악하는 데 도움이 되는 양질의 문제들을 풀면서 독해 실력도 향상시킬 수 있을 것입니다.

리딩튜터를 통해 여러분이 목표하는 영어 실력을 얻고, 나아가 여러분이 이루고자 하는 꿈에 조금 더 가까이 다가갈 수 있기를 바랍니다.

저자 일동

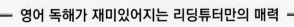

Welcome to Reading Tutor

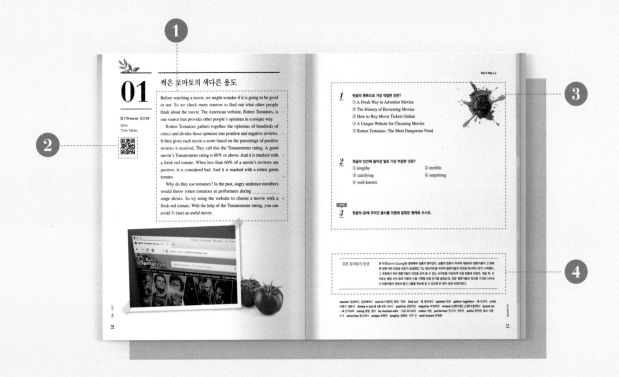

① New & Informative

새롭고 흥미로우면서도 논리적인 지문들을 수록하였습니다. 영어 독해 실력은 물론 상식을 넓히고 사고력도 길러 보세요!

③ 최신 경향의 문제

수능, 내신 대비용, 서술형 주관식, 어휘 문제 등 최신 경향의 다양한 문제를 수록하였습니다.

② Smart Learning

원어민이 녹음한 지문 MP3 파일을 QR 코드 스캔 한 번으로 바로 들을 수 있게 하였습니다.

④ 배경지식

지문 내용과 관련된 배경지식을 수록하여, 지문을 보다 흥미롭고 깊이 있게 읽을 수 있게 하였습니다.

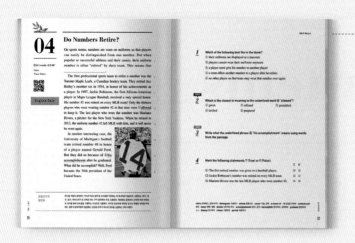

English Only

모든 문제를 영어로 제시하는 English Only. 섹션마다 한 개씩 제공되며, 독해 실력을 한층 업그레이드 할 수 있도록 도와 줍니다.

Review Test

각 섹션에서 배운 단어와 숙어, 주요 구문들을 다양한 유형의 문제를 통해 확인하고 정리해 보세요.

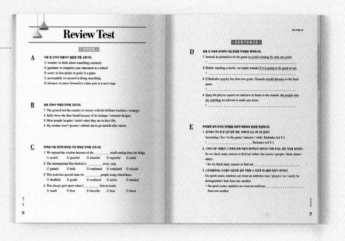

어휘 암기장

본문에서 쓰인 주요 어휘들을 부록으로 별도 제공하여 휴대하면서 틈틈이 어휘 학습을 할 수 있도록 하였습니다.

Special Corners

색과 함께 쓰이는 다양한 영어 표현과 세기의 라이벌을 소개하는 재미있는 쉬어가기 코너를 준비하였습니다. 공부에 지친 몸과 마음에 잠시 휴식을 주는 건 어떨까요?

Contents

SECTION
01

01

📄 179 words 🕐 2'26"

Date:
Time Taken:

썩은 토마토의 색다른 용도

Before watching a movie, we might wonder if it is going to be good or not. So we check many sources to find out what other people think about the movie. The American website, Rotten Tomatoes, is one source that provides other people's opinions in a unique way. ₃

Rotten Tomatoes gathers together the opinions of hundreds of critics and divides those opinions into positive and negative reviews. It then gives each movie a score based on the percentage of positive reviews it received. They call this the Tomatometer rating. A good movie's Tomatometer rating is 60% or above. And it is marked with a fresh red tomato. When less than 60% of a movie's reviews are positive, it is considered bad. And it is marked with a rotten green tomato.

Why do they use tomatoes? In the past, angry audience members would throw rotten tomatoes at performers during _____ stage shows. So try using the website to choose a movie with a fresh red tomato. With the help of the Tomatometer rating, you can avoid ⓐ (see) an awful movie.

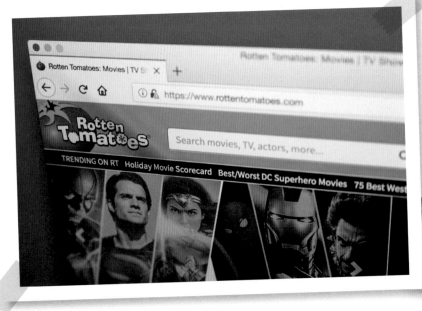

1 윗글의 제목으로 가장 적절한 것은?

① A Fresh Way to Advertise Movies

② The History of Reviewing Movies

③ How to Buy Movie Tickets Online

④ A Unique Website for Choosing Movies

⑤ Rotten Tomatoes: The Most Dangerous Food

2 윗글의 빈칸에 들어갈 말로 가장 적절한 것은?

① lengthy　　　　　　　　　② terrible

③ satisfying　　　　　　　　④ surprising

⑤ well-known

 서술형

3 윗글의 ⓐ에 주어진 동사를 어법에 알맞은 형태로 쓰시오.

로튼 토마토의 탄생　　셴 두엉(Senh Duong)은 영화배우 성룡의 팬이었다. 성룡의 영화가 미국에 개봉되자 평론가들이 그 영화에 대해 어떤 반응을 보일지 궁금했던 그는 웹사이트를 뒤지며 평론가들의 의견을 하나하나 찾기 시작했다. 그 과정에서 여러 평론가들의 의견을 모아 볼 수 있는 사이트를 구상하여 직접 만들게 되었다. 개설 후, 사이트는 매일 수천 명의 이용자 수를 기록할 만큼 인기를 끌었는데, 전문 평론가들의 의견을 수치로 나타내서 이용자들이 영화의 좋고 나쁨을 한눈에 알 수 있도록 한 점이 성공 비결이었다.

---

wonder 궁금하다, 궁금해하다　**source** (사물의) 원천; *자료　**find out** …을 알아내다　**opinion** 의견　**gather together** …을 모으다　**critic** 비평가, 평론가　**divide A into B** A를 B로 나누다　**positive** 긍정적인　**negative** 부정적인　**review** 논평[비평]; 논평[비평]하다　**based on** …에 근거하여　**rating** 평점, 평가　**be marked with** …으로 표시되다　**rotten** 썩은　**performer** 연기자, 연주자　**awful** 끔찍한, 몹시 나쁜 문제　**advertise** 광고하다　**unique** 독특한　**lengthy** 장황한, 너무 긴　**well-known** 유명한

02

📄151 words ⏱2'20"

Date:
Time Taken:

조금 특별한 스포츠

The Olympics are held every four years. Soon after they finish, the *Paralympics are held. The Paralympics are Olympics for physically disabled people. They include common sports events such as basketball and track and field. But there are also some unique games such as goalball.

Goalball is a sport (A) that / who is played by blind people. There are three players on a team. Each team (B) try / tries to score points by rolling the ball past the other team's goal line. How do the blind players know where (C) is the ball / the ball is ? They listen to the sound of bells inside the ball. When they hear the bells, they run towards the ball and try to stop it with their body. Since the players cannot see and have to listen to the sounds, the people who are watching are told not to make any noise. That's why cheering is only permitted after a goal is scored.

*Paralympics 패럴림픽 (국제 신체장애인 올림픽 대회)

| 장애인 올림픽
Paralympics | 하반신 마비를 뜻하는 paraplegia와 Olympics의 합성어로서, 장애인들이 참가하는 올림픽을 말한다. 1960년 이탈리아 로마에서 처음 열렸으며, 1964년 도쿄 대회에서 Paralympics라는 용어를 처음 사용하였다. 개최 시기는 올림픽 폐막 후 2주 이내이며, 올림픽이 개최되었던 도시에서 약 10일 동안 열린다. 장애인 올림픽은 전 세계 장애인들에게 재활의 의지를 심어 주며, 인간 능력의 한계를 뛰어넘는 감동을 선사하는 축제이다. |

1 골볼에 관한 윗글의 내용과 일치하지 <u>않는</u> 것은?

① 장애인 올림픽의 한 종목이다.

② 각 팀은 3명의 선수로 구성된다.

③ 상대 골라인 안으로 공을 넣어 득점한다.

④ 선수들은 소리를 통해 공의 위치를 파악한다.

⑤ 관중들의 환호나 갈채는 경기 내내 금지된다.

수능어법

2 윗글의 (A), (B), (C)의 각 네모 안에서 어법에 맞는 표현으로 가장 적절한 것은?

	(A)		(B)		(C)
①	that	……	try	……	the ball is
②	that	……	tries	……	is the ball
③	that	……	tries	……	the ball is
④	who	……	tries	……	is the ball
⑤	who	……	try	……	the ball is

서술형

3 골볼 선수들의 공통된 신체적 특징이 무엇인지 본문에서 찾아 쓰시오. (1단어)

hold 잡다; *개최하다(held-held) physically 신체적으로 disabled 장애를 가진 track and field 육상경기 score 득점, 점수; *득점하다
past …을 지나서 towards (어떤 방향) 쪽으로, 향하여 cheer 환호성을 지르다, 응원하다 permit 허용하다, 허락하다

03

📄 196 words ⏱ 2'58"

Date:
Time Taken:

이렇게 황당한 축구 경기가

Soccer teams usually try to win their games by kicking the ball into their ① opponent's net. But a game between Barbados and Grenada in the 1994 Caribbean Cup tournament turned this strategy ② upside-down. This happened because the organizers of the tournament had made a special rule. Any game that ended in a tie would go into overtime. The first team to score in overtime would ③ win the game. This goal would also be worth two points.

Barbados needed to beat Grenada by two goals to reach the final game. If Barbados won by less than two goals, Grenada would ④ advance to the final game. With few minutes remaining in the game, Barbados led 2-1. (A) Instead, he planned to tie the game to avoid winning by only one point. (B) One Barbadian player realized that his team was unlikely to score another goal in that time. (C) So, he shot the ball into his own net and scored a point for the other team. This tied the game at 2-2. It then went to overtime, and Barbados scored a goal worth two points. Because of a player's ⑤ unwise decision, they beat Grenada 4-2 and advanced to the final game.

3

6

9

12

15

18

21

축구 경기의 연장전

과거 축구 경기에서는 전·후반전이 모두 지나고 동점일 때 연장전에서 골든골과 실버골 제도를 도입해 승자를 결정했다. 골든골은 연장전에 돌입한 후 먼저 골을 넣는 팀이 승리하면서 바로 경기가 종료되는 제도이다. 하지만 심판에게 과도한 부담을 주고, 실점한 팀에 실수를 만회할 기회를 주지 못한다는 이유로 이를 개선한 실버골 제도로 대체되었다. 실버골 제도는 어느 팀이 연장전에서 골을 넣더라도 15분 경기를 끝까지 마치도록 하는 제도이다. 현재는 두 제도가 모두 폐지되었으며 한 팀이 득점하더라도 연장 전·후반 각각 15분씩 모두 경기를 진행하고, 연장전에서도 무승부면 승부차기로 승자를 가린다.

1

윗글의 제목으로 가장 적절한 것은?
① A Strange Path to Victory
② Why Barbados Tried to Lose
③ How Rules Change in Soccer
④ A Team That Won by Accident
⑤ The Endless Game between Two Rivals

VOCA
2

윗글의 밑줄 친 ①~⑤ 중, 문맥상 낱말의 쓰임이 적절하지 <u>않은</u> 것은?

3

윗글의 (A)~(C)를 글의 흐름에 맞게 배열한 것으로 가장 적절한 것은?
① (A) – (C) – (B)　　　　　　② (B) – (A) – (C)
③ (B) – (C) – (A)　　　　　　④ (C) – (A) – (B)
⑤ (C) – (B) – (A)

서술형
4

다음은 윗글의 밑줄 친 <u>a special rule</u>이 의미하는 바를 나타낸 것이다. 빈칸에 들어갈 알맞은 말을 본문에서 찾아 쓰시오.

When a game ended _____ _____ _____, it would go into overtime and the first team to score in overtime would win by _____ _____.

---

opponent (게임·대회 등의) 상대　**net** 그물; *(스포츠에서) 골대　**tournament** 토너먼트　**strategy** 전략　**upside-down** 거꾸로의
organizer 조직자　**tie** (두 팀 등이) 동점을 이루다; 동점　**overtime** 초과 근무; *(스포츠) 연장전　**be worth** …의 가치가 있다　**beat** (게임·시
합에서) 이기다(beat-beaten)　**advance** 다가가다, 나아가다　**be unlikely to-v** …할[일] 것 같지 않다　문제　**path** 길, 방향　**victory** 승리
by accident 우연히　**endless** 끝없는　**rival** 경쟁자, 경쟁 상대

04

📄 211 words ⏱ 3'40"

Date:
Time Taken:

English Only

Do Numbers Retire?

On sports teams, numbers are worn on uniforms so that players can easily be distinguished from one another. But when popular or successful athletes end their career, their uniform number is often "retired" by their team. This means that
_____ .

    The first professional sports team to retire a number was the Toronto Maple Leafs, a Canadian hockey team. They retired Ace Bailey's number six in 1934, in honor of his achievements as a player. In 1997, Jackie Robinson, the first African-American player in Major League Baseball, received a very special honor. His number 42 was retired on every MLB team! Only the thirteen players who were wearing number 42 at that time were ⓐ<u>allowed</u> to keep it. The last player who wore the number was Mariano Rivera, a pitcher for the New York Yankees. When he retired in 2013, the uniform number 42 left MLB with him, and it will never be worn again.

    In another interesting case, the University of Michigan's football team retired number 48 in honor of a player named Gerald Ford. But they did so because of ⓑ<u>his accomplishment</u> after he graduated. What did he accomplish? Well, Ford became the 38th president of the United States.

3

6

9

12

15

18

21

24

운동선수의
등번호

유니폼 색깔과 등번호는 자신의 팀과 상대 팀 선수들을 구분하는 데 효과적인 방법으로, 등번호는 축구, 야구, 농구, 아이스하키 등 단체로 하는 구기 종목에서 주로 사용한다. 예전에는 종목마다 규칙에 따라 차례대로 숫자를 붙여 선수들을 구별하는 수단으로 사용했다. 하지만 등번호에 애착을 갖거나 특별한 의미를 부여하는 경우가 많아지면서 등번호는 단순한 숫자가 아니라 선수를 상징하는 것이 되었다.

1 **Which of the following best fits in the blank?**
① their uniforms are displayed at a museum
② players cannot wear their uniforms anymore
③ a player must give his number to another player
④ a team offers another number to a player after he retires
⑤ no other player on that team may wear that number ever again

VOCA

2 **Which is the closest in meaning to the underlined word ⓐ "allowed"?**
① given   ② refused   ③ permitted
④ invited   ⑤ prepared

서술형

3 **Write what the underlined phrase ⓑ "his accomplishment" means using words from the passage.**

4 **Mark the following statements T (True) or F (False).**

	T	F
(1) The first retired number was given to a baseball player.	☐	☐
(2) Jackie Robinson's number was retired on every MLB team.	☐	☐
(3) Mariano Rivera was the last MLB player who wore number 42.	☐	☐

retire 은퇴하다, 은퇴시키다 **distinguish** 구별하다 **athlete** 운동선수 **career** 직업; 경력 **in honor of** …에 경의를 표하여 **achievement** 업적 **honor** 명예, 영예 **pitcher** (야구의) 투수 **accomplishment** 업적, 공적 ※**accomplish** 완수하다, 성취하다 **graduate** 졸업하다 **문제** **display** 전시하다 **refuse** 거절하다 **permit** 허용하다

Review Test

A 다음 중 단어의 뜻풀이가 잘못된 것을 고르시오.

① wonder: to think about something curiously

② graduate: to complete your education at a school

③ score: to lose points or goals in a game

④ accomplish: to succeed in doing something

⑤ advance: to move forward to a later part or a next stage

B 괄호 안에서 적절한 단어를 고르시오.

1 The general led the country to victory with his brilliant (statistics / strategy).

2 Kelly loves the shoe brand because of its (unique / constant) designs.

3 Most people (acquire / retire) when they are in their 60s.

4 My mother won't (permit / submit) me to go outside after sunset.

C 문맥상 다음 빈칸에 들어갈 가장 알맞은 단어를 고르시오.

1 We opened the window because of the _____ smell coming from the fridge.
   ① useful ② grateful ③ cheerful ④ regretful ⑤ awful

2 The international film festival is _____ every year.
   ① gained ② held ③ continued ④ contained ⑤ refused

3 This train has special seats for _____ people using wheelchairs.
   ① disabled ② gentle ③ confused ④ active ⑤ detailed

4 Tim always gets upset when I _____ him at tennis.
   ① reach ② bear ③ describe ④ beat ⑤ block

· S E N T E N C E ·

D   밑줄 친 부분에 유의하여 다음 문장을 우리말로 해석하시오.

1 Instead, he planned to tie the game <u>to avoid winning by only one point.</u>

▶ _____

2 Before watching a movie, we might wonder <u>if it is going to be good or not.</u>

▶ _____

3 <u>If</u> Barbados <u>won</u> by less than two goals, Grenada <u>would advance</u> to the final game.

▶ _____

4 <u>Since</u> the players cannot see and have to listen to the sounds, <u>the people who are watching</u> are told not to make any noise.

▶ _____

E   우리말에 맞게 주어진 단어들을 바르게 배열하여 문장을 완성하시오.

1 경기에서 거의 몇 분 남지 않은 채로, 바베이도스는 2대 1로 앞섰다.

(remaining / few / in the game / minutes / with), Barbados led 2-1.

▶ _____, Barbados led 2-1.

2 그래서 다른 사람들이 그 영화에 관해 어떻게 생각하는지 알아내기 위해 우리는 많은 자료를 확인한다.

So we check many sources to find out (what / the movie / people / think about / other).

▶ So we check many sources to find out _____.

3 스포츠팀에서는 선수들이 서로서로 쉽게 구별될 수 있도록 유니폼에 번호가 새겨진다.

On sports teams, numbers are worn on uniforms (can / players / so / easily be distinguished / that) from one another.

▶ On sports teams, numbers are worn on uniforms _____ from one another.

Pink

일반적으로 핑크색은 여성을 상징하는 색으로 많이 사용된다. 하지만 pink가 들어간 영어 표현은 더욱 다양한 의미를 가지고 있다.

tickled pink

: 무척 기쁜

누군가를 간지럼 태우면 그 사람의 얼굴은 웃음을 참지 못하여 상기될 것이다. tickle은 '간지럼을 태운다'는 의미로, 상기된 얼굴을 표현하는 pink와 합쳐져 '무척 기쁜'이라는 의미가 된다.

He was **tickled pink** when he ran into me at the airport.
(그는 공항에서 나를 우연히 마주쳤을 때 무척 기뻐했다.)

see pink elephants

: 헛것을 보다

코끼리는 회색이거나 드물게 흰색인 경우가 있지만, 분홍색 코끼리는 존재하지 않는다. 그래서 분홍색 코끼리는 실제로는 없는 것을 의미하며, see pink elephants는 '헛것을 본다'는 의미가 된다. 특히, 술이나 약에 취해 있을 때 쓸 수 있는 표현이다.

I began to **see pink elephants**.
(나는 헛것을 보기 시작했다.)

in the pink

: 건강이 좋은

건강한 아기들은 발그스름한 분홍색의 볼을 가지고 있다. 여기에서 온 표현으로 in the pink는 '건강한 상태'를 의미한다.

If you want to stay **in the pink,** you need to do regular exercise.
(건강한 상태로 유지하고 싶다면, 너는 규칙적인 운동을 할 필요가 있다.)

SECTION

02

세계의 문화

01

📄 158 words ⏱ 2'10"

Date:
Time Taken:

두바이의 지혜의 탑

Dubai is one of the hottest and driest places on earth. In the past, there was no air conditioning, or even electricity. How did people in Dubai survive in this ① severe weather? 3

They invented a type of air conditioning that did not ② require electricity: the wind tower. A wind tower stands tall above a house. It catches the wind and moves it inside. The air is cooled down 6 when it meets ③ cold water that flows through the underground canal in the building. This air cools the inside of the building. (thick, made, the buildings, walls, with, are) and have small windows; 9 these help keep cool air in and heat out. Most houses are built very close together with high walls and ceilings. This also helps create more shade and ④ produce heat. 12

Modern buildings in Dubai are air conditioned and no longer use wind towers for ⑤ cooling. However, wind towers 15 still remain as an important architectural symbol in Dubai.

두바이

두바이는 아랍에미리트 일곱 연방 국가 중 하나인 두바이 토후국의 수도로, 페르시아만 연안, 연방 동쪽에 위치한다. 다른 중동 국가들과 마찬가지로 석유 산업을 기반 삼아 발전했지만, 현재는 중동 지역의 문화·교통·무역의 중심지가 되었다. 도시 중심에서는 전통적인 건축물보다는 초고층 호텔, 인공섬, 대형 쇼핑몰 등을 쉽게 찾아볼 수 있다. 그 예로 세계에서 가장 높은 건물인 부르즈 할리파(높이 828m)가 두바이에 있다.

1 윗글의 주제로 가장 적절한 것은?

① the hottest place on earth

② the history of air-conditioning systems

③ different ways to build towers in Dubai

④ the difficulties of living in a dry climate

⑤ how traditional houses were cooled in Dubai

2 윗글의 괄호 안에 주어진 단어들을 다음 우리말에 맞게 배열하시오.

그 건물들은 두꺼운 벽으로 만들어져 있다

→ _____

VOCA

3 윗글의 밑줄 친 ① ~ ⑤ 중, 문맥상 낱말의 쓰임이 적절하지 <u>않은</u> 것은?

---

air conditioning (건물·자동차의) 에어컨, 냉난방 장치 **electricity** 전기 **survive** 살아남다, 생존하다 **severe** 극심한, 가혹한 **invent** 발명하다 **require** *필요로 하다; 요구하다 **underground** 지하의 **canal** 수로 **ceiling** 천장 **shade** (시원한) 그늘 **no longer** 더 이상 …하지 않는 **remain** 계속[여전히] …이다; *(없어지지 않고) 남다 **architectural** 건축학의 문제 **traditional** 전통의

02

Date:
Time Taken:

코끼리, 사람, 개미!

In Korea, we play a game called kawi, bawi, bo. Children, and even adults, enjoy playing it as a way to decide who gets the first turn. The same game is played almost everywhere in the world, with some differences. A version in Indonesia is interesting and unique. Here is how the game is played in that country.

ⓐ (Show) a closed hand with a thumb up is an "elephant."

ⓑ (Show) an index finger is a "person."

ⓒ (Show) just the little finger is an "ant."

　Since the elephant is big and strong, it beats the person. The person beats the much smaller ant. ＿＿＿＿＿＿

Why? When an ant gets into an elephant's ear, the feeling bothers the elephant so much that it goes crazy, and there's nothing that the elephant can do about it!

**가위바위보
필승 전략**

흔히 가위바위보는 운에 따라 승패가 결정되는 게임으로 여겨진다. 하지만 중국 심리학자들은 가위바위보에서 이길 수 있는 전략이 존재한다는 연구 결과를 내놓았다. 연구팀은 학생 360명을 6개 그룹으로 나누고 상대를 무작위로 선택한 다음 가위바위보를 300회 진행했다. 그 결과, 한 번에 승부가 결정된 경우, 승자는 다음 승부에서 손을 바꾸지 않고 같은 손을 내는 경우가 많았다. 반면 같은 손으로 두 번 이상 연속해서 졌다면 패자는 대개 손을 바꾸어 상대방에게 졌던 손을 이길 수 있는 손을 택했다. 예를 들어 가위를 낸 사람이 주먹에 연속해서 졌다면 다음 승부에선 보를 낼 가능성이 높다는 것이다. 연구팀은 이들 사례를 바탕으로 승자는 유지하려는 습성, 패자는 바꾸려는 행동이 강하다고 분석했다.

1 윗글에서 설명된 인도네시아식 가위바위보의 규칙에 따를 때, 다음 중 이긴 사람 쪽으로 ⟨ 표를 하시오.

(1)  ( )   (2)  ( )

2 윗글의 ⓐ, ⓑ, ⓒ에 주어진 동사를 어법에 알맞은 형태로 쓰시오. (공통되는 한 단어로 쓸 것)

3 윗글의 빈칸에 들어갈 말로 가장 적절한 것은?

① As a result, the ant dies.

② However, the small ant beats the person.

③ However, the person doesn't beat the elephant.

④ However, the ant beats the much bigger elephant.

⑤ As a result, the final winner becomes the elephant.

turn 돌기; *차례 **difference** 차이점 **thumb** 엄지손가락 **index finger** 집게손가락 **little finger** 새끼손가락 **beat** 이기다(beat-beaten)
get into …안으로 들어가다 **bother** 신경 쓰다; *괴롭히다 **go crazy** 미치다 문제 **as a result** 그 결과

03

📄 207 words ⏱ 3'00"

Date:
Time Taken:

이보다 더 추울 순 없다!

Is it too cold to go out? A visit to the Russian village of Oymyakon might change your ideas about cold. That's because Oymyakon, "the Pole of Cold," is the coldest village on earth! Oymyakon's coldest recorded temperature was -71.2°C. Interestingly, the meaning of the village's name is "unfrozen patch of water." It is named after the nearby river, which does not freeze.

In December, the daylight lasts only three hours per day, and the town remains about -45°C on average. It's so cold (A) that / what water freezes immediately upon touching the air. There are other issues: Batteries lose their power very quickly, pen ink freezes, and people cannot even wear eyeglasses because they can freeze! Cars are often left running, as it's quite hard to restart their engines in the freezing weather. Communication is also difficult because the cold prevents cell phones from (B) work / working .

At home, Oymyakon's villagers lead simple lives without the conveniences people enjoy in most modern cities. They have to burn wood or coal for warmth, and they can only buy basic goods from the one and only store in town. Nevertheless, Oymyakon's community of hunters, reindeer farmers, and fishermen (C) has adapted / had adapted to the harsh environment and remains happy despite the town's extreme conditions.

오이먀콘

오이먀콘은 러시아의 사하 공화국 오이먀콘스키 지역의 2000m 높이의 세 개의 산맥으로 둘러싸여 있는 작은 마을이다. 이 마을의 기온은 겨울철에는 영하 70℃ 이하로 내려가지만, 여름에는 30℃ 이상의 고온을 기록하기도 한다. 마을 주민의 수는 약 500명이며 기온이 영하 50℃ 이하로 내려가야 학교가 휴교를 한다.

1 오이먀콘에 관한 윗글의 내용과 일치하지 <u>않는</u> 것은?

① 기록된 최저 기온이 섭씨 영하 71.2도이다.

② 12월에는 낮의 길이가 세 시간에 불과하다.

③ 지역 특성상 추위에 강한 통신 장비가 발달하였다.

④ 생활 물품을 살 수 있는 상점이 한 곳뿐이다.

⑤ 마을 사람들은 사냥이나 농장, 어업 등을 하며 살아간다.

수능 어법

2 윗글의 (A), (B), (C)의 각 네모 안에서 어법에 맞는 표현으로 가장 적절한 것은?

	(A)	(B)	(C)
①	that	work	has adapted
②	that	working	had adapted
③	that	working	has adapted
④	what	work	had adapted
⑤	what	working	has adapted

3 주어진 질문에 대한 답을 할 때, 빈칸에 들어갈 알맞은 말을 본문에서 찾아 쓰시오.

Where does the name Oymyakon come from?

→ It comes from the nearby _____, which does not _____.

---

village 마을 **temperature** 온도, 기온 **patch** 부분 **name after** …의 이름을 따서 이름 짓다 **freeze** 얼다; 얼리다(froze-frozen) **last** 계속되다 **on average** 평균적으로 **immediately** 즉시 **prevent** 막다, 방해하다 **convenience** 편의, 편리; *편의 시설 **reindeer** 순록 **adapt** 맞추다; *적응하다 **harsh** 가혹한; *혹독한 **despite** …에도 불구하고 **extreme** 극도의, 극심한 **condition** 조건; *(pl.) 환경

04

📄172 words 🕐3'20"

Date:
Time Taken:

English Only

Dancing with Fighting

Two men are face to face. You may think they are fighting. But at the same time, they look like they are dancing. Actually, they are doing both, as they are practicing capoeira. 3

Capoeira is a Brazilian art form that combines fighting, dance, and acrobatics. It is usually performed by two people. Participants look like they are communicating with their movements, which 6 include kicks, spins, and flips.

(A) However, they had to keep their training a secret from their owners, so they disguised it as a dance. (B) Taken from their homes 9 and forced to work in the farms, they started training to protect themselves. (C) According to history, capoeira was created in Brazil about 500 years ago by African slaves. They added their traditional 12 music, singing, and rhythm. In this way, capoeira continued its development and soon became useful not only for fighting skills but for self-defense. 15

Today, lots of people practice capoeira all over the world. They say it gives them power and flexibility. _____, it gives them more self-confidence, focus, and courage. 18

세계의 문화

1 Which of the following is NOT true about capoeira?

① It combines fighting, dance, and acrobatics.

② It is performed by two people.

③ It was created about 500 years ago.

④ It came from native American tradition.

⑤ It helps people develop self-confidence.

2 Choose the right order of (A), (B), and (C) according to the context.

① (A) – (B) – (C)　　② (A) – (C) – (B)　　③ (B) – (A) – (C)

④ (B) – (C) – (A)　　⑤ (C) – (B) – (A)

3 Which of the following best fits in the blank?

① For example　　② However　　③ In short

④ As a result　　⑤ Moreover

서술형

4 Why did the slaves make capoeira look like a dance? Fill in the blank using appropriate words from the passage.

→ They had to _____.

---

face to face 서로 얼굴을 맞대는　**practice** 연습하다; *행하다　**combine** 결합하다　**acrobatics** 곡예　**perform** 행하다　**participant** 참가자 **spin** 회전, 돌기　**flip** 톡 던지기[치기]; *공중제비　**disguise** 변장하다; *위장하다　**force** …을 강요하다; *억지로 …하다　**protect** 보호하다, 지 키다　**slave** 노예　**self-defense** 자기방어, 호신　**flexibility** 유연성　**self-confidence** 자신감　**courage** 용기

Review Test

A 다음 단어의 영영풀이를 바르게 연결하시오.

1 invent ·   · ⓐ to remain alive
2 combine ·   · ⓑ to do an action or activity
3 survive ·   · ⓒ to bring two or more things together
4 perform ·   · ⓓ to make something that did not exist before
5 protect ·   · ⓔ to prevent someone or something from being harmed

B 괄호 안에서 적절한 단어를 고르시오.

1 The girls were sitting in the (shape / shade) of a tall tree.
2 Melanie has the (average / courage) to follow her dreams.
3 The queen (disguised / disappeared) herself as an old woman to kill Snow White.
4 The boy seemed to (adopt / adapt) well to his new school.

C 다음 밑줄 친 부분의 의미로 가장 적절한 것을 고르시오.

1 In summer, mosquitoes <u>bother</u> me a lot.
   ① annoy   ② overcome   ③ provide   ④ predict   ⑤ satisfy

2 If you want to get there by nine, you need to leave here <u>immediately</u>.
   ① certainly   ② by chance   ③ exactly   ④ right away   ⑤ gradually

3 To prepare for the <u>extreme</u> cold this winter, I bought a thick coat.
   ① calm   ② severe   ③ moderate   ④ difficult   ⑤ mild

4 Her concert <u>lasted</u> over two hours.
   ① expected   ② stopped   ③ continued   ④ practiced   ⑤ changed

· S E N T E N C E ·

D 밑줄 친 부분에 유의하여 다음 문장을 우리말로 해석하시오.

1 Dubai is <u>one of the hottest and driest places</u> on earth.

▶ _____

2 Children, and even adults, enjoy playing it as a way to decide <u>who gets the first turn</u>.

▶ _____

3 Cars are often left running, as <u>it's quite hard to restart their engines</u> in the freezing weather.

▶ _____

4 In this way, capoeira continued its development and soon became useful <u>not only for fighting skills but for self-defense</u>.

▶ _____

E 우리말에 맞게 주어진 단어들을 바르게 배열하여 문장을 완성하시오.

1 그들은 전기를 필요로 하지 않는 일종의 에어컨을 발명해냈다.

They invented (require / that / a type of / electricity / did not / air conditioning).

▶ They invented _____.

2 또한, 추위로 인해 휴대전화가 작동되지 않아서 연락도 어렵다.

Communication is also difficult (from / the cold / cell phones / prevents / working / because).

▶ Communication is also difficult _____.

3 그들의 고향에서 끌려와 강제로 농장에서 일하게 되었기 때문에, 그들은 스스로를 지키기 위해 훈련을 하기 시작했다.

(forced / from their homes / to work / taken / and / in the farms), they started training to protect themselves.

▶ _____, they started training to protect themselves.

REAL MADRID VS FC BARCELONA

세계 최고의 축구 라이벌
레알 마드리드 VS FC 바르셀로나

수많은 사람들이 열광하는 축구 경기 중에서도 특히 '축구 전쟁'이라고 불리며 전 세계 축구팬들의 이목을 집중시키는 경기가 있다. 바로 스페인을 대표하는 두 도시 마드리드와 바르셀로나의 축구팀인 레알 마드리드와 FC 바르셀로나의 라이벌 매치, 일명 엘 클라시코(El Clasico)이다. 엘 클라시코는 영어로 표현하면 '더 클래식(The Classic)', 즉 고전의 승부라는 뜻이다. 두 팀의 라이벌 관계는 1902년부터 시작되었을 만큼 역사가 깊고 치열하다. 여기에는 스페인의 고질적인 지역감정이 자리 잡고 있다. 마드리드가 속해 있는 카스티야 지방과 바르셀로나의 카탈루냐 지방은 언어와 문화의 차이가 있어 역사적으로 충돌이 잦았고, 카탈루냐 지방에서는 분리 독립운동을 펼치기까지 하였다. 이러한 갈등이 시즌에 네 번 열리는 축구 경기를 통해 분출되는 것이다.

뜨거운 열기는 가끔 폭력으로 나타나기도 한다. FC 바르셀로나의 부주장이었던 루이스 피구가 레알 마드리드로 이적한 후, 바르셀로나 팬들은 경기 중 피구를 향해 유리병, 당구공, 심지어 돼지 머리까지 온갖 물건들을 집어 던지며 그를 비난했다. 오늘날에도 두 팀의 라이벌 경기는 수많은 화제를 낳으며 뜨겁게 이어지고 있다.

SECTION
03

01

📄 166 words ⏱ 2'26"

Date:
Time Taken:

비행기 티켓에 이런 정보가?

When you're waiting for a flight, you might want to let people ① <u>know</u> that you're going on vacation. So you might decide to take pictures of your boarding pass and post ② <u>them</u> on social networking sites. <u>This</u> can be dangerous, however, because hackers can copy the reference number on your boarding pass. They can then use it to access your account on the airline's website. If they do, they may be able to steal your personal information, including your passport number.

  And that's not the only problem. Even if the numbers ③ <u>cover up</u>, the bar code on your boarding pass might be visible. There are many apps ④ <u>that</u> can be used to scan bar codes. This can reveal ⑤ <u>even</u> more personal information, including your flight itinerary. So, if you want to take a picture at the airport, take a *selfie instead.

And after your flight, be sure to destroy your boarding pass. This is the smartest way to stay safe and secure when you travel.

*selfie 셀카 (자신의 모습을 직접 찍은 사진)

SNS에 올리면 위험한 정보

SNS를 통해 다른 사람들과 일상을 공유하는 것은 즐거운 일이지만, 개인 정보 보호를 위해서 반드시 주의해야 할 점이 있다. 예를 들어 집 주소, 전화번호, 또는 자신의 생년월일 등과 같은 개인 정보는 범죄에 악용될 수 있으므로 SNS에 올려서는 안 된다. 직접적인 내용뿐만 아니라 이와 같은 정보가 포함된 사진을 공유하는 것도 주의해야 한다. 또한, 외출하거나 휴가를 떠난 상태에서 자신의 위치 정보를 올리는 것은 현재 집을 비운 상태임을 알리게 되므로 이런 정보도 올리지 않는 것이 바람직하다.

1

윗글의 밑줄 친 ①~⑤ 중, 어법상 <u>틀린</u> 것은?

2

윗글의 밑줄 친 <u>This</u>가 가리키는 것을 본문에서 찾아 쓰시오.

Taking _____ and posting _____

3

윗글의 내용을 한 문장으로 요약하고자 한다. 빈칸 (A)와 (B)에 들어갈 말로 가장 적절한 것은?

> In order to _____(A)_____ your personal information, make sure not to _____(B)_____ your boarding pass online.

	(A)		(B)
①	access	……	hide
②	share	……	scan
③	protect	……	display
④	confirm	……	correct
⑤	secure	……	purchase

flight 비행; 항공편[항공기] go on vacation 휴가를 가다 boarding pass 탑승권 post 발송하다; *올리다[게시하다] social networking site 커뮤니티형 웹사이트(= SNS) copy 복사[복제]하다, 베끼다 reference 언급; *참조 번호 access 접근하다 account 계좌; *이용 계정 steal 훔치다 personal 개인의, 개인적인 passport 여권 cover up …을 완전히 덮다[가리다] visible 보이는 reveal 드러내다 itinerary 여행 일정표 secure 안전한, 확실한; 안전하게 지키다 문제 display 전시하다; 드러내다 confirm 사실임을 보여주다[확인해 주다] correct 바로잡다 purchase 구입하다

02

📄170 words ⏱2'30"

Date:
Time Taken:

함부로 쓸 수 없던 그 색깔

You can see a variety of bright colors, such as red and yellow, in the national flags of the world's countries. But you'll rarely see the color purple in any of the flags. Why don't countries use purple in their national flags? It is related to how much purple dye used to cost. Until the 1800s, purple dye only came from a special type of snail in the Mediterranean. It took about 10,000 snails to make just one gram of dye! This made purple dye difficult to produce and therefore extremely expensive. Only wealthy people, like royalty, could afford this dye. So it was not used for objects as common as national flags. _____, in 1856, William Henry Perkin discovered a way to make purple dye artificially without using snails. Because of this discovery, large amounts of purple dye could be made cheaply. And the color purple first became popular in the 1900s. However, by that time, most national flags had already been created without using purple in their designs.

1 윗글의 내용과 일치하면 T에, 일치하지 않으면 F에 표시하시오.

	T	F
(1) Purple dye was made from snails until the 1800s.	☐	☐
(2) Using purple dye in national flags was common before 1856.	☐	☐
(3) William Henry Perkin found a way to make large amounts of purple dye at a low cost.	☐	☐

2 윗글의 빈칸에 들어갈 말로 가장 적절한 것은?

① Though   ② Because

③ However   ④ Therefore

⑤ For example

서술형

3 윗글의 내용과 일치하도록 빈칸에 알맞은 말을 본문에서 찾아 쓰시오.

It is rare to see the color purple in _____ _____ because purple dye used to be very _____.

**국기에 담긴
의미와 역사**

국기의 형태나 이미지에는 특별한 의미나 역사적인 배경이 담겨 있기도 하다. 유럽의 국가들은 세 가지 색으로 이루어진 국기를 사용하는 경우가 많다. 이는 절대 왕정을 무너뜨리고 민주 주권 국가를 세운 프랑스 대혁명으로 인해 프랑스의 삼색기가 다른 나라의 국기에 큰 영향을 미쳤기 때문이다. 또한, 우루과이 국기는 아르헨티나 국기의 영향을 받아 만들어졌다. 아르헨티나의 지원으로 브라질로부터 독립할 수 있었던 우루과이는 감사의 의미로 자국 국기 왼쪽 위에 아르헨티나 국기 속 태양 문양을 넣었다.

---

a variety of 여러 가지의   **national flag** 국기   **rarely** 드물게, 좀처럼 …하지 않는 ※**rare** 드문, 보기 힘든   **be related to** …와 관련 있다
dye 염료   **the Mediterranean** 지중해   **produce** 생산하다   **extremely** 극도로   **wealthy** 부유한   **royalty** 왕족   **afford** …할 여유[형편]가
되다   **object** 물건, 물체   **artificially** 인공적으로   **discovery** 발견   **large amounts of** 다량의 …

03

📄 214 words ⏱ 3'10"

Date:
Time Taken:

This is worth reading whether you cook or not.

What should I do if I put too much salt in my soup?

Don't add water, as this will only make the soup taste worse. Instead, you should add some cooked potatoes for a few minutes. They will absorb all the salt, and then you can just take them out.

How can I get kiwi fruit ⓐ (ripen) faster?

Put them in a plastic bag with an apple, a pear, or a banana. These fruits release *ethylene gases that cause kiwis to ripen faster.

How can I keep my cookies crispy?

We usually store cookies in a box, and they often get soft. Placing a few sugar cubes or some salt in the box will prevent this. They will absorb moisture and keep the cookies crispy and delicious.

What can I do to keep my soda from going flat?

No one likes soda without the bubbles! Once the bottle is opened, it should be stored upside down. The bubbles always go to the top, and that way they can't get out.

How can I make watermelon ⓑ (taste) sweeter?

This may sound strange, but you can put a little salt on it. The salty taste will make the sweet taste stronger. But only add a little!

*ethylene gas 에틸렌 가스

1 윗글의 빈칸에 들어갈 제목으로 가장 적절한 것은?

① Ways to Keep Fruit Fresh

② The Key to a Healthy Diet

③ How to Become a Good Cook

④ Useful Tips for Food Handling

⑤ The Importance of Good Nutrition

VOCA

2 윗글의 밑줄 친 soft와 의미가 반대인 것은?

① wet   ② flat   ③ cold   ④ salty   ⑤ crispy

서술형

3 윗글의 ⓐ와 ⓑ에 주어진 동사를 어법에 알맞은 형태로 쓰시오.

ⓐ _____   ⓑ _____

4 윗글을 읽고 문제와 해결책을 바르게 짝지은 것은?

Problem		Solution
① Ugh! My soup is too salty!	⋯⋯	Put an apple or pear in it.
② I don't think this kiwi is ripe yet.	⋯⋯	Store it with a banana.
③ Oh, no! The cookies are soft.	⋯⋯	Put them in a plastic bag.
④ I want to keep the bubbles in my Coke.	⋯⋯	Put some baking soda in it.
⑤ This watermelon is not sweet enough.	⋯⋯	Store it with a few sugar cubes.

worth 가치 있는   **absorb** 흡수하다   **ripen** (과일·곡물이) 익다 ※**ripe** 익은   **release** 풀어주다; *방출하다   **crispy** 바삭바삭한   **store** 저장하다   **cube** 정육면체; *각설탕   **moisture** 수분, 습기   **soda** 탄산음료   **flat** 평평한; *(맥주·음료 등이) 김빠진   **bubble** 거품, 기포   **upside down** 거꾸로, 뒤집혀   문제 **tip** 조언; *비법   **handling** 취급   **nutrition** 영양

04

Wake Me Up, Please!

Do you have a hard time waking up in the morning?
Here are some items that can help you out.

📄 204 words ⏱ 3'30"

Date:
Time Taken:

Get rid of your loud alarm clock! Now, you can wake up easier. Our new Sunrise Pillow has several soft LED lights. When you need to wake up, they slowly ① <u>get brighter and brighter</u>. It's just like the rising sun! ⁶

Here's an alarm clock ② <u>designed</u> to wake up even the deepest sleepers. The Dumbbell Alarm works like any other alarm clock. But when you want to ③ <u>turn it off</u>, you can't just press a button. ⁹ You have to lift it 30 times, like a weightlifter.

Here's another alarm clock that wakes you up without any noise. The Quiet Alarm comes with a special ring. Put it on your finger ¹² before you go to bed and when it's time ④ <u>wake up</u>, the ring will vibrate. To turn it off, you have to shake your hand back and forth.

The Rug Alarm makes sure you get out of bed in the morning. ¹⁵ The clock looks like a small rug. In order to turn it off, you have to _____. Unless it feels your full weight on it, it will keep ⑤ <u>ringing and ringing</u>. ¹⁸

향기로 깨워주는 알람 시계

시끄러운 소리 대신 좋아하는 향기로 잠을 깨워주는 알람 시계도 있다. 작은 향기 카트리지를 시계에 끼운 뒤, 원하는 시간을 입력하면 정해진 시간에 강한 향기가 뿜어져 나온다. 복숭아나 생강, 커피 같은 향에서 잔디 냄새, 정글 냄새, 지폐 냄새에 이르기까지, 자신이 원하는 향을 골라 넣을 수 있다. 3분 동안 강한 향기를 뿜고도 잠든 사람이 일어나지 않으면 그때부터는 시끄러운 알람 소리가 울리므로 냄새를 못 맡아서 못 일어날 걱정도 없다.

1 What is the passage mainly about?

① the best way to wake up

② how sleep and health are related

③ a variety of effective alarm clocks

④ the man who invented an alarm clock

⑤ some advantages of waking up early

2 Which of the following best fits in the blank?

① roll it up   ② lift it up

③ stand on it   ④ fold it in half

⑤ press a button

수능어법

3 Which is grammatically incorrect among ① ~ ⑤?

서술형

4 How do you turn off the Dumbbell Alarm? Fill in the blank using appropriate words from the passage.

→ You have to _____.

get rid of …을 없애다   **loud** (소리가) 큰, 시끄러운   **pillow** 베개   **lift** 들어올리다   **weightlifter** 역도선수   **vibrate** (가늘게) 떨다, 진동하다
back and forth 앞뒤로   **rug** 깔개, 양탄자   **make sure** 확실하게 하다   **weight** 무게, 문제   **relate** 관련시키다   **effective** 효과적인
advantage 이점, 장점   **fold** 접다   **in half** 반으로

Review Test

A 다음 중 단어의 뜻풀이가 <u>잘못된</u> 것을 고르시오.

① personal: relating to a particular person
② loud: causing a lot of noise
③ secure: exposed to danger or risk
④ visible: able to be seen
⑤ worth: valuable enough for something

B 괄호 안에서 적절한 단어를 고르시오.

1 If you shake the Coke bottle, (bubbles / troubles) will form.
2 Since I forgot the password, I can't (assess / access) my email account.
3 The factory (releases / relieves) harmful chemicals into the air.
4 Judging by the size of the tomb, she must have been (loyalty / royalty).

C 문맥상 다음 빈칸에 들어갈 가장 알맞은 단어를 고르시오.

1 Now _____ your both arms above your head and join your palms.
  ① cover   ② afford   ③ wake   ④ lift   ⑤ rate

2 A sponge can be used to _____ water.
  ① send   ② absorb   ③ connect   ④ consist   ⑤ change

3 My cell phone _____ in my pocket, but I ignored it.
  ① answered   ② developed   ③ vibrated   ④ contained   ⑤ continued

4 As Jenny moved far away, I _____ see her these days.
  ① temporarily ② lately   ③ frequently   ④ highly   ⑤ rarely

· S E N T E N C E ·

D   밑줄 친 부분에 유의하여 다음 문장을 우리말로 해석하시오.

1 There are many apps <u>that can be used to scan bar codes</u>.

▶ _____

2 William Henry Perkin discovered <u>a way to make purple dye artificially</u> without using snails.

▶ _____

3 <u>Placing a few sugar cubes or some salt in the box</u> will prevent this.

▶ _____

4 <u>Unless it feels your full weight on it</u>, it will keep ringing and ringing.

▶ _____

E   우리말에 맞게 주어진 단어들을 바르게 배열하여 문장을 완성하시오.

1 비행기를 기다리고 있을 때, 당신은 휴가를 떠날 것을 사람들에게 알리고 싶어 할지도 모른다.

When you're waiting for a flight, you might want to (people / that / know / going on vacation / let / you're).

▶ When you're waiting for a flight, you might want to _____

_____.

2 그래서 그것은 국기처럼 일반적인 물건에는 사용되지 않았다.

So it was not used (as / as / for / national flags / common / objects).

▶ So it was not used _____.

3 탄산음료가 김이 빠지는 것을 막으려면 무엇을 해야 할까?

What can I (to / my soda / keep / going / do / flat / from)?

▶ What can I _____?

Blue

파란색을 뜻하는 blue는 여러 가지 의미를 가지고 있다. 색이 잘 바래지 않는 파란색 염료 때문에 '충실한'의 의미를 가진 true-blue라는 표현이 있으며, '우울하다'는 의미로 feel blue라는 말을 쓰기도 한다. blue와 관련된 다양한 표현을 알아보자.

the Monday morning blues

: 월요병

주말을 보내고 월요일이 되면 육체적, 정신적으로 피로해지고 무기력함을 느끼는 사람이 많다. 그래서 월요일 아침에 느끼는 우울함을 the Monday morning blues라고 한다.

A cup of coffee always soothes **the Monday morning blues**.
(커피 한 잔은 언제나 월요병을 완화시켜 준다.)

out of the blue

: 갑자기

구름 한 점 없이 파란 하늘에서 벼락이 치는 것과 같은 갑작스러운 상황을 나타내는 표현으로 a bolt out of the blue(마른하늘에 날벼락)가 있다. 이를 더 간단히 줄여 out of the blue(갑자기, 난데없이)라는 표현으로 쓴다.

A man appeared in front of the door **out of the blue**.
(한 남자가 갑자기 문 앞에 나타났다.)

once in a blue moon

: 극히 드물게

큰 불이 나거나, 화산이 폭발한 뒤에는 공기 속의 재가 하늘로 올라가 달을 푸른색으로 보이게 만든다. 이런 재해는 매우 드물게 일어나는 일이기 때문에 once in a blue moon은 '극히 드물게'라는 뜻을 가진다.

I only see my sister **once in a blue moon**.
(나는 언니를 극히 드물게만 만난다.)

SECTION
04

사회 이슈

01

어그부츠 개발자는 부자?

📄 181 words 🕐 2'50"

Date:
Time Taken:

Ugg boots are popular with men and women all around the world. This brand is ① <u>such</u> a hit that it is worth nearly $1 billion a year today.

The boots ② <u>originated</u> in Australia in 1973, when surfer Shane Stedman made them from sheepskin. He originally designed the boots to warm his feet after surfing in the cold ocean. His first pairs had bits of meat still ③ <u>attaching</u>, so they would look and smell awful when wet. No wonder they were called "Ugg" boots; they looked ugly! At that time, the boots were worth only a few dollars each.

Ten years later, a US manufacturer saw some promise in the boots and bought the rights. In return, Stedman got some free boots each year and just enough money ④ <u>to pay</u> for his children's education. But nowadays the shoes ⑤ <u>sell</u> for around $200 a pair! Nevertheless, Stedman is not angry about his decision to sell. In fact, he still wears the boots most days.

"I'm not upset," he says, "I'm proud that my invention is so popular. It has become an Australian icon!"

사회 이슈

1

어그부츠에 관한 윗글의 내용과 일치하지 <u>않는</u> 것은?

① The first pairs were made from sheepskin.

② Stedman made them to warm up his feet after surfing.

③ Their name comes from the way they originally looked.

④ Their rights currently belong to a US manufacturer.

⑤ Stedman regrets his decision to sell their rights.

수능어법

2

윗글의 밑줄 친 ① ~ ⑤ 중, 어법상 <u>틀린</u> 것은?

서술형

3

스테드먼이 어그부츠의 권리를 판 대가로 받은 것이 무엇인지 본문에서 찾아 쓰시오.

(1) some ＿＿＿＿＿＿＿＿＿＿ each year (2단어)

(2) money for his children's ＿＿＿＿＿＿＿＿＿＿ (1단어)

어그부츠 어그부츠는 발의 보온을 위해 신는 뭉툭한 생김새의 실용적인 신발로 시작되었다. 이후, 상업적으로 팔리게 되면서 디자인이 향상되었고, 큰 호응을 얻었다. 특히 2000년대 들어 미국의 유명 스타들이 착용한 모습이 많이 포착되면서 전 세계 신발 패션 트렌드로 자리 잡았다. 현재 유명한 신발 브랜드가 된 UGG에서는 부츠뿐만 아니라 구두, 샌들, 슬리퍼, 핸드백까지 출시하고 있다.

---

billion 10억 **originate** 비롯되다, 유래하다 **sheepskin** 양가죽 **originally** 원래, 본래 **attach** 부착하다 **awful** 끔찍한, 지독한 **manufacturer** 제조자, 제조사 **promise** 약속; *(성공할) 가능성, 장래성 **right** 옳은, 올바른; *권리[권한] **in return** 대신에, 답례로 **nevertheless** 그럼에도 불구하고 **upset** 마음이 상한 **invention** 발명품 **icon** 아이콘, 우상 문제 **currently** 현재 **belong to** …에 속하다 **regret** 후회하다

02

📄167 words ⏱2'46"

Date:
Time Taken:

알록달록 무지개가 피는 마을

Some poor neighborhoods can be dark and ① <u>depressing</u>. But Las Palmitas, a neighborhood in Pachuca, Mexico, (a rainbow, as, is, bright, as). A community project led by a group of artists has totally changed its appearance. Working together with residents of the hillside neighborhood, the artists painted about 200 homes bright colors. When viewed from far away, the entire neighborhood looks like a large, colorful *mural.

The project, however, is about much more than artwork. Its goal is to bring the community together and ② <u>improve</u> attitudes toward the neighborhood. Along with the artists, the government and more than 450 local families participated in the project. The results of the project have been ③ <u>disappointing</u>. Before it began, people seldom spoke to their neighbors and ④ <u>avoided</u> going out at night. But during the project, people started interacting and chatting with each other. The project also ⑤ <u>created</u> jobs and reduced youth violence. As a result, Las Palmitas has become more beautiful to look at and a better place to live.

*mural 벽화

빨간 그네 프로젝트
Red Swing Project

빨간 그네 프로젝트는 2007년 텍사스 주의 한 대학교 건축과 학생이었던 앤드류의 아이디어에서 출발했다. 이 프로젝트는 도심 공간에 작은 활기를 불어넣기 위해 시작되었으며, 저소득층 지역이나 황폐한 공간에 빨간 그네를 설치하여 사람들의 관심을 모았다. 그네가 설치된 곳은 소외된 지역에서 시민들의 놀이터이자 모임의 장소로 변화했다. 이후 빨간 그네 프로젝트는 미국을 넘어 아이티, 인도 등 전 세계 곳곳에서 실행되었으며, 프로젝트 웹사이트에서는 누구나 알기 쉽게 그네를 제작하고 설치하는 방법을 알려주고 있다.

1 윗글의 제목으로 가장 적절한 것은?
① Mexico's Most Exciting Art Festival
② A Neighborhood Transformed by Art
③ Building New Homes for Poor Artists
④ An Art School in a Terrible Neighborhood
⑤ Las Palmitas: The Best Place to See Rainbows

VOCA

2 윗글의 밑줄 친 ①~⑤ 중, 문맥상 낱말의 쓰임이 적절하지 <u>않은</u> 것은?

서술형

3 윗글의 괄호 안에 주어진 단어들을 다음 우리말에 맞게 배열하시오.
무지개만큼 밝다

→ _____

4 Las Palmitas에 관한 윗글의 내용과 일치하면 T에, 일치하지 않으면 F에 표시하시오.

	T	F
(1) Residents led the community project without the help of professionals.	☐	☐
(2) Seen from a distance, Las Palmitas seems to be a big, colorful painting.	☐	☐
(3) The project increased community interaction and decreased youth violence.	☐	☐

neighborhood 근처, 이웃; *지역　**depressing** 우울한　**community** 지역 사회　**appearance** (겉)모습, 외모　**resident** 거주자, 주민 **hillside** 비탈, 산비탈　**entire** 전체의　**artwork** 예술 작품　**improve** 개선하다　**attitude** 태도　**along with** …와 함께　**participate in** …에 참여하다　**seldom** 좀처럼[거의] …않는　**interact** 소통하다, 상호 작용을 하다　※**interaction** 상호 작용　**chat** 이야기를 나누다, 수다 떨다 **violence** 폭력 문제　**transform** 완전히 바꿔 놓다　**professional** 전문가　**from a distance** 멀리서

03

📄171 words ⏱3'00"

Date:
Time Taken:

심벌을 역동적으로

Bathrooms, parking spaces, subways, movie theaters ... The *International Symbol of Access can be seen almost everywhere. But Sara Hendren, an American design researcher, thinks few people have looked at ① it closely. She started paying attention to the symbol because of her son, who has *Down syndrome. In her opinion, ② it gives a bad impression of the disabled. She thinks ③ it focuses on the wheelchair instead of the person.　　(A)　　, the person seems weak and passive. To change this, she started the Accessible Icon Project.

3

6

9

　　Its goal was to design a new symbol that looked more strong and active. The result is a wheelchair icon with a figure leaning forward. ④ It gives a positive feeling of strength and motion.　　(B)　　, it looks like the person is an athlete in a wheelchair race. Hendren has made transparent stickers featuring this new icon. Whenever she

12

sees the old wheelchair symbol, she covers ⑤ it up with a sticker. This way, people can easily notice the differences between the old symbol and the new one.

15

18

*International Symbol of Access 장애인 심벌
*Down syndrome 다운증후군

픽토그램
Pictogram

픽토그램은 '그림(Picto)'과 메시지라는 의미를 지닌 '전보(Telegram)'의 합성어로, 일종의 그림문자다. 공공장소에 있는 사물이나 시설, 행위 등을 상징적인 그림으로 나타내서 언어를 모르더라도 누구나 그 의미를 파악할 수 있게 하려고 만들어졌다. 가장 익숙한 예가 바로 공공화장실 표지판이다. 외국에 나가 언어와 문자가 낯설어도 표지판의 그림만으로 남자 화장실과 여자 화장실을 바로 구분할 수 있다.

1 사라 헨드렌에 관한 윗글의 내용과 일치하지 <u>않는</u> 것은?

① 다운증후군을 앓고 있는 아들이 있다.

② 기존 장애인 심벌이 휠체어보다 사람에 초점을 맞춘다고 생각한다.

③ 기존 장애인 심벌이 장애인을 약해 보이게 한다고 생각한다.

④ 장애인 심벌을 바꾸기 위한 프로젝트를 시작했다.

⑤ 새로운 장애인 심벌을 투명한 스티커로 제작했다.

2 윗글의 빈칸 (A)와 (B)에 들어갈 말로 가장 적절한 것은?

(A)	(B)		(A)	(B)
① Also	····· In short		② Also	····· In fact
③ But	····· In short		④ But	····· In fact
⑤ Thus	····· In fact			

3 윗글의 밑줄 친 ①~⑤ 중, 가리키는 대상이 나머지 넷과 <u>다른</u> 것은?

4 윗글의 밑줄 친 This way가 의미하는 바를 본문에서 찾아 쓰시오.

Covering _____

---

researcher 연구원, 조사원 **pay attention to** …에 주목하다 **impression** 인상, 느낌 **disabled** 장애를 가진 **focus on** …에 주력하다, 초점을 맞추다 **passive** 수동적인 **accessible** *이용[접근] 가능한; 이해하기 쉬운 **active** 활동적인 **figure** 수치; 인물; *사람[모습] **lean** (몸을) 굽히다, 숙이다 **strength** 힘, 기운 **motion** 운동, 움직임 **transparent** 투명한 **feature** (특별히) 포함하다, 특징으로 삼다 **cover up** …을 완전히 덮다

04

The Secret Hidden in Bills

📄 201 words 🕐 3'30"

Date:
Time Taken:

If you say you're paying with plastic, most people will think you're referring to a credit card. But, these days, it might mean you're paying with cash. In 1988, Australia became the first country to switch to plastic bills. Since then, many countries, such as New Zealand, Canada, and Mexico, have done the same.

Some people point out the problems of plastic bills. They stick together and can melt in hot temperatures. Also, they are 50% more expensive to make. But countries are switching to them for several reasons. First of all, even though they feel very similar to paper bills, plastic bills are more durable. Paper bills generally last for 18 to 24 months. But plastic bills last four times longer. And, besides being harder to tear, they're also waterproof. They can even survive in the washing machine! Another benefit of plastic bills is ⓐ (that / which) they are hard to counterfeit. Each bill has a transparent window, ⓑ (that / which) is nearly impossible to copy. They also contain more security features. Finally, plastic bills are _____. When they are no longer usable, they can be recycled. The government takes old bills, melts them down, and uses them to make plastic garbage cans.

3

6

9

12

15

18

21

세계의 화폐

현재 전 세계에서 160개 이상의 공식적인 화폐가 사용되고 있는데, 이 중 가장 많이 쓰이는 화폐는 미국 달러이다. 국가 간 결제의 절반 정도가 미국 달러를 통해 이루어지며, 그다음으로는 유로화를 가장 많이 사용한다. 현재 화폐의 형태는 대부분 지폐와 동전이지만, 과거에는 더욱 다양한 화폐 형태가 존재했다. 11세기 유럽의 슬로바키아에서는 도끼를 화폐로 사용했고, 니카라과에서는 코코넛 열매를, 말레이반도의 얍이라는 섬에서는 커다란 바위를 화폐로 사용했다고 한다.

1　**What is the passage mainly about?**
① the history of plastic bills
② the death of paper money
③ how to identify fake money
④ various ways to make money
⑤ the advantages of plastic money

2　**Choose the grammatically correct word for ⓐ and ⓑ.**
ⓐ _____　　ⓑ _____

3　**Which of the following best fits in the blank?**
① easy to carry　　　　　② difficult to reuse
③ very beautiful　　　　　④ environmentally friendly
⑤ historically important

4　**Mark the following statements about plastic bills T (True) or F (False).**

	T	F
(1) Australia is the only country in the world that uses plastic bills.	☐	☐
(2) Plastic bills can be used for more than six years.	☐	☐
(3) It is easy to counterfeit plastic bills because of their poor security features.	☐	☐

refer to …을 말하다[언급하다]　**switch to** …로 전환하다, 바꾸다　**bill** 고지서; *화폐　**point out** *지적하다; 가리키다　**stick** 찌르다; *붙다, 달라붙다(stuck-stuck)　**melt** 녹다; 녹이다　**durable** 내구성이 있는, 오래가는　**last** 지속되다　**tear** 찢다, 찢어지다(tore-torn)　**waterproof** 방수의　**benefit** 혜택, 이득　**counterfeit** 위조하다　**contain** …이 들어[함유되어] 있다　**security** 보안　**feature** 특징, 기능　**usable** 사용 가능한　**recycle** 재활용하다　문제　**identify** 확인하다, 식별하다　**fake** 가짜의, 모조의　**advantage** 이점　**environmentally friendly** 환경친화적인

Review Test

A

다음 단어의 영영풀이를 바르게 연결하시오.

1 durable ·   · ⓐ to make someone or something better
2 stick ·   · ⓑ to begin to exist
3 originate ·   · ⓒ to be attached to something else
4 improve ·   · ⓓ staying in good condition for a long time
5 interact ·   · ⓔ to talk with or to do things together with other people

B

괄호 안에서 적절한 단어를 고르시오.

1 He made a good (depression / impression) at the job interview.
2 If you keep your (active / passive) attitude, you can't control your life yourself.
3 We should (refund / recycle) cans and bottles to help the environment.
4 Don't judge people by their (appearance / assistance).

C

다음 밑줄 친 부분의 의미로 가장 적절한 것을 고르시오.

1 We saw great <u>promise</u> in her, so we gave her a job opportunity.
   ① nature   ② truth   ③ source   ④ potential   ⑤ reality

2 The main <u>benefit</u> of solar energy is that it doesn't cause any pollution.
   ① problem   ② handicap   ③ weakness   ④ resource   ⑤ advantage

3 <u>Currently</u> my grandmother is 93 years old.
   ① Later on   ② At present   ③ After a while   ④ From now on   ⑤ In the past

4 He went to jail because he <u>counterfeited</u> a 50,000-won bill.
   ① stole   ② adopted   ③ earned   ④ borrowed   ⑤ copied

· SENTENCE ·

D 밑줄 친 부분에 유의하여 다음 문장을 우리말로 해석하시오.

1 This brand is <u>such a hit that it is worth nearly $1 billion</u> a year today.

▶ _____

2 <u>When viewed from far away</u>, the entire neighborhood looks like a large, colorful mural.

▶ _____

3 As a result, Las Palmitas has become <u>more beautiful to look at and a better place to live</u>.

▶ _____

4 The result is a wheelchair icon <u>with a figure leaning forward</u>.

▶ _____

E 우리말에 맞게 주어진 단어들을 바르게 배열하여 문장을 완성하시오.

1 그 신발이 '어그' 부츠라고 불린 것도 당연했다. 그건 흉해 보였다!

(they / no / "Ugg" boots / wonder / were called); they looked ugly!

▶ _____; they looked ugly!

2 한 집단의 예술가들이 이끄는 지역 사회 프로젝트가 마을의 외관을 완전히 바꿔놓았다.

(artists / a group of / led / a community project / by) has totally changed its appearance.

▶ _____ has totally changed its appearance.

3 예전의 휠체어 심벌을 볼 때마다, 그녀는 그것을 스티커로 덮어 버린다.

Whenever she sees the old wheelchair symbol, (she / a sticker / it / covers / up / with).

▶ Whenever she sees the old wheelchair symbol, _____.

Baguette VS Scone

프랑스와 영국의 자존심
바게트 VS 스콘

유럽 사람들의 식탁에서 절대 빠지지 않는 것이 바로 '빵'이다. 그러나 빵이라고 해서 다 같은 것은 아니다. 빵은 나라별 기후와 문화의 영향을 받아 독특한 맛과 모양으로 발전되어 왔고, 각 나라의 식문화를 보여주는 가장 중요한 음식이되었다.

프랑스를 대표하는 빵은 바게트(baguette)이다. 프랑스의 바게트는 단순한 빵을 넘어 그들의 문화로 인식된다. 바게트는 프랑스어로 '막대기'라는 뜻처럼 길쭉한 모양을 하고 있으며, 껍질은 바삭바삭하고 속은 기공이 많고 부드러운 것이 특징이다. 프랑스에서는 바게트를 만드는 방식을 법률로 정해 놓고 있는데, 이에 의하면 오직 밀가루, 물, 소금으로만 만들어야 한다. 이러한 규제의 시작은 프랑스 대혁명의 '평등의 정신'에서 찾을 수 있다. 혁명 전 프랑스에서는 신분에 따라 먹을 수 있는 빵이 달랐고, 이에 불만을 품은 시민계급들이 이른바 '빵의 평등권'을 주장하면서 길이 80cm, 무게 300g의 균일한 빵이 만들어졌다.

한편 영국의 빵은 애프터눈 티(afternoon tea) 문화와 함께 발달하였다. 그 티타임에 항상 빠지지 않는 것이 바로 스콘(scone)이다. 버터와 밀가루, 우유, 설탕을 반죽하여 구워내는 스콘은 영국에서 가장 대중적인 소박한 빵이다. 다소 퍽퍽하기 때문에 영국인들은 반드시 스콘에 클로티드 크림이라는 독특한 크림과 딸기잼을 곁들여 먹는다. 스콘 위에 클로티드 크림을 먼저 바르는 것이 맛있는지, 잼을 먼저 바르는 것이 맛있는지를 두고 전국적인 논쟁이 일어날 정도이니, 스콘에 대한 영국인들의 사랑이 얼마나 큰지 알 수 있다.

SECTION
05

유머 · 교훈

01

📄154 words ⏱ 2'20"

Date:
Time Taken:

할머니의 말 못 할 고민

An old woman went to see her doctor, and told him her embarrassing medical problem. "I have strange farts. I fart all the time, but my farts don't make any sound or have any smell. I'm sure you haven't noticed, but I've actually farted ten times while we've been talking. What should I do?"

ⓐ The doctor looked serious, and frowned at her. "Here are some pills. Take these pills twice a day for one week and then come see me again," said the doctor.

The next week the old woman came back, but this time she was really upset. "Doctor!" she said. "What was in those pills? They made my problem worse! I'm still farting all the time, but now my farts smell terrible!"

The doctor said "Calm down. You're actually _____ ⓑ better." The old woman shouted, "What? That's impossible!" The doctor replied, "I fixed your nose. Now I need to fix your ears."

고약한 방귀 냄새의 원인

우리가 호흡하면서 들이마신 공기로 인해 소장과 대장에 불필요한 가스가 생기거나 가스의 양이 넘치면 몸 밖으로 배출되는데 이것이 바로 방귀이다. 방귀에서 냄새가 나는 것은 음식물 찌꺼기가 대장에 있는 세균에 의해 분해되는 과정에서 생기는 가스 때문이다. 특히 지방과 단백질이 풍부한 음식을 먹으면 암모니아, 황화수소 등이 생성되어 방귀 냄새가 더 심할 수 있다. 따라서 방귀 냄새 때문에 고민이라면 달걀, 육류, 우유 등을 적게 먹는 것이 좋다.

1 윗글의 흐름으로 보아 의사가 밑줄 친 ⓐ와 같이 행동한 이유는?

① 할머니가 심각한 병에 걸려서

② 할머니가 말을 너무 많이 해서

③ 할머니의 방귀 냄새가 심하게 나서

④ 할머니의 증상이 잘 파악되지 않아서

⑤ 할머니가 자신과 같은 증상을 보여서

서술형

2 윗글의 밑줄 친 ⓑ를 강조하도록 빈칸에 알맞은 말을 쓰시오.

3 윗글의 내용과 일치하면 T에, 일치하지 않으면 F에 표시하시오.

	T	F
(1) 할머니의 방귀는 소리가 나지 않았다.	☐	☐
(2) 약을 먹은 후, 할머니의 상태는 더 나빠졌다.	☐	☐
(3) 의사는 할머니의 문제를 제대로 파악했다.	☐	☐

embarrassing 난처한, 민망한　**medical** 의학적인, 의학의　**fart** 방귀; 방귀를 뀌다　**notice** 주목하다; *알아채다　**frown** 얼굴을 찌푸리다, 눈살을 찌푸리다　**pill** 알약, 정제　**calm down** 진정하다　**impossible** 불가능한　**reply** 대답하다　**fix** (기계·병 등을) 고치다

02

📄118 words ⏱2'00"

Date:
Time Taken:

역시 에디슨!

The famous inventor Thomas A. Edison owned a house in the country. He liked to show things in his house to visitors. He had made many clever inventions, and enjoyed talking about them. ① In one part of his garden, he had put a heavy *turnstile. ② It was a special kind of gate with arms that a person had to push in order to pass through it. ③ These days, you can see modernized turnstiles in many areas, such as subway stations or lobbies of buildings. ④ Every visitor had to move these heavy arms while walking through Edison's garden. ⑤ "You have so many great inventions," one visitor said. "Why do you have such a heavy turnstile?" "Well, you see," Edison replied, "everyone who goes through the turnstile pumps 30 liters of water into the tank on my roof."

*turnstile 회전식 출입문

발명왕 에디슨의 수면 습관

1920년대, 에디슨은 한 연설에서 "잠은 인생의 사치입니다. 저는 하루 4시간만 자면 충분하다고 생각해요. 물론 숙면을 취할 때 말이죠."라고 말했다. 지독한 워커홀릭이었던 에디슨은 잠을 자는 것을 시간 낭비라고 여겼다. 백열전구를 발명한 것도 아마 잠이 없는 본인에게 필요해서였을지도 모른다. 심지어 그는 다른 사람도 잠을 자지 못하게 했으며, 직원을 채용할 때 면접시간을 새벽 4시로 잡기도 했다. 그 시간에도 깨어 있는 사람을 뽑으려는 것이었다. 에디슨이 이렇게 잠을 자지 않고 일궈낸 회사는 현재 미국 최대 기업 중 하나인 제너럴 일렉트릭(GE) 사가 되었다.

1 윗글의 ① ~ ⑤ 중, 전체의 흐름과 관계 <u>없는</u> 문장은?

2 윗글에서 에디슨이 정원에 회전식 출입문을 설치한 이유로 가장 적절한 것은?
① to help visitors exercise
② to explain how it was made
③ to make his garden look nice
④ to show off his new invention
⑤ to use the visitors' manpower

서술형
3 윗글의 내용과 일치하도록 빈칸에 알맞은 말을 본문에서 찾아 쓰시오.
Edison's invention functions not only as a(n) _____ but also as a device that
_____ _____ into a tank.

inventor 발명가 ※invention 발명품 own 소유하다 clever 영리한; *기발한, 재치 있는 arm 팔; *(팔 같이 생긴) 손잡이 **pass through** …을 (통과해) 지나가다 modernized 현대화된 pump (물·공기 등을 펌프로) 퍼 올리다 문제 show off …을 자랑하다 manpower 인력 function 기능을 하다 device 장치, 기구

03

📄 215 words 🕐 3'00"

Date:
Time Taken:

포기하지 말아요!

In life, we all have problems we must overcome. If your problems ever seem to be too difficult, take a look at George Dennehy.

George was born armless in Romania. At the age of one, he was (A) 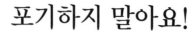 abandoning / abandoned by his biological parents and put in an orphanage. But an American couple soon arrived. They wanted to adopt the child who needed them the most, so they chose George. They gave him a home and love, and they didn't treat him any differently from their other kids. In this way, they encouraged him (B) overcome / to overcome his challenges. When he turned eight, they signed him up for cello lessons.

It might sound impossible. How could a young boy without arms play the cello? George found a way. Instead of his hands, he used his feet to hold the bow and press down the strings. It was difficult (C) because / because of his feet were small, but, with hard work and his family's support, he became an excellent cello player. He learned to play the piano and guitar as well.

Later, he uploaded his performances onto the Internet, and they were watched by millions of viewers. George is now a professional musician. He has become a role model not only for disabled people but for everybody who has an impossible dream.

3

6

9

12

15

18

21

장애를 극복한 음악가들

서양 고전 음악의 대가 베토벤은 심한 난청으로 크게 좌절한 것으로 알려져 있다. 그러나 청력을 완전히 잃은 상태에서도 〈엘리제를 위하여〉와 같이 아름다운 곡을 작곡하며, 음악에 대한 열정을 보여주었다. 한편 미국인 가수 스티비 원더는 유아기에 시력을 잃었으나 피아노, 하모니카, 베이스 기타, 드럼 등 여러 악기를 능숙하게 연주할 만큼 뛰어난 재능을 가지고 있었다. 〈Isn't She Lovely〉나 〈I Just Called To Say I Love You〉를 포함한 30곡 이상의 히트곡과 25회의 그래미상 수상 등 그는 대중에게 많은 사랑을 받았다.

1

조지 데너히에 관한 윗글의 내용과 일치하는 것은?

① 어렸을 때 사고로 두 팔을 잃었다.

② 미국인 부모에게 입양되었다.

③ 고아원에서 처음으로 첼로를 배웠다.

④ 첼로 이외의 다른 악기는 배우지 않았다.

⑤ 그의 가족이 인터넷에 올린 그의 연주 영상이 큰 인기를 얻었다.

수능어법

2

윗글의 (A), (B), (C)의 각 네모 안에서 어법에 맞는 표현으로 가장 적절한 것은?

(A)	(B)	(C)
① abandoning	overcome	because
② abandoning	to overcome	because of
③ abandoned	overcome	because
④ abandoned	to overcome	because
⑤ abandoned	to overcome	because of

서술형

3

윗글의 내용과 일치하도록 빈칸에 알맞은 말을 본문에서 찾아 쓰시오.

George has become a(n) _____ _____ for people who face challenges in their lives.

---

overcome 극복하다 **armless** 팔이 없는 **abandon** 버리다 **biological parent** 친부모 **orphanage** 고아원 **adopt** 입양하다 **treat** 대하다 **encourage** 격려하다; 권장하다 **challenge** 도전; *난제 **bow** 활 **string** 줄, 현 **upload** (컴퓨터에) 업로드하다 **performance** 연기; *공연[연주] **professional** 전문적인 **role model** 역할 모델, 모범이 되는 사람 문제 **face** …을 마주보다; *직면하다

04

📄221 words ⏱3'40"

Date:

Time Taken:

English Only

Isn't That What I Do Now?

One afternoon, a businessman was sitting on the beach. He saw a fisherman with a lot of fish and asked, "How long did it take you to catch these fish?"

"Not very long," the fisherman replied.

The businessman was surprised. "Why don't you stay longer and catch more fish?"

"This is all I need for my family," the fisherman said.

The businessman asked, "How do you spend the rest of your day?"

"I go home to rest and spend time with my family. Then in the evening, I hang out with my friends," the fisherman explained.

Then the businessman gave him some advice: "If you want to become a successful businessman like me, you should start staying out longer at sea. That way, you can catch more fish ⓐ (sell), save money, and then buy a bigger boat. After a few successful years, you can move to the city and manage your business from there."

"And then what would I do?" asked the fisherman.

"You can make enough money ⓑ (buy) a big house and live like a king," the businessman replied.

"And then what?" asked the fisherman.

"After that, you can retire and spend time with your family at home. In the evenings, you can hang out with your friends."

The fisherman was _____. "Isn't that what I do now?"

1 Which word best describes the businessman in the passage?
① ambitious ② sympathetic ③ thoughtful
④ responsible ⑤ dependable

2 Which of the following best fits in the blank?
① confused ② moved ③ delighted
④ annoyed ⑤ depressed

서술형

3 Write the grammatically correct form of ⓐ and ⓑ.
ⓐ _____ ⓑ _____

4 According to the passage, which of the following can be inferred?
① The businessman and the fisherman are old friends.
② The fisherman wants to catch more fish than now.
③ The fisherman enjoys his leisure time after work.
④ The businessman hopes to work with the fisherman.
⑤ The fisherman is likely to take the businessman's advice.

rest (어떤 것의) 나머지; 쉬다 **hang out with** …와 시간을 보내다 **manage** 간신히 해내다; *운영하다 **retire** 은퇴하다 문제 **ambitious** 야심 찬 **sympathetic** 동정심이 있는 **thoughtful** 배려심 있는 **responsible** 책임감 있는 **dependable** 믿을 수 있는 **confused** 혼란스러워 하는 **delighted** 기쁜 **depressed** 우울한 **leisure** 여가

Review Test

A   다음 중 단어의 뜻풀이가 <u>잘못된</u> 것을 고르시오.

① manage: to be in charge of or control a business
② abandon: to leave someone or something
③ function: to work in the right way
④ reply: to say or write something in response
⑤ fix: to cause a machine to stop working by damaging it

B   괄호 안에서 적절한 단어를 고르시오.

1 If you feel dizzy or have a headache, take this (bill / pill).
2 Laura (frowned / drowned) when she heard John singing loudly.
3 Justin always (encourages / encounters) me to develop my musical talent.
4 We liked the teacher, as she (tricked / treated) all students fairly.

C   문맥상 다음 빈칸에 들어갈 가장 알맞은 단어를 고르시오.

1 The author is famous for leaving the _____ of the story to the reader's imagination.
   ① stuff   ② chapter   ③ rest   ④ pause   ⑤ summary
2 The couple decided to _____ the boy into their family.
   ① gain   ② adopt   ③ require   ④ perform   ⑤ attach
3 Chris asked Jenny a(n) _____ question about her weight.
   ① nervous   ② confident   ③ selfish   ④ ambitious   ⑤ embarrassing
4 The mountain is so steep that it is even dangerous for _____ climbers.
   ① medical   ② biological   ③ essential   ④ professional ⑤ international

· SENTENCE ·

D   밑줄 친 부분에 유의하여 다음 문장을 우리말로 해석하시오.

1 I've actually farted ten times <u>while we've been talking</u>.

  ▶ _____

2 It was a special kind of gate with arms <u>that a person had to push in order to pass through it</u>.

  ▶ _____

3 He has become a role model <u>not only for disabled people but for everybody who has an impossible dream</u>.

  ▶ _____

4 <u>"This is all I need for my family,"</u> the fisherman said.

  ▶ _____

E   우리말에 맞게 주어진 단어들을 바르게 배열하여 문장을 완성하시오.

1 이 알약을 하루에 두 번씩 일주일 동안 드시고, 다시 저를 만나러 오세요.

  (one week / these pills / take / a day / for / twice) and then come see me again.

  ▶ _____ and then come see me again.

2 회전식 출입문을 통과하는 사람은 누구나 나의 지붕 위에 있는 탱크 안으로 30리터의 물을 퍼 올려 주게 됩니다.

  (the turnstile / who / pumps / goes / everyone / through) 30 liters of water into the tank on my roof.

  ▶ _____ 30 liters of water into the tank on my roof.

3 이 물고기들을 잡는 데 시간이 얼마나 걸렸나요?

  How long (take / to catch / did / you / it / these fish)?

  ▶ How long _____?

White

대부분 문화에서 흰색은 긍정적인 이미지를 가지고 있다. 순수함, 깨끗함을 상징할 뿐 아니라 신성함을 표현할 때도 흰색을 사용한다. white가 들어간 영어 표현에는 무엇이 있을까?

white knight

: 백기사

위기에 처한 공주를 구하기 위해 흰 말을 타고 달려가는 용감하고 멋진 기사의 의미가 확대되어 쓰인다. 어떤 기업이 인수 합병이나 매각 등의 위기에 처할 때 이를 막아 주는 사람이나 기업, 나아가서는 국가를 white knight라고 표현한다.

The US government acted as **a white knight** to help the company.
(미국 정부는 그 기업을 돕기 위해 백기사 역할을 했다.)

white lie

: 선의의 거짓말

문제를 피하거나, 타인의 기분을 상하게 하고 싶지 않을 때 거짓말을 하는 경우가 있다. 이런 거짓말을 white lie라고 한다. 반대로, 악의적인 거짓말은 black lie라고 한다.

I told my friend **a white lie** when she asked me how she looked in her new clothes.
(나는 내 친구가 새로 산 옷을 입은 모습이 어떠냐고 물어봤을 때, 선의의 거짓말을 했다.)

white elephant

: 돈만 많이 들고 더 이상 쓸모가 없는 것

옛날에 태국에서는 흰 코끼리를 신성하게 생각했다. 그래서 왕은 탐탁지 않은 신하에게 흰 코끼리를 선물해 골탕을 먹였다. 흰 코끼리는 관리 비용이 많이 들고 그 어떤 용도로도 사용할 수 없었기 때문이다. 이 이야기가 영국으로 전해져 '돈만 많이 들고 쓸모없는 것'을 가리켜 white elephant라고 표현하게 되었다.

The new building downtown is just **a white elephant**.
(시내에 새로 생긴 그 건물은 돈만 많이 들고 쓸모가 없다.)

SECTION
06

심리 · 인간관계

01

내겐 너무 충격적인 작품

📄 148 words ⏱ 2'20"

Date:
Time Taken:

How does looking at a beautiful painting make you feel? Happy? Impressed? Surprisingly, some people might answer that it makes them ① feel sick. They experience a condition called "Stendhal's syndrome."

The syndrome is named after a French writer ② called Stendhal, who was overwhelmed when he visited *Florence in 1817. The city was so rich in art and history ③ which he couldn't control his emotions. Later, he wrote about his feelings in one of his books: "Everything spoke so ④ vividly to my soul. I walked with the fear of falling."

An Italian doctor later noticed some of the tourists who visited Florence also had strange reactions. They felt dizzy and their hearts pounded when they looked at great artwork. These panic attacks would sometimes even last for a few days. The doctor named the syndrome after Stendhal ⑤ since he was the first person who wrote about such an experience.

*Florence 피렌체 (이탈리아 중부의 도시)

1 윗글의 주제로 가장 적절한 것은?

① how Stendhal's syndrome got its name

② Stendhal's famous book about Florence

③ artwork that causes Stendhal's syndrome

④ conditions that travelers often experience

⑤ a disease that an Italian doctor discovered

수능어법

2 윗글의 밑줄 친 ①~⑤ 중, 어법상 틀린 것은?

서술형

3 윗글의 밑줄 친 it이 가리키는 것을 본문에서 찾아 쓰시오.

스탕달 | 19세기 프랑스 소설의 거장으로 평가받는 스탕달은 그의 많은 필명 중 하나이며 본명은 마리 앙리 벨 (Marie-Henri Beyle, 1783-1842)이다. 그는 이탈리아를 동경해 이탈리아 각지를 여행하며 많은 글을 남기기도 했다. 대표작으로는 「적과 흑」, 「파르므의 수도원」 등이 있으며, 이탈리아를 여행 후 스탕달 증후 군에 관해 쓴 「나폴리와 피렌체: 밀라노에서 레기오까지의 여행」도 유명하다.

---

impressed 감명을 받은 **condition** 상태; *질환 **syndrome** 증후군 **overwhelmed** 압도된 **rich** 부유한; *풍요로운 **emotion** 감정 **vividly** 생생하게 **soul** 영혼 **notice** 알아차리다 **reaction** 반응 **dizzy** 어지러운 **pound** 치다, 두드리다; *(가슴이) 쿵쿵 뛰다 **artwork** 예술 작품 **panic** 공포, 공황 **attack** 발병, (병의) 발작 문제 **disease** 질병

02

잊을 수 없는 그 냄새

📄167 words ⏱2'40"

Date:
Time Taken:

Have you ever smelled something that took you back to a specific time or place? That's exactly what happens in Marcel Proust's novel *In Search of Lost Time*. Because of the smell of *madeleine dipped in tea, a character suddenly remembers being at his aunt's house as a child. When you suddenly remember something clearly because of a scent, you are experiencing the "Proust phenomenon."

The power of the Proust phenomenon has been demonstrated in scientific experiments. A researcher Dr. Rachel Herz showed subjects some images with accompanying scents. Later she asked the subjects to recall the pictures they saw. When participants were allowed (A) smelling / to smell the scents again, they were better able to remember the pictures than when they were given nothing (B) smelling / to smell . Dr. Herz then conducted this experiment using hearing and touch in addition to smell. These senses, _____, did not produce the same results. This suggests that the sense of smell must be linked to the part of the brain (C) what / that controls memories.

*madeleine 마들렌 (작은 카스테라의 일종)

향기 마케팅

후각은 인간의 오감 중 가장 강력한 인상을 남긴다. 후각의 기능을 활용해 제품을 소비자에게 인지시키고 향과 특정 제품을 연결하는 향기 마케팅의 사례는 여러 영역에서 찾아볼 수 있다. 예를 들어, 어떤 의류 매장에 특정 향기를 사용한다면 그 매장에 방문한 사람은 그 향을 맡을 때 그 브랜드를 떠올릴 수 있다. 또한 그것이 자신이 좋아하는 향이라면 매장에 더 오래 머무르게 될 수도 있다. 이와 같은 향기 마케팅은 카페에서 호텔, 미술관과 서점과 같은 공간에 이르기까지 더욱 다양한 분야로 확대되고 있다.

1 윗글의 내용과 일치하지 <u>않는</u> 것은?

① 프루스트 현상은 마르셀 프루스트의 소설에 등장한다.

② 헤르츠 박사는 실험을 통해 프루스트 현상의 영향력을 입증했다.

③ 헤르츠 박사는 실험에서 시각 자료와 향을 함께 제시했다.

④ 헤르츠 박사는 청각과 촉각에 대해서도 후각과 같은 실험 결과를 얻었다.

⑤ 후각은 기억을 담당하는 뇌 부분과 연관되어 있다.

수능 어법

2 윗글의 (A), (B), (C)의 각 네모 안에서 어법에 맞는 표현으로 가장 적절한 것은?

	(A)		(B)		(C)
①	smelling	······	to smell	······	what
②	smelling	······	smelling	······	that
③	to smell	······	to smell	······	what
④	to smell	······	smelling	······	what
⑤	to smell	······	to smell	······	that

3 윗글의 빈칸에 들어갈 말로 가장 적절한 것은?

① thus   ② shortly   ③ however

④ for example   ⑤ as a result

서술형

4 윗글의 내용과 일치하도록 빈칸에 알맞은 말을 본문에서 찾아 쓰시오. (1단어)

Scent influences _____, so people can recall forgotten things when they smell certain scents.

take A back to B A에게 B를 기억나게 하다   in search of …을 찾아서   dip 살짝 담그다, 적시다   character 성격; *(책·영화 등의) 등장인물
phenomenon 현상   demonstrate 입증하다   experiment 실험   subject 주제; 과목; *피실험자   accompanying 동반하는, 덧붙인
recall 기억해 내다   participant 참가자   conduct *(특정한 활동을) 하다; 지휘하다   in addition to …에 더하여   be linked to …에 연관되다
문제   influence 영향을 주다

03

📄231 words ⏱3'10"

Date:
Time Taken:

시키지 않아도 알아서 척척

By simply washing their hands, children can avoid many diseases. So Safeguard Soap came up with the germ stamp campaign. They wanted kids to see the germs on their skin. (they, a stamp, what, was, created), which had the picture of a germ. When teachers stamped their students' hands, the students needed to wash with soap for 30 seconds to remove the stamp. This is the same amount of time it takes to kill 99% of germs. This increased regular hand washing in schools by 71% and decreased illness-related absences by 50%.

This kind of strategy is called "nudge marketing." The word *nudge* means to push gently. If you want people to do something, you just lightly push and guide them in the right direction. The key to nudge marketing is making people _____. You never force or order them to do it. Instead, you let them realize the benefits or fun they will have once they choose to do it.

Today nudge tactics are widely used for public campaigns, eco-designs, and commercial sales. For instance, on streets in Germany, you can find waste bins that make sounds when trash is thrown into them. The funny sounds make people want to throw trash in the bins rather than on the street. This shows that psychological and emotional appeals are very powerful in changing people's behavior.

1 윗글에서 넛지 마케팅에 관해 언급되지 <u>않은</u> 것은?

① 넛지 마케팅의 예시

② 넛지 마케팅의 효과

③ 넛지 마케팅의 정의

④ 넛지 마케팅의 창시자

⑤ 넛지 마케팅의 활용 분야

2 윗글의 괄호 안에 주어진 단어들을 다음 우리말에 맞게 배열하시오.

그들이 만든 것은 도장이었다

→ _____

3 윗글의 빈칸에 들어갈 말로 가장 적절한 것은?

① assist others who need help

② persuade others to follow rules

③ buy products that they don't need

④ spread information by word of mouth

⑤ feel like doing something on their own

넛지 마케팅   'nudge(넛지)'는 미국 시카고 대학교의 경영 대학원 교수인 리처드 탈러(Richard H. Thaler)가 도입한 경제 용어로 부드러운 개입으로 상대의 선택을 이끌어내는 것을 의미한다. 기업은 소비자에게 부드러운 권유를 통해 구매를 유도하고, 정부는 공익 광고나 캠페인에서 국민의 자발적인 행동을 이끌어낼 수 있다.

---

come up with (아이디어나 생각을) 내놓다, 제안하다 **germ** 세균, 미생물 **stamp** 도장; (도장을) 찍다 **remove** 없애다, 제거하다 **increase** 증가시키다, 늘리다 **decrease** 감소시키다, 줄이다 **illness** 병, 질환 **absence** 결석 **strategy** 계획, 전략 **nudge** (팔꿈치로 살짝) 쿡 찌르기; 살살 밀다 **gently** 부드럽게 **lightly** 가볍게, 살짝 **guide** 이끌다 **benefit** 혜택, 이득 **tactic** 전략, 작전 **commercial** 상업의 **psychological** 심리적인 **appeal** 매력; *호소 문제 **assist** 돕다 **persuade** 설득하다 **on one's own** 자기 스스로

04

📄 213 words 🕐 3'30"

Date:
Time Taken:

English Only

A Good Friend Is ...

Dear Mrs. Advice,

I have a friend who sticks to me like glue! She never leaves me alone. ⓐ She texts me several times a day and keeps asking me what am I doing. If I tell her my plans, she ⓑ turns up wherever I go. I don't want to be mean to her, but I hate this situation. It's very annoying! What should I do?

From Lynne

↳ Dear Lynne,

Take a deep breath, Lynne. You need to give yourself some breathing room. But it doesn't mean that you have to end your friendship.

Just tell your friend how you feel. Honesty is the best policy. Start by telling her how important her friendship is. Then, explain that you sometimes need time alone.

Another idea is to encourage your friend _____.

Suggest that she join a club or do activities that she is interested in but you are not. Then you can do your own things while she is enjoying something else.

Oh, and one more thing: Do not feel too sorry for her. Your friend might get upset at first if you limit your time with her. But after a while, she'll probably understand. In the end, it might even make your friendship stronger!

From Mrs. Advice

1 Choose the correct word based on the advice in the passage.

(1) Talk to your friend about (your feelings / your plans) frankly.

(2) You (had better / don't have to) share all the same interests as your friend.

서술형

2 Find the grammatically incorrect part in the underlined sentence ⓐ and correct it.

VOCA

3 Which is the closest in meaning to the underlined phrase ⓑ "turns up"?

① works out   ② shows up   ③ finds out

④ brings up   ⑤ figures out

4 Which of the following best fits in the blank?

① to start exercising

② to make new friends

③ to find new hobbies of her own

④ to do something other than studying

⑤ to talk with a professional counselor

stick 찌르다; *달라붙다(stuck-stuck) **glue** 풀 **text** 문자 메시지를 보내다 **turn up** 나타나다 **mean** 비열한, 심술궂은 **annoying** 성가신, 귀찮은 **take a breath** 심호흡하다 **breathe** 숨 쉬다 **honesty** 정직 **policy** 정책; *방책 **upset** 마음이 상한 **limit** 제한하다 문제 **frankly** 솔직하게 **professional** 전문적인 **counselor** 상담자

Review Test

A 다음 단어의 영영풀이를 바르게 연결하시오.

1 panic ·   · ⓐ the state of being unhealthy or sick

2 emotion ·   · ⓑ a good effect that you can get from something

3 strategy ·   · ⓒ a sudden feeling of extreme fear

4 benefit ·   · ⓓ a plan for achieving a particular goal

5 illness ·   · ⓔ a strong feeling such as love or anger

B 괄호 안에서 적절한 단어를 고르시오.

1 The audience was deeply (impressive / impressed) by her speech.

2 If you want to keep more photos in your smartphone, (increase / decrease) your storage space.

3 The woman is admired for her patience and (honesty / dishonesty).

4 Interest rates are expected to rise under the president's new (politics / policy).

C 다음 밑줄 친 부분의 의미로 가장 적절한 것을 고르시오.

1 My father is the person who <u>influenced</u> my life most.
   ① disturbed   ② presented   ③ worried   ④ impacted   ⑤ experienced

2 Children in poor countries are dying from hunger and <u>disease</u>.
   ① recovery   ② illness   ③ weakness   ④ dispute   ⑤ wellness

3 As I patted the cat <u>gently</u>, she fell asleep right away.
   ① slightly   ② probably   ③ frankly   ④ softly   ⑤ exactly

4 If you don't say anything, your mom won't even <u>notice</u>.
   ① guide   ② prove   ③ realize   ④ conduct   ⑤ pound

· SENTENCE ·

D 밑줄 친 부분에 유의하여 다음 문장을 우리말로 해석하시오.

1 The city was <u>so rich</u> in art and history <u>that he couldn't control</u> his emotions.

▶ _____

2 Instead, you <u>let them realize the benefits or fun they will have</u> once they choose to do it.

▶ _____

3 She texts me several times a day and <u>keeps asking me what I am doing</u>.

▶ _____

4 If I tell her my plans, she turns up <u>wherever I go</u>.

▶ _____

E 우리말에 맞게 주어진 단어들을 바르게 배열하여 문장을 완성하시오.

1 아름다운 그림을 보는 것은 여러분이 어떤 기분을 들게 하는가?

How does (you / a beautiful painting / feel / looking at / make)?

▶ How does _____ ?

2 이것은 후각이 기억을 통제하는 뇌의 부분과 분명히 연관되어 있음을 나타낸다.

This suggests that (be linked to / smell / must / the brain / the part of / the sense of) that controls memories.

▶ This suggests that _____ that controls memories.

3 그 재미있는 소리는 사람들로 하여금 쓰레기를 거리보다는 쓰레기통 안에 던져 넣고 싶도록 만든다.

The funny sounds (make / trash / rather than / in the bins / people / to throw / want) on the street.

▶ The funny sounds _____ on the street.

THE LORD OF THE RINGS

VS

THE CHRONICLES OF NARNIA

판타지의 양대 산맥
반지의 제왕 VS 나니아 연대기

2000년대 초, 스크린에 옮겨져 전 세계적인 판타지 열풍을 몰고 온 두 편의 소설이 있다. 바로 「반지의 제왕(The Lord of the Rings)」과 「나니아 연대기(The Chronicles of Narnia)」이다. 판타지 소설의 양대 산맥으로 자주 비교되는 두 작품은 그 탄생마저도 서로 긴밀히 얽혀 있다.

「반지의 제왕」의 작가인 J.R.R 톨킨과 「나니아 연대기」의 C.S.루이스는 1930년대 영국 옥스퍼드를 근거지로 하고 있다. 톨킨은 옥스퍼드 대학의 문헌학과 교수였고, 루이스 역시 영문학을 가르쳤다. 뿐만 아니라 둘은 40여 년간 절친한 관계를 맺어온 친구였다. 두 사람 모두 문학클럽인 '잉클링스' 소속으로, 매주 펍에 모여 서로 가지고 온 문학작품을 낭독하는 모임을 가졌다. 바로 이곳에서 톨킨이 「반지의 제왕」 초고를 낭독했고, 이를 듣고 영감을 받은 루이스는 「나니아 연대기」를 쓰기 시작하였다.

「반지의 제왕」과 「나니아 연대기」 모두 고대 신화에서 영감을 얻은 환상적인 세계를 무대로 하고 있다. 「반지의 제왕」은 이른바 '중간계'라는 공간 속에서 악의 군주 사우론이 만든 절대 반지를 파괴하기 위해 원정을 떠나는 프로도 배긴스의 모험담을 담고 있다. 이 과정에서 벌어지는 프로도 측과 사우론 측의 전쟁, 즉 선과 악의 대결이 그려진다. 한편 「나니아 연대기」는 2차 대전 중 피난을 간 4남매가 옷장을 통해 '나니아'라는 세계로 들어가면서 벌어지는 모험을 줄거리로 한다. 4남매는 나니아의 리더 아슬란을 도와 마녀의 지배로 겨울만 계속되는 나니아를 구하기 위해 싸우게 된다.

작가들의 삶, 작품의 내용, 그리고 영화화되어 더 큰 인기를 얻은 것까지 닮아있는 두 작품은 20세기 판타지 소설의 최고 라이벌이라 할 수 있을 것이다.

SECTION 07

과학 · 우주

01

생선 살의 비밀

Imagine a dish of raw fish. Pieces of thin, white meat probably come to your mind. But have you ever wondered why fish meat isn't red like beef or pork?

You may think it is related to their blood. But fish have red blood, just like cows and pigs. The real reason is in their muscles. Land animals have strong muscles for standing and walking around. Those muscles need oxygen. But the oxygen from breathing isn't enough, so the body stores oxygen in muscle cells. A protein called myoglobin helps the body do this. Myoglobin contains iron, which makes the muscles look red. The more myoglobin in the muscles, the redder the meat.

(A) Like / Unlike land animals, fish mostly use their muscles for quick bursts of activity, such as fleeing from an enemy. Since they don't need to store oxygen in their muscle cells, they have (B) little / a lot of myoglobin. That's why their meat looks white. But some fish, such as tuna and *mackerel, are (C) more / less active than others. Therefore, those fish have red meat.

*mackerel 고등어

📄172 words ⏱2'40"

Date:
Time Taken:

흰 살 생선 vs 붉은 살 생선

생선은 육질의 색깔에 따라 붉은 살 생선과 흰 살 생선으로 나뉜다. 고등어, 참치 등이 붉은 살 생선에 속하고 광어, 대구 등은 흰 살 생선으로 분류한다. 흰 살 생선은 육질이 연하고 맛이 담백한 반면, 붉은 살 생선은 흰 살 생선에 비해 지방 함량이 높아 맛이 진하고 조금 비린 편이다. 그러나 붉은 살 생선에는 심장 질환 등 성인병을 예방하는 데 도움이 되는 불포화지방산이 들어 있으며, 비타민 A, B, C 또한 다량 함유되어 있다.

1 윗글의 주제로 가장 적절한 것은?

① the circulation of blood

② the reason fish meat is white

③ how to eat fish in a healthier way

④ the role of iron in animals' muscles

⑤ a disease caused by lack of myoglobin

2 윗글의 (A), (B), (C)의 각 네모 안에서 문맥에 맞는 낱말로 가장 적절한 것은?

	(A)		(B)		(C)
①	Like	······	little	······	less
②	Like	······	a lot of	······	less
③	Unlike	······	little	······	less
④	Unlike	······	a lot of	······	more
⑤	Unlike	······	little	······	more

서술형 *3* 윗글의 밑줄 친 <u>do this</u>가 의미하는 바를 본문에서 찾아 쓰시오.

raw 익히지 않은, 날것의 **be related to** …와 관계가 있다 **muscle** 근육 **oxygen** 산소 **breathe** 호흡하다, 숨 쉬다 **protein** 단백질
contain …이 들어 있다 **iron** 철; *철분 **burst** 터지다, 파열하다; *(갑자기) 한바탕 …을 함[터뜨림] **flee** 달아나다, 도망치다(fled-fled)
enemy 적 **tuna** 참치 문제 **circulation** 순환 **disease** 질환, 질병 **lack** 부족, 결핍

02

📄 169 words ⏱ 2'40"

Date:
Time Taken:

소리가 하얗다고?

If the voices of people are annoying you, try ① turning on a fan. You will probably find that the voices can no longer be heard. But why does the noise of the fan help you ignore the voices?

The secret lies in white noise. It contains all frequencies of sound ② put together. Examples of white noise include the hiss of the wind, the ③ buzzed sound of a television when the reception is bad, and the sound of a vacuum cleaner. These sounds act to

_____.

How does white noise work? Let's say two people were talking. Your brain would follow the words. But what if 1,000 people were talking? You ④ wouldn't be able to understand anyone's words. White noise is like the sound of 1,000 voices — it prevents your brain from following the conversation.

There are even machines that intentionally create white noise ⑤ to help people focus on something. Next time you're studying in a noisy place, why don't you try using white noise?

1 윗글의 빈칸에 들어갈 말로 가장 적절한 것은?

① turn sound into light

② make sound much louder

③ mask all the sounds around you

④ help people with hearing problems

⑤ change normal sound into white noise

수능어법

2 윗글의 밑줄 친 ①~⑤ 중, 어법상 <u>틀린</u> 것은?

서술형

3 윗글의 내용과 일치하도록 빈칸에 알맞은 말을 본문에서 찾아 쓰시오. (2단어)

We can use the white noise to _____ something in a noisy place.

**백색 소음은
어떤 영향을 줄까?**

백색 소음을 들으면 뇌에서 알파(α)파 배출량이 증가하고, 베타(β)파 배출량은 감소한다. 알파파는 정신을 집중했을 때나 안정을 취하고 있을 때, 베타파는 긴장하거나 흥분 상태에 있을 때 나오는 주파수다. 백색 소음의 효과를 주장하는 음향 연구가들은 백색 소음이 반복적으로 내는 3초 주기가 사람이 가장 안정적일 때 내는 호흡의 주기와 유사한 데에 그 비밀이 있는 것으로 보고 있다. 그러나 백색 소음에 오래 노출될 경우 해롭다는 연구 결과도 있어 그 효율성은 아직 명확하게 밝혀지지 않았다.

---

annoy 짜증 나게 하다   **fan** 선풍기   **ignore** 무시하다   **lie** 눕다; *(어떤 상태로) 있다(lay-lain)   **frequency** 빈도; *주파수   **hiss** 쉿 하는 소리
buzz 윙 하는 소리를 내다   **reception** 접수처; *(텔레비전 등의) 수신 상태   **vacuum cleaner** 진공청소기   **act** 연기하다; *역할을 하다   **follow**
따라가다; *귀를 기울이다   **prevent** 막다, 방지하다   **intentionally** 의도적으로   문제   **mask** 가리다, 감추다

03

📄179 words ⏱2'40"

Date:
Time Taken:

사막도 두렵지 않아

Picture yourself lost in the desert. The sun is hot, and the air feels like an oven. Worst of all, you have no water! Unless you find water soon, you could die. Here is a survival ⓐ<u>strategy</u> you could try in order to create water in such a hopeless situation.

3

(A) Take a cup and put it in the middle of the hole.

(B) Dig a hole about 3 feet deep and 4 feet wide in a sunny spot.

(C) Use a plastic bag to cover the hole. Then place rocks around the edges to keep it secure.

6

---

4. Place a pebble in the middle of the bag so it is pushed slightly inward. ⓑ<u>The bag should be a little inches above the cup.</u>

9

5. Cover the bag's edges with sand to make sure moisture cannot escape from the hole.

12

6. As the sun draws moisture from the soil, the moisture will get trapped under the bag and drip into your cup.

This survival strategy should only be used for emergencies. Always carry plenty of water in the desert.

15

1 윗글의 제목으로 가장 적절한 것은?

① The Most Dangerous Desert

② How to Create Water in the Desert

③ How to Build a Beautiful Sand Castle

④ The Average Temperature of the Desert

⑤ What You Should Bring on a Desert Tour

VOCA
2 윗글의 밑줄 친 ⓐ strategy와 바꿔 쓸 수 있는 말로 가장 적절한 것은?

① plan   ② show   ③ story

④ analysis   ⑤ experiment

3 윗글의 (A) ~ (C)를 글의 흐름에 맞게 배열한 것으로 가장 적절한 것은?

① (A) – (C) – (B)   ② (B) – (A) – (C)

③ (B) – (C) – (A)   ④ (C) – (A) – (B)

⑤ (C) – (B) – (A)

서술형
4 윗글의 밑줄 친 문장 ⓑ에서 어법상 틀린 부분을 찾아 바르게 고쳐 쓰시오. (1개)

---

picture …을 상상하다   **desert** 사막   **survival** 생존   **strategy** 전략   **hopeless** 절망적인   **dig** (구멍 등을) 파다(dug-dug)   **edge** 가장자리, 모서리   **secure** 안전한   **pebble** 조약돌   **inward** 안쪽으로   **moisture** 습기, 수분   **escape** 달아나다; *새어 나가다   **draw** 그리다; *뽑아내다 (drew-drawn)   **trap** (궁지에) 가두다; *끌어모으다   **drip** 방울방울 떨어지다, 흐르다   **emergency** 비상(사태)   **plenty of** 많은, 충분한   문제 **analysis** 분석

04

📄191 words ⏱3'30"

Date:
Time Taken:

English Only

Fishing in Space

Fishing nets are commonly used in the ocean. But did you know they can also be used in space?

The Earth's orbit is full of junk. In fact, scientists estimate that there are 370,000 pieces of space debris up there. There is ⓐ a concern that a piece of junk might crash into a satellite. A crash would result in thousands more pieces of debris, possibly destroying other satellites. This could be a big problem, as we rely on satellites for many important things like GPS, international phone connections, television signals and weather forecasts.

To deal with this, Japanese space scientists and a 100-year-old fishing net company came up with a brilliant idea. They will attach ⓑ a thin metal fishing net to a satellite and then launch the satellite into space. Once the satellite is in orbit, the net will be released to collect space junk. Several weeks later the net, charged with electricity, will be pulled down by the Earth's magnetic field. The net and the junk inside will burn up as they enter the Earth's atmosphere. In this way, a simple fishing net will make space much _____!

3

6

9

12

어마어마한
우주 쓰레기

인공위성을 쏘는 과정에서 로켓을 발사하며 분리된 기기, 우주비행사가 우주에서 활동하면서 놓친 공구, 위성끼리 부딪치거나 미사일을 발사해 위성을 파괴하면서 생긴 파편 등 많은 인공 우주 물체들이 지구 궤도를 떠돌고 있다. 현재 지구 궤도를 떠도는 1㎝ 이상의 파편들만 해도 75만여 개에 이른다. 모래알보다도 작은 것까지 합하면 1억 개가 넘을 것으로 예상한다. 우주 쓰레기 문제가 심각해지면서 작살처럼 생긴 로봇팔, 끈끈이 풍선, 전자기 밧줄 등을 이용한 다양한 쓰레기 제거 방법이 시도되었다.

1

What is the best title for the passage?

① How to Launch a Satellite

② What Causes Space Debris

③ A New Way to Clean Space

④ The Importance of Satellites

⑤ A Project to Build a Space Station

서술형

2

Write what the underlined phrase ⓐ "a concern" means using words from the passage.

3

Which of the following is NOT true about ⓑ "a thin metal fishing net"?

① It will be attached to a satellite.

② It will be released to collect space junk.

③ It will be charged with electricity.

④ It will be dragged down by the Earth's magnetic field.

⑤ It will send the junk far from the Earth.

4

Which of the following best fits in the blank?

① cleaner and safer   ② darker and colder

③ smaller and closer   ④ bigger and more beautiful

⑤ dirtier and more dangerous

---

fishing net 어망, 고기잡이 그물   **orbit** 궤도   **junk** 쓰레기   **estimate** 추정하다, 계산하다   **debris** 잔해   **concern** 우려, 걱정   **crash** 충돌
하다; 충돌 (사고)   **satellite** (인공)위성   **result in** …을 야기하다[초래하다]   **rely on** …에 의존하다[의지하다]   **signal** 신호   **forecast** 예보
come up with …을 제시하다[내놓다]   **brilliant** 훌륭한, 멋진   **attach** 부착하다   **launch** 발사하다   **release** 풀어 주다; *날려 보내다
charge 청구하다; *충전하다   **magnetic field** 자기장   **atmosphere** 대기, 공기   문제   **drag** 끌다, 끌고 가다

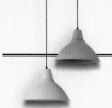

Review Test

A 다음 중 단어의 뜻풀이가 <u>잘못된</u> 것을 고르시오.

① flee: to run away from danger

② annoy: to make someone angry or irritated

③ dig: to move soil or sand to make a hole

④ breathe: to move air into and out of your lungs

⑤ ignore: to pay attention to someone or something

B 문맥상 다음 빈칸에 들어갈 가장 알맞은 단어를 고르시오.

1 The light _____ through the cracks of the closed door.

① missed   ② existed   ③ avoided   ④ escaped   ⑤ encouraged

2 Any sunscreen that blocks UVA rays will _____ you from burning.

① present   ② predict   ③ persist   ④ persuade   ⑤ prevent

3 Jewelers _____ the value of the diamond to be more than 1 million dollars.

① debated   ② gathered   ③ estimated   ④ eliminated   ⑤ released

4 The _____ of the sounds produced by a dolphin ranges from 0.2 to 150 kHz.

① accuracy   ② frequency   ③ emergency   ④ consistency   ⑤ tendency

C 우리말에 맞게 빈칸에 알맞은 단어를 쓰시오.

1 Climate change _____ _____ _____ global warming.
(기후 변화는 지구온난화와 관련이 있다.)

2 Most people _____ _____ search engines to find information.
(대부분의 사람들은 정보를 찾기 위해 검색 엔진에 의존한다.)

3 Eric _____ _____ _____ an idea to advertise our new product.
(에릭은 우리의 신제품을 광고할 아이디어를 내놓았다.)

4 The earthquake _____ _____ the collapse of many buildings.
(그 지진은 많은 건물들의 붕괴를 야기했다.)

· SENTENCE ·

D   밑줄 친 부분에 유의하여 다음 문장을 우리말로 해석하시오.

1   <u>The more</u> myoglobin in the muscles, <u>the redder</u> the meat.

   ▸ _____

2   <u>Next time you're studying</u> in a noisy place, <u>why don't you try using</u> white noise?

   ▸ _____

3   Place a pebble in the middle of the bag <u>so it is pushed slightly inward</u>.

   ▸ _____

4   A crash would result in thousands more pieces of debris, <u>possibly destroying other satellites</u>.

   ▸ _____

E   우리말에 맞게 주어진 단어들을 바르게 배열하여 문장을 완성하시오.

1   그런데 왜 생선 살은 소고기나 돼지고기처럼 붉지 않은지 궁금한 적이 있는가?

   But have you ever wondered (red / fish meat / beef or pork / why / like / isn't)?

   ▸ But have you ever wondered _____?

2   백색 소음은 천 명의 음성과도 같아서, 당신의 뇌가 대화를 따라가지 못하도록 한다.

   White noise is like the sound of 1,000 voices — (your brain / the conversation / from / it / following / prevents).

   ▸ White noise is like the sound of 1,000 voices — _____.

3   봉지 가장자리를 모래로 덮어서 습기가 구덩이로부터 빠져나가지 못하게 하라.

   Cover the bag's edges with sand (escape from / make sure / cannot / to / the hole / moisture).

   ▸ Cover the bag's edges with sand _____.

Silver

은색이라고 하면 사람들은 대부분 반짝거리는 금속을 떠올린다. 또한, 우리말에서는 silver가 노년층과 연관된 산업을 지칭할 때 자주 등장한다. 영어에서 silver는 아래와 같이 다양한 맥락에서 사용된다.

silver lining

: 좋지 않은 상황에서의 긍정적인 측면

태양이 먹구름 뒤에 가려져 있을 때 먹구름 가장자리의 은빛으로 빛나는 부분을 silver lining이라고 한다. 불행하거나 어려운 상황 속의 희망 또는 긍정적인 부분이라는 의미로 비유된다.

Don't be sad. Every cloud has **a silver lining**.
(슬퍼하지마. 괴로워도 희망은 있어.)

the silver screen

: 영화(계), 영화 산업

원래 silver screen은 영화의 상이 잘 비춰지도록 표면에 금속성 페인트칠을 한 은빛으로 된 영사막을 가리키는데 점차 영화(계), 영화 산업을 뜻하는 단어로 사용되었다.

The novel became so popular that it was adapted for **the silver screen**.
(그 소설은 매우 인기가 많아서 영화로 각색되었다.)

silver-tongued

: 언변이 좋은

말솜씨가 뛰어나 사람들을 잘 설득시키는 사람을 가리켜 "He/She is silver-tongued."라고 한다. 말과 관련하여 silver가 쓰인 속담으로 "Speech is silver, silence is golden. (웅변은 은이요, 침묵은 금이다.)"가 있다.

The **silver-tongued** girl sold everything she brought to the flea market.
(언변이 좋은 소녀는 그녀가 벼룩시장에 가져온 물건 전부를 다 팔아 치웠다.)

SECTION
08

문화 · 예술

📄 123 words 🕐 2'10"

Date:
Time Taken:

Notre Dame de Paris Comes to Korea

The musical *Notre Dame de Paris* debuted ① <u>in</u> France in 1998 and has been seen ② <u>to</u> more than 10 million people worldwide. This tragic love story is based ③ <u>on</u> Victor Hugo's famous novel. In place of dialogue, the story is told ④ <u>through</u> 54 beautiful songs and accompanied ⑤ <u>by</u> both ballet and modern dances.

LOCATION Seoul Arts Center
SCHEDULE February 2 - 24
             Weekdays at 8:00 pm
             Saturdays at 7:30 pm
             Sundays at 3:00 pm & 6:00 pm
             (No Monday shows)
TICKET PRICES VIP box - 150,000 won
                Section 1 - 100,000 won
                Section 2 - 80,000 won
                Section 3 - 50,000 won

Student tickets for section 3 are only 10,000 won. Group discounts are available for parties of 15 or more. (20% discount)

3
6
9
12
15
18

파리의 노트르담

1831년 프랑스의 소설가이자 극작가인 빅토르 위고가 발표한 장편 소설이다. 아름다운 집시 여인 에스메랄다를 중심으로, 꼽추에 추한 외모를 지닌 노트르담 성당의 종지기 콰지모도, 에스메랄다에게 연정을 품고 있는 부주교 프롤로, 경비대장 페뷔스 사이의 이루어질 수 없는 사랑과 인간의 욕망을 그려내고 있으며, 작품의 배경인 15세기 파리의 사회상과 삶의 모습 또한 생생히 묘사하고 있다. 이 작품은 영화, 연극 및 뮤지컬로 각색되어 수차례 무대에 올려졌으며 지금까지도 많은 사랑을 받고 있다.

1 노트르담 드 *파리* 공연에 관한 윗글의 내용과 일치하지 <u>않는</u> 것은?

① 1998년에 프랑스에서 처음 공연되었다.

② 대사 없이 노래와 춤으로만 진행된다.

③ 금요일 공연은 오후 8시에 시작한다.

④ 일주일 내내 공연이 있다.

⑤ 15인 이상은 단체 할인을 받을 수 있다.

수능 어법

2 윗글의 밑줄 친 ①~⑤ 중, 어법상 <u>틀린</u> 것은?

서술형

3 윗글의 내용과 일치하도록 빈칸에 알맞은 말을 본문에서 찾아 쓰시오.

Students can get an 80% _____ on section 3 seats.

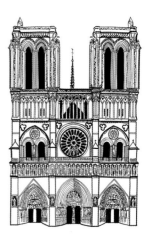

debut 데뷔하다, 첫 무대에 서다 **million** 100만 **worldwide** 전 세계적으로 **tragic** 비극적인 **in place of** ··· 대신에 **dialogue** 대화
accompany 동반하다 **section** 부분, 구역 **discount** 할인 **available** 이용할 수 있는 **party** 정당; *단체

02

📄 163 words ⏱ 2'36"

Date:
Time Taken:

거리가 살아있는 미술관으로

Art can be created on nearly any surface. It can be anything from a piece of paper to a ceiling. One style of art, however, really stands out from the rest — 3D sidewalk art. 3D sidewalk artists draw directly on the street with chalk or other materials to create amazing illusions. Their main technique is perspective. They use it to make their art look three-dimensional. In fact, some of the artwork (it, looks, passing by, so, people, realistic, fools, that). The key to using perspective is knowing where viewers will be standing. With that information in mind, the artist relies on a simple fact — the farther away an object is, the (A) | bigger / smaller | it appears. Because of the artist's use of perspective, looking at 3D sidewalk art from the wrong place is a (B) | satisfying / disappointing | experience. It looks flat, strange and distorted. But when you stand where the artist (C) | extended / intended |, it jumps out of the street as if it were a real three-dimensional object!

3

6

9

12

15

공중에 떠 있는 횡단보도

아이슬란드 북서부의 이사피외르뒤르 마을에 신기한 횡단보도가 설치되었다. 마치 공중에 떠 있는 것처럼 보이는 이 횡단보도는 3D 보도 예술의 원리를 이용하여 횡단보도의 흰 선은 각진 기둥처럼 표현하고, 그와 대비되는 그림자를 어두운색으로 칠해 입체감이 두드러지도록 그려졌다. 이를 통해 보행자는 마치 공중을 걷는 느낌이 들고, 운전자는 앞에 흰 기둥이 서 있는 것 같은 착시 현상을 경험함으로써 운전 속도를 낮추게 되는 효과를 가져왔다.

1

윗글의 (A), (B), (C)의 각 네모 안에서 문맥에 맞는 낱말로 가장 적절한 것은?

	(A)		(B)		(C)
①	bigger	⋯⋯	satisfying	⋯⋯	extended
②	smaller	⋯⋯	satisfying	⋯⋯	intended
③	bigger	⋯⋯	disappointing	⋯⋯	intended
④	smaller	⋯⋯	disappointing	⋯⋯	intended
⑤	smaller	⋯⋯	satisfying	⋯⋯	extended

2

윗글의 괄호 안에 주어진 단어들을 다음 우리말에 맞게 배열하시오.

매우 현실적으로 보여서 그것은 지나가는 사람들을 속이기도 한다

→ _____

3

빈칸 (A)와 (B)에 들어갈 말로 가장 적절한 것은?

> Some artists _____(A)_____ people by using perspective, which makes _____(B)_____ drawings on the street appear three-dimensional when viewed from certain places.

	(A)		(B)
①	reward	⋯⋯	colorful
②	inspire	⋯⋯	expensive
③	assist	⋯⋯	small
④	trick	⋯⋯	flat
⑤	copy	⋯⋯	traditional

surface 표면 **stand out from** … 중에 두드러지다 **sidewalk** 보도, 인도 **material** (물건의) 재료 **illusion** 환상 **technique** 기법 **perspective** 관점; *원근법 **three-dimensional** 3차원의 **pass by** 지나가다 **realistic** 현실적인 **rely on** …에 의존하다 **satisfying** 만족스러운 **flat** 평평한 **distorted** 왜곡된 **extend** 연장하다, 확장하다 **intend** 의도하다 문제 **reward** 보상하다 **inspire** 고무하다, 격려하다 **assist** 돕다

03

📄 226 words ⏱ 3'10"

Date:
Time Taken:

이런 대학 보셨나요?

When I first heard about St. John's College, I was amazed. There are no lectures or exams. There is only a list of more than 100 books to read. To me, it sounded like a ① perfect way to spend four years in college. So I decided to go to St. John's.

At first, however, I had a hard time. The books on the list were very difficult to read and wide in range. They are chosen from philosophy, literature, science, and mathematics. In addition, all of the classes are run through discussion. Students have to prepare for these discussions and listen to their classmates ② carefully. If they don't participate, (of, kicked, they, the class, get, out, can)!

The teachers here at St. John's are called "tutors." Instead of giving lectures like ③ typical professors, they sit down at a big table together with their students to guide and help the discussion. Instead of giving tests, the tutors get together at the end of each semester and evaluate their students based on their performance.

Even though the readings and discussions were ④ challenging for me, I learned a great deal from them. At first, I was afraid to participate in class. But after four years, I feel ⑤ unsure about expressing myself, and all those challenging books have helped me to develop a love of reading and widen my knowledge.

1 세인트 존스 대학에 관한 윗글의 내용과 일치하지 <u>않는</u> 것은?

① 학생들은 다양한 분야의 책을 읽어야 한다.

② 모든 수업은 토론으로 이루어진다.

③ 교수들은 튜터라고 불린다.

④ 교수들은 토론회에 참석하지 않는다.

⑤ 학기 말이 되면 학생들은 수행을 통해 평가받는다.

2 윗글의 괄호 안에 주어진 단어들을 다음 우리말에 맞게 배열하시오.

그들은 수업에서 쫓겨날 수도 있다

→ _____

VOCA

3 윗글의 밑줄 친 ① ~ ⑤ 중, 문맥상 낱말의 쓰임이 적절하지 <u>않은</u> 것은?

Liberal Arts College

미국에서 가장 지성을 갖춘 대학은 어디일까? 미국의 대학교육 평가 전문가 로렌 포프는 하버드나 예일 같은 아이비리그 명문대를 제쳐 두고, 세인트 존스 대학을 비롯한 리버럴 아츠 칼리지(Liberal Arts College)를 꼽았다. 이들 대학은 세부 전공에 대한 지식이 아니라 전반적인 교양을 쌓고, 학생의 인성을 계발하며 사회정의 의식을 기르는 것을 교육 철학으로 삼는다. 학생들은 수백 권의 책을 읽는 과정을 통해 배움에 있어 타인과의 경쟁은 무의미하며, 스스로 학문을 갈고닦는 방식을 익히는 것이 중요하다는 점을 체득한다. 그 결과 이들 학교의 졸업생들은 깊이 있고 독창적인 연구 성과를 내고 있으며, 저명한 학자의 길을 걷고 있다.

---

amazed 놀란   **lecture** 강의, 강연   **range** 다양성; 범위   **philosophy** 철학   **literature** 문학   **discussion** 토론   **participate** 참가하다, 참여하다   **tutor** 개인 지도 교사, 가정교사   **guide** 인도하다, 이끌다   **get together** 모이다   **semester** 학기   **evaluate** 평가하다   **based on** …에 근거하여   **performance** 공연; *(과제 등의) 수행, 실행   **challenging** 도전적인, 힘든   **widen** 넓히다

04

📄 182 words ⏱ 2'53"

Date:
Time Taken:

Is It a Portrait or Vegetables?

Look at this painting. What do you see? It looks like a simple bowl (A) | filled / filling | with many types of vegetables. But, if you turn this painting upside down, you see a different picture. The bowl becomes a hat, and the vegetables make the shape of a man's smiling face. This unique style of painting was created by Giuseppe Arcimboldo, who was an artist during the Renaissance.

During this period, artists usually painted either objects (B) | or / and | portraits of people. Arcimboldo combined these two styles. Arcimboldo arranged the objects in his paintings to look like people's faces. If you look at one of his paintings from far away, you might see the picture of a human figure. But, up close, you would see a collection of objects, such as flowers, books, or animals.

Arcimboldo was famous (C) | during / while | his lifetime, but most people forgot about his paintings after his death in the sixteenth century. However, his unique artwork became popular again in the twentieth century. His style of combining many ⓐ o＿＿＿＿＿ to make the strange shape of a person inspired *surrealist painters like Salvador Dali.

*surrealist 초현실주의자

3

6

9

12

15

18

21

아르침볼도가 그린 황제의 초상화

아르침볼도는 독특한 초상화 기법을 사용한 화가로 유명하다. 그의 작품 중 잘 알려진 〈봄〉, 〈여름〉, 〈가을〉, 〈겨울〉은 각 계절에 어울리는 식물과 과일로 황제의 얼굴을 표현하였다. 탄생을 뜻하는 봄은 꽃으로 이루어진 소년을, 성숙을 보여주는 여름은 온갖 과일과 채소로 된 젊은이를, 쇠퇴를 의미하는 가을은 익은 과일과 곡식으로 중년의 남자를, 죽음을 나타내는 겨울은 헐벗고 거친 나무로 노인을 묘사함으로써 황제의 통치로 세상의 질서가 이루어지고 만물이 조화롭게 풍요로워짐을 나타내고자 했다.

1

Choose the grammatically correct one for (A), (B), and (C).

	(A)		(B)		(C)
①	filled	⋯⋯	or	⋯⋯	during
②	filled	⋯⋯	and	⋯⋯	while
③	filled	⋯⋯	or	⋯⋯	while
④	filling	⋯⋯	and	⋯⋯	while
⑤	filling	⋯⋯	or	⋯⋯	during

2

Mark the following statements about Arcimboldo T (True) or F (False).

	T	F
(1) Arcimboldo arranged objects in his paintings to make portraits.	☐	☐
(2) Arcimboldo's paintings were not popular when he was alive.	☐	☐
(3) Arcimboldo was influenced by surrealist painters.	☐	☐

3

Fill in the blank ⓐ using an appropriate word from the passage. (Use the word that starts with the given letter.)

---

upside down 거꾸로 **portrait** 초상화 **combine** 결합하다 **arrange** 정리하다, 배열하다 **figure** 수치; 인물; *모양[형상] **up close** 가까이에서 **collection** 수집품; *(물건·사람들의) 무리, 더미 **lifetime** 일생, 생애 **inspire** 고무하다; *영감을 주다

Review Test

A 다음 단어의 영영풀이를 바르게 연결하시오.

1 lecture ·   · ⓐ to have a purpose when you do something

2 discount ·   · ⓑ a talk about a particular subject

3 portrait ·   · ⓒ to appear in public for the first time

4 debut ·   · ⓓ an amount taken off a regular price

5 intend ·   · ⓔ a painting or drawing of a person

B 괄호 안에서 적절한 단어를 고르시오.

1 We need to be (realistic / unrealistic) since we can't go as far as we want.

2 Our teacher (evolves / evaluates) the performance of her students every month.

3 Joey's parents will (accompany / accomplish) him on the field trip.

4 All students have to (anticipate / participate) in the school festival this year.

C 우리말에 맞게 빈칸에 알맞은 단어를 쓰시오.

1 All of my family members _____ _____ on holidays.
   (명절에는 우리 가족의 모든 구성원들이 모인다.)

2 Every morning, the students _____ _____ my house to go to school.
   (매일 아침, 학생들은 학교에 가기 위해 우리 집을 지나간다.)

3 The colorful costume made me _____ _____ _____ the crowd.
   (그 화려한 의상은 나를 대중들로부터 두드러지게 하였다.)

4 My sister will take care of my children _____ _____ _____ me
   while I'm out.
   (내가 외출한 동안 나의 여동생이 나를 대신하여 아이들을 돌봐줄 것이다.)

· SENTENCE ·

D 밑줄 친 부분에 유의하여 다음 문장을 우리말로 해석하시오.

1 In place of dialogue, the story <u>is told</u> through 54 beautiful songs and <u>accompanied</u> by both ballet and modern dances.

▸ _____

2 It jumps out of the street <u>as if it were a real three-dimensional object!</u>

▸ _____

3 To me, it sounded like <u>a perfect way to spend four years in college.</u>

▸ _____

4 During this period, artists usually painted <u>either objects or portraits of people.</u>

▸ _____

E 우리말에 맞게 주어진 단어들을 바르게 배열하여 문장을 완성하시오.

1 원근법을 사용하는 비결은 보는 사람들이 서 있을 곳을 아는 것이다.

(using / to / is / perspective / the key / knowing) where viewers will be standing.

▸ _____ where viewers will be standing.

2 그 정보를 염두에 두고, 예술가는 사물이 멀리 있을수록 더 작게 보인다는 단순한 사실에 의존한다.

With that information in mind, the artist relies on a simple fact — (the / is / smaller / farther away / an object / appears / it / the).

▸ With that information in mind, the artist relies on a simple fact —

_____, _____.

3 목록에 있는 책들은 읽기에 매우 어려웠고, 범위가 넓었다.

The books on the list (wide / very difficult / were / and / in range / to read).

▸ The books on the list _____.

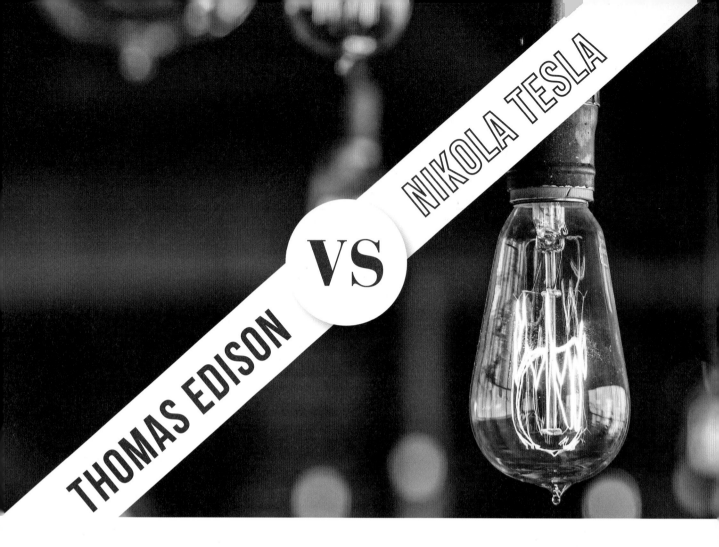

THOMAS EDISON **VS** NIKOLA TESLA

99퍼센트의 노력 혹은 1퍼센트의 영감
토머스 에디슨 **VS** 니콜라 테슬라

'발명가'하면 가장 먼저 떠오르는 사람은? 아마 대다수 사람들이 토머스 에디슨(Thomas Edison, 1847-1931)을 떠올릴 것이다. 전 세계적으로 1,500건이 넘는 특허권을 보유했던 에디슨은 발명가의 대명사로 꼽힌다. 이런 에디슨이 평생 질투했던 발명가가 있었으니 바로 니콜라 테슬라(Nikola Tesla, 1856-1943)이다.

에디슨은 1847년 미국에서 태어났다. '발명의 천재'로 불리는 에디슨이지만, 사실 에디슨의 지능은 일반 아이들에 비해도 약간 낮은 정도였다고 한다. 그러나 에디슨에게는 왕성한 호기심과 끝까지 포기하지 않는 집념이 있었다. 전구를 완성하기 위해 약 2,000번의 실험을 반복했다는 일화는 그가 얼마나 노력하는 인물이었는지 보여 준다. 또한 에디슨은 유능한 사업가이기도 했다. 그는 발명품의 실용성과 상업성에 주목했고 사업적으로 큰 성공을 거두었다.

반면 테슬라는 천재적인 과학자에 가까웠다. 세르비아인 부모에게서 태어난 테슬라는 다섯 살 때 이미 발명을 했을 정도로 천부적인 재능을 지니고 있었다. 그는 아이디어를 단지 머릿속으로 구상하여 구체화할 수 있었으며, 6개 국어를 구사할 정도로 비상한 인물이었다. 뉴욕으로 건너온 테슬라는 에디슨과 함께 발전기를 연구하기도 한다. 그러나 직류 시스템을 고집했던 에디슨과 교류 시스템을 주장하는 테슬라는 결국 갈라서게 된다. 테슬라는 200여 개의 특허를 획득했으며, 다른 과학자들에게 영향을 주는 다양한 연구 업적을 남겼다.

에디슨이 "발명은 99%의 노력과 1%의 영감으로 만들어진다"고 했던 노력형이었다면 테슬라는 "약간만 머리를 쓰면 99%의 노력을 줄일 수 있을 텐데"라고 했던 타고난 천재였다. 하지만 두 사람 모두 발명을 향한 열정과 인류 역사에 기여한 공로만큼은 똑같이 위대했던 세기의 발명가였다.

SECTION

09

건강 · 의학

01

183 words 2'48"

Date:
Time Taken:

흐르는 콧물, 지긋지긋해!

Having a cold is one of the most ① <u>common</u> causes of a runny nose, but it's not the only one. A runny nose happens when there is too much *mucus inside your nose.

In the winter time, you breathe a lot of cold, dry air. This makes your body ⓐ (produce) more mucus. This mucus makes the air you breathe wetter, ② <u>protecting</u> your throat and lungs. However, if a lot of mucus accumulates inside your nose, it begins to run out of your nose.

Crying can also cause a runny nose. Some of the tears ⓑ (produce) by your eyes enter your nose. This extra liquid creates ③ <u>less</u> mucus, which causes your nose to run. This is why you need to blow your nose when you cry.

Another common cause of runny noses is eating spicy food. Spicy food not only causes a burning sensation on your tongue, but it also affects your nose. To ④ <u>prevent</u> irritation, your nose starts running and washes the spiciness away.

Runny noses might be ⑤ <u>annoying</u>, but as you can see, they actually mean that your body is protecting itself.

*mucus 콧물, 점액

우리 몸을 지켜주는 콧물

코안의 점막에서 분비되는 점액은 폐로 들어가는 공기 속 이물질을 걸러주는 역할을 한다. 이 점액은 바이러스 같은 병원균이 침입하게 되면 혈액 속의 수분이나 백혈구를 내보내 병원균과 싸우게 되면서 바깥으로 흐르게 되는데 이것이 콧물이다. 콧물의 색깔이나 끈적이는 정도가 항상 같지는 않은데, 이것은 병의 원인에 따라 콧물의 형태가 다르기 때문이다. 세균에 감염되면 콧물 속의 항생물질과 세균이 싸워 찌꺼기가 만들어져서 누런 콧물이 나오고, 바이러스에 감염되면 바이러스를 씻어내기 위해 맑은 콧물이 분비된다.

1 윗글의 주제로 가장 적절한 것은?

① why breathing dirty air is dangerous

② the important roles played by the nose

③ how mucus affects your sense of smell

④ the most effective way of curing a cold

⑤ different ways mucus causes runny noses

2 윗글의 밑줄 친 ① ~ ⑤ 중, 문맥상 낱말의 쓰임이 적절하지 <u>않은</u> 것은?

3 윗글의 ⓐ와 ⓑ에 주어진 동사를 어법에 알맞은 형태로 쓰시오.

ⓐ _____   ⓑ _____

common 흔한 **runny** 콧물이 흐르는 ※**run** (액체가) 흐르다 **breathe** 호흡하다 **produce** 생산하다, 만들다 **wet** 젖은, (공기가) 습한
protect 보호하다 **throat** 목(구멍) **lung** 폐 **accumulate** 늘어나다, 모이다 **extra** 추가의 **liquid** 액체 **blow one's nose** 코를 풀다
burning 화끈거리는, 얼얼한 **sensation** 감각 **irritation** *자극; 아픔

02

📄167 words ⏱3'00"

Date:
Time Taken:

딸꾹질 멈추… 딸꾹!

When you get the hiccups, it sometimes seems like they'll never go away. Do you have ⓐa special trick for making them (A) stop / to stop ? Most people do. But can any of these methods be proven scientifically?

The answer is "yes." Some people get rid of their hiccups by holding their breath and counting to ten. ⓑThis increases the *carbon dioxide in their blood, which decreases the sensitivity of the part of their brain that makes them hiccup. Some people recommend (B) to pull / pulling on your tongue. This stimulates the nerves in the back of your throat, which (C) interrupt / interrupts the hiccups. Placing sugar under your tongue has a similar effect, as sugar affects the nerves that control the hiccups.

There are other methods, too. Some people swallow water, which breaks up the cycle of hiccups and calms the nerves. Others press their fingers on their ears, because this stimulates a nerve that tells the body to stop hiccuping. Of course, if you try that, be careful not to push too hard!

*carbon dioxide 이산화탄소

가장 오래 딸꾹질한 사람

딸꾹질은 우리 몸의 횡격막이 자극을 받아 갑자기 수축할 때 발생하는데, 횡격막은 우리가 조절할 수 있는 근육이 아니기 때문에 딸꾹질도 자유자재로 조절할 수 없다. 대부분 사람들에게 딸꾹질은 일시적인 현상이지만, 딸꾹질이 멈추지 않아 세계 기록에 오른 사람이 있다. 찰스 오스본이라는 미국인 남성이 세계에서 가장 오래 딸꾹질을 했다고 기네스북에 기록되어 있는데, 그는 68년 동안 딸꾹질을 무려 4억3000만 번 정도 했다고 한다. 1분에 거의 40번꼴로 딸꾹질을 한 것이다.

1

윗글의 제목으로 가장 적절한 것은?

① The Risk of Hiccups
② How to Treat Hiccups
③ The Cycle of Hiccups
④ What Makes You Hiccup?
⑤ A Good Way to Keep Calm

2

윗글에서 밑줄 친 ⓐ a special trick으로 언급되지 않은 것은?

① 숨을 참는 것
② 혀를 잡아당기는 것
③ 혀 밑에 설탕을 놓는 것
④ 깜짝 놀라게 하는 것
⑤ 손가락으로 귀를 누르는 것

수능어법

3

윗글의 (A), (B), (C)의 각 네모 안에서 어법에 맞는 표현으로 가장 적절한 것은?

	(A)	(B)	(C)
①	stop	to pull	interrupt
②	stop	pulling	interrupt
③	stop	pulling	interrupts
④	to stop	pulling	interrupt
⑤	to stop	to pull	interrupts

서술형

4

윗글의 밑줄 친 ⓑ This가 가리키는 것을 본문에서 찾아 쓰시오.

---

hiccup 딸꾹질; 딸꾹질하다 **trick** 비결, 요령 **method** 방법, 방식 **prove** 증명하다 **scientifically** 과학적으로 **get rid of** 제거하다 **increase** 증가시키다 **decrease** 감소시키다 **sensitivity** 민감성 **recommend** 추천하다 **tongue** 혀 **stimulate** 자극하다 **nerve** 신경 **interrupt** 방해하다, 중단시키다 **similar** 비슷한 **swallow** 삼키다 **calm** 침착한; 진정시키다 문제 **risk** 위험

03

📄177 words ⏱2'40"

Date:
Time Taken:

참을 수 없는 졸음

<u>Have you ever seen someone suddenly to fall asleep while walking or eating?</u> There are some people who cannot stay awake if they are sleepy. People like this might fall to the ground and start snoring

while shopping in a store. Or perhaps they fall asleep with their face in a dish while eating dinner at a restaurant. This disorder can cause dangerous situations if people fall asleep while driving or crossing the road.

The condition isn't a simple lack of sleep but a serious disease known as *narcolepsy. (①) The most common symptoms of narcolepsy are sleepiness during the day and sudden sleep attacks. (②) Psychological factors do not cause narcolepsy. (③) Rather, a problem with a protein called hypocretin causes it. (④) However, people with narcolepsy have reduced levels of hypocretin in their brain. (⑤) So far, nobody is sure why.

Today it is estimated that about three million people worldwide suffer from narcolepsy. Most of them first noticed signs between their teen years and the age of 30. Unfortunately, doctors have found narcolepsy hard to cure.

*narcolepsy 기면증

기면증

인간의 수면은 렘(REM) 수면과 비렘(non-REM) 수면으로 이루어진다. 비렘 수면은 가장 깊은 잠을 자는 단계가 포함된 상태로 느리게 호흡하고, 심장 박동수나 혈압이 떨어지며, 정신적 활동도 줄어든다. 반면, 렘 수면은 얕은 잠을 자는 상태로 신체는 잠들어 있으나 뇌가 활발히 운동한다. 일반적인 수면은 비렘 수면으로 시작하여 렘 수면으로 이어지고 이 주기가 반복된다. 기면증에 걸리면 낮에 갑작스러운 렘 수면이 찾아와 수면 마비, 환각, 수면 발작 등을 일으킨다. 현재까지 기면증은 의학적 완치가 불가능하다.

건강·의학

110

1 윗글에서 기면증에 관해 언급되지 <u>않은</u> 것은?

① 기면증의 위험성   ② 기면증의 증상

③ 기면증의 원인   ④ 기면증 치료 사례

⑤ 기면증 환자의 수

2 윗글의 밑줄 친 문장에서 어법상 <u>틀린</u> 부분을 찾아 바르게 고쳐 쓰시오. (1개)

3 윗글의 흐름으로 보아, 주어진 문장이 들어가기에 가장 적절한 곳은?

> Hypocretin controls sleep patterns.

fall asleep 잠들다   **stay awake** 자지 않고 깨어 있다   **snore** 코를 골다   **disorder** 엉망; *(신체 기능의) 장애, 이상   **condition** 상태; *질환
lack 부족, 결핍   **symptom** *증상; 징후   **sleepiness** 졸음, 졸림   **attack** 공격; *(증상의 갑작스럽고 격렬한) 도짐, 발발   **psychological** 정신
의, 심리의   **factor** 요인   **protein** 단백질   **estimate** 추정하다, 추산하다   **cure** 치유하다

04

📄 200 words ⏱ 3'30"

Date:
Time Taken:

English Only

Myths and Facts about Eggs

Eggs are a popular food.
They are easily available, inexpensive and very nutritious.
But some people warn about their health risks.
Here are some myths and facts about eating eggs.

Eggs ⓐ<u>threaten</u> your health by increasing your cholesterol levels.

_____(A)_____! It is true that eggs contain a high amount of cholesterol. One egg contains about 200 mg of cholesterol. However, eating eggs only increases the body's levels of *HDL, which is known as "good cholesterol." HDL is actually ⓑ(believe) to lower the risk of heart disease. So don't be afraid to have eggs for breakfast once in a while!

Eggs are good for your eyes.

_____(B)_____! Eggs help keep our eyes healthy and strong. A recent study found that eggs contain high amounts of a nutrient called lutein, which protects the eyes against age-related blindness. In other words, eating eggs can help you avoid losing your vision as you grow old.

Brown eggs are better for your health.

_____(C)_____! According to the British Nutrition Foundation, there is no difference in the health benefits of white and brown eggs. The color of the shell is related to the breed of the hen rather than the health value of the egg itself.

*HDL (High Density Lipoprotein) 고밀도지단백질

건강·의학

1

Choose the appropriate word for (A), (B), and (C).

	(A)		(B)		(C)
①	MYTH	⋯⋯	FACT	⋯⋯	FACT
②	MYTH	⋯⋯	FACT	⋯⋯	MYTH
③	MYTH	⋯⋯	MYTH	⋯⋯	FACT
④	FACT	⋯⋯	MYTH	⋯⋯	MYTH
⑤	FACT	⋯⋯	MYTH	⋯⋯	FACT

VOCA

2

Which is the opposite meaning of the underlined word ⓐ "threaten"?

① warn   ② damage   ③ protect

④ affect   ⑤ harm

서술형

3

Write the grammatically correct form of ⓑ.

4

Mark the following statements about eggs T (True) or F (False).

	T	F
(1) Eggs actually contain little cholesterol.	☐	☐
(2) You can get a nutrient called lutein by eating eggs.	☐	☐
(3) The color of its shell is related to the freshness of the egg.	☐	☐

---

myth 신화; *근거 없는 믿음   **inexpensive** 비싸지 않은   **nutritious** 영양가가 높은   **warn** 경고하다   **threaten** 위협하다; *위태롭게 하다
contain 함유하다   **lower** 낮추다   **nutrient** 영양소, 영양분   **blindness** 실명   **vision** *시력; 시야   **benefit** 혜택, 이득   **shell** 껍데기
breed (가축의) 품종   **hen** 암닭

Review Test

A 다음 중 단어의 뜻풀이가 잘못된 것을 고르시오.

① lack: the state of not having enough of something

② warn: to tell someone about a possible problem or danger

③ myth: an idea that is believed by few people but is true

④ estimate: to guess the size, value, or cost of something

⑤ disorder: an abnormal or unhealthy state of body or mind

B 다음 밑줄 친 부분의 의미로 가장 적절한 것을 고르시오.

1 I have tried many different <u>methods</u>, but none of them has worked.
  ① ways   ② results   ③ decisions   ④ moments   ⑤ machines

2 The doctors are trying to find a medicine that can <u>cure</u> skin cancer.
  ① cause   ② break   ③ heal   ④ seek   ⑤ prove

3 I have a <u>trick</u> to make perfect hard boiled eggs.
  ① stuff   ② secret   ③ damage   ④ plan   ⑤ space

4 I will see the movie because many people <u>recommended</u> it.
  ① instructed   ② recognized   ③ convinced   ④ generated   ⑤ suggested

C 우리말에 맞게 빈칸에 알맞은 단어를 쓰시오.

1 Drinking green tea helps you _____ _____ _____ bad breath.
(녹차를 마시는 것은 입 냄새를 제거하는 데 도움이 된다.)

2 I sometimes _____ _____ on the bus and miss my stop.
(나는 가끔 버스에서 잠들어서 정류장을 지나친다.)

3 The coffee I had in the evening made me _____ _____ all night.
(저녁에 마신 커피가 나를 밤새 깨어있게 했다.)

4 Since babies can't _____ _____ _____, they need to have other ways to clear their noses.
(아기들은 코를 풀 수 없기 때문에 그들의 코를 깨끗하게 할 수 있는 다른 방법이 필요하다.)

· SENTENCE ·

D 밑줄 친 부분에 유의하여 다음 문장을 우리말로 해석하시오.

1 This extra liquid creates more mucus, <u>which causes your nose to run</u>.

   ▶ _____

2 The condition <u>isn't a simple lack of sleep but a serious disease</u> known as narcolepsy.

   ▶ _____

3 <u>It</u> is true <u>that</u> eggs contain a high amount of cholesterol.

   ▶ _____

4 Eating eggs can <u>help you avoid losing your vision as you grow old</u>.

   ▶ _____

E 우리말에 맞게 주어진 단어들을 바르게 배열하여 문장을 완성하시오.

1 이 콧물은 당신이 호흡하는 공기를 더 습하게 만들면서 당신의 목과 폐를 보호한다.

   (breathe / makes / wetter / you / the air / this mucus), protecting your throat and lungs.

   ▶ _____, protecting your throat and lungs.

2 혀 밑에 설탕을 놓는 것도 비슷한 효과가 있는데, 설탕이 딸꾹질을 통제하는 신경에 영향을 주기 때문이다.

   (your tongue / sugar / a similar effect / placing / has / under), as sugar affects the nerves that control the hiccups.

   ▶ _____, as sugar affects the nerves that control the hiccups.

3 불행히도, 의사들은 기면증을 치료하기 어렵다고 여긴다.

   Unfortunately, (have found / hard / to / doctors / narcolepsy / cure).

   ▶ Unfortunately, _____.

Green

녹색을 생각하면 무엇이 가장 먼저 떠오르는가? green이라는 단어는 green energy, green belt 등 환경과 관련된 표현으로 널리 쓰이며, 그 외에 다른 의미도 갖는다.

have a green thumb

: 화초를 잘 기르다

유난히 식물을 잘 기르는 사람들이 있다. 이런 사람들을 영어로 have a green thumb[fingers]라고 표현한다.

My mother **has a green thumb**. She spends most of her time in the garden.
(우리 엄마는 화초를 잘 기른다. 그녀는 대부분의 시간을 정원에서 보낸다.)

green with envy

: 몹시 샘을 내는

녹색은 질투를 나타내는 색이다. 셰익스피어의 작품 「오셀로」에서 신하인 이아고는 왕인 오셀로에게 "Beware, my lord, of jealousy; It is the green-eyed monster. (왕이시여, 조심하십시오. 질투심은 푸른 눈의 괴물입니다.)"라는 말을 하기도 했다.

He was **green with envy** when he saw his girlfriend talking with another man.
(그는 그의 여자친구가 다른 남자와 이야기하는 것을 보고 몹시 질투했다.)

green light

: 허가, 승인

도로의 신호등은 녹색이 통과, 붉은색이 멈춤을 의미한다. 이와 마찬가지로 green light은 '허가', '승인' 등을 의미한다.

The company finally got **the green light** from the government.
(그 기업은 마침내 정부로부터 허가를 받았다.)

SECTION
10

역사 · 유래

01

📄 128 words ⏱ 2'10"

Date:
Time Taken:

1582년 10월에 생긴 일

Do you know (A) what / how happened in Europe from October 5 to 14, 1582? In fact, nothing happened because those days didn't even exist! ₃

Before that time, people were using the *Julian calendar, which was established by Julius Caesar in 45 B.C. In this calendar, one year lasted in 365.25 days. But an actual year is a few minutes ₆ shorter. This meant there was a gap between the calendar and real time. (B) As / During time went by, this gap got bigger and bigger. In 1582, it finally reached 10 full days. ₉

That's why Pope Gregory XIII decided (C) making / to make a new calendar, which became known as the *Gregorian calendar. But first he ₁₂ removed 10 days from the old calendar. So in 1582, the day after October 4 was October 15! ₁₅

*Julian calendar 율리우스력
*Gregorian calendar 그레고리력

OCTOBER   2018

M	T	W	T	F	S	S
1	2	3	4	5	6	7
8	9	10	11	12	13	14
15	16	17	18	19	20	21
22	23	24	25	26	27	28
29	30	31				

윤년
leap year

현재 가장 널리 사용되고 있는 그레고리력에서 일반적으로 1년은 365일이지만, 4년에 한 번씩은 366일이 된다. 2월이 29일이 되기 때문이다. 이러한 해를 윤년이라고 한다. 이는 태양력 1년이 실제로는 365.2422일이기 때문에 매년 조금씩 발생하는 차이를 해결하기 위해서 도입되었다. 그러나 여전히 차이는 남아 있었고, 이를 위해 또 다른 규칙이 도입되었다. 바로 그 해를 100으로 나눴을 때 나눠떨어지는 해는 윤년으로 하지 않는 것이다. 따라서 1800년이나 1900년은 윤년이 아니었다. 하지만 100으로 나눠떨어지더라도 동시에 400으로도 나눠떨어진다면, 그 해는 윤년이 되어서 2000년은 윤년이 되었다.

1 윗글의 내용과 일치하지 <u>않는</u> 것은?

① 16세기 이전 유럽에서는 율리우스력을 사용했다.

② 율리우스력에서 일 년은 365.25일이었다.

③ 새로운 교황의 선출을 기념하기 위해 새로운 달력을 만들었다.

④ 새로운 달력은 교황 그레고리우스 13세에 의해 제정되었다.

⑤ 1582년의 10월은 다른 연도의 10월보다 짧다.

2 윗글의 (A), (B), (C)의 각 네모 안에서 어법에 맞는 표현으로 가장 적절한 것은?

	(A)		(B)		(C)
①	what	......	As	......	making
②	what	......	During	......	making
③	what	......	As	......	to make
④	how	......	During	......	making
⑤	how	......	As	......	to make

3 윗글의 내용과 일치하도록 빈칸에 알맞은 말을 본문에서 찾아 쓰시오.

The Gregorian calendar was made to remove a(n) _____ between the old calendar and real time.

---

exist 존재하다　**establish** 설립하다; *(제도·법률 등을) 제정하다　**last** 계속되다　**actual** 실제의　**gap** 틈, 간격; *차이　**reach** …에 이르다
Pope 교황　**remove** 없애다, 제거하다

02

📄 190 words ⏱ 3'00"

Date:
Time Taken:

산타는 어디에?

Every Christmas Eve, parents tell their children that Santa is coming with toys and gifts. The kids get excited and want to know exactly where Santa is. So what can they do? They can pick up a phone and call NORAD. NORAD <u>stands for</u> the North American Aerospace Defense Command. It is the military organization that protects the United States by tracking airplanes with radar. But every December 24, it provides a very different service. If children call 1-877-HI-NORAD, a NORAD volunteer will give them information about Santa's current location.

This probably seems like a strange thing for a military organization to do. In fact, the whole thing started with a mistake. In 1955 a department store put an advertisement featuring a picture of Santa in a local newspaper. It included a phone number (that, kids, talk, could, so, call Santa, and, to him). However, the number _____. When kids called it, they reached a NORAD officer named Harry Shoup! But instead of getting annoyed and hanging up, Shoup told the kids that he could see Santa on his radar. And this is how a charming tradition began.

3

6

9

12

15

18

21

핀란드 산타 마을   핀란드 북부에 위치한 로바니에미(Rovaniemi) 마을은 산타클로스 마을로 유명하다. 이 산타 마을에는 산타 오피스, 도서관, 우체국, 산타파크 등이 있다. 특히 우체국에서는 세계 각국의 어린이들이 보낸 편지를 나라별로 분류하여 산타클로스가 여러 나라의 언어를 구사하는 비서들의 도움을 받아 일일이 답장을 해주고 있다. 크리스마스 시즌이 되면 전 세계에서 수십만 명이 산타클로스를 만나기 위해 이 마을을 찾는다.

1 윗글에서 산타 추적 서비스에 관해 언급되지 <u>않은</u> 것은?

① which organization tracks Santa's location

② how children can access the service

③ when the organization started the service

④ how much it costs to use the service

⑤ who received the first call from kids

2 윗글의 밑줄 친 <u>stands for</u>의 의미로 가장 적절한 것은?

① intends ② defines ③ creates

④ explains ⑤ represents

서술형

3 윗글의 괄호 안에 주어진 단어들을 다음 우리말에 맞게 배열하시오.

아이들이 산타에게 전화하여 그에게 이야기할 수 있도록

→ _____

4 윗글의 빈칸에 들어갈 말로 가장 적절한 것은?

① was not in the ad

② was too small to read

③ was printed incorrectly

④ was extremely popular

⑤ was easy to remember

---

military 군사 **organization** 조직, 단체 **track** 추적하다 **radar** 레이더, 전파 탐지기 **volunteer** 자원봉사자 **current** 현재의, 지금의 **location** 위치 **advertisement** 광고(줄여서 **ad**) **feature** 특별히 포함하다, 특징으로 삼다 **reach** …에 이르다; *(전화로) 연락하다 **officer** 장교 **hang up** 전화를 끊다 **charming** 매력적인 **tradition** 전통 문제 **access** 접근하다; 이용하다 **print** 인쇄하다 **incorrectly** 부정확하게 **extremely** 매우, 극도로

03

📄 172 words ⏱ 2'55"

Date:
Time Taken:

치즈를 쓱싹쓱싹

The cheese slicer is a convenient kitchen tool. Surprisingly, the design of the cheese slicer is based on a carpenter's tool called a *plane.

It was invented in 1927 by a Norwegian carpenter named Thor Bjørklund. One hot summer day, he took a break in his workshop to eat the lunch his wife (A) | had prepared / has prepared | for him. There were four pieces of bread and some slices of cheese. Unfortunately, the day's heat had caused the cheese (B) | melting / to melt | together. He tried to cut it with a knife, but the slices were too thick. Then he noticed his plane on a nearby table. To his surprise, it cut the cheese perfectly. However, it was too big to be easily used. So he found a thin piece of steel. He cut a hole in it and bent the front edge down. Then he bent the back edge up.

This allowed a perfect slice of cheese to pass through it. His invention, (C) | which / that | can also be used to slice butter and cucumbers, is now patented.

3
6
9
12
15
18

*plane 대패

1   윗글의 제목으로 가장 적절한 것은?

① Thor Bjørklund: A Skilled Carpenter

② A Precious Gift from a Carpenter's Wife

③ The Development of the Cheese Industry

④ The Carpenters' Plane: A Multipurpose Tool

⑤ From a Carpenter's Workshop to the Kitchen

수능 어법

2   윗글의 (A), (B), (C)의 각 네모 안에서 어법에 맞는 표현으로 가장 적절한 것은?

	(A)	(B)	(C)
①	had prepared	melting	which
②	had prepared	to melt	that
③	had prepared	to melt	which
④	has prepared	to melt	that
⑤	has prepared	melting	that

3   윗글에서 치즈 슬라이서에 관해 언급되지 <u>않은</u> 것은?

① 발명 시기   ② 발명가의 이름

③ 발명 계기   ④ 발명 재료

⑤ 특허 출원 시기

서술형

4   윗글의 내용과 일치하도록 빈칸에 알맞은 말을 본문에서 찾아 쓰시오.

Thor got his idea for his invention from a(n) _____, which is a(n) _____'s tool.

---

slicer 얇게 자르는 기구 ※**slice** 얇게 썬 조각; 얇게 썰다   **convenient** 편리한   **be based on** …에 근거하다, …을 토대로 하다   **carpenter** 목수   **take a break** 휴식을 취하다   **workshop** 작업장, 일터   **melt** 녹다   **nearby** 근처의   **to one's surprise** …가 놀랍게도   **steel** 강철 **bend** 구부리다   **edge** 가장자리, 끝   **cucumber** 오이   **patented** 특허를 받은   문제 **precious** 귀중한   **development** 발달 **multipurpose** 다목적의, 다용도의

04

📄 182 words ⏱ 3'10"

Date:
Time Taken:

English Only

Blame the Weather!

How many times have your weekend plans ⓐ (ruin) by sudden rain? When this happens, it becomes clear that the weather strongly affects events in our world. _____(A)_____, according to some historians, weather has even changed history.

One famous example is Napoleon's invasion of Russia. At that time, many people thought he was going to conquer all of Europe. But he sent his armies into Russia during the winter, and they were defeated because of the severe cold. Nikolai I, Russia's emperor at that time, said that his country's two best generals were "General January" and "General February."

Weather also played a big part in the U.S. presidential election of 1948. In this race, Dewey was expected to win. _____(B)_____, on the day of the election, there was heavy wind and rain in northern California, where many of Dewey's supporters lived.

Because of this, the *turnout in the region was low, and Truman was elected president, not Dewey.

Of course, weather was not the only reason these events happened. But history might have been different if the weather ⓑ (be) better.

*turnout 투표율

전쟁과 날씨의 역사

날씨는 과거의 많은 순간에 중요한 역할을 했는데, 특히 전쟁과 관련해서 그 활약이 두드러진다. 1588년 영국 해군은 조수와 바람의 힘을 얻어 스페인 무적함대를 무찔렀고 승리할 수 있었다. 영국은 이후 전쟁 기념 메달을 만들면서 '신이 바람을 불게 하셨고, 그들은 흩어졌다'라는 문구를 새겨 넣었다. 한편 13세기에 일본은 태풍 덕분에 몽골군의 침략을 피할 수 있었다. 당시 강력한 힘을 자랑했던 몽골은 일본을 제외한 모든 주변국을 침략하였다. 몽골군은 배를 타고 두 차례나 섬나라 일본에 진격했지만, 두 번 모두 갑자기 불어 닥친 태풍으로 침공 시도에 실패했다.

1 What is the best title for the passage?

① How to Survive Cold Weather

② How Weather Has Changed History

③ Why Napoleon Couldn't Conquer Europe

④ The Effects of Cold Weather on Our Daily Lives

⑤ Events That Had a Great Effect on American History

2 Which of the following best fits in the blank (A) and (B)?

	(A)		(B)		(A)		(B)
①	Instead	⋯⋯	However	②	In fact	⋯⋯	However
③	In fact	⋯⋯	Otherwise	④	Instead	⋯⋯	Otherwise
⑤	Furthermore	⋯⋯	Therefore				

 서술형

3 Write the grammatically correct form of ⓐ and ⓑ.

ⓐ _____　　ⓑ _____

4 Mark the following statements T (True) or F (False).

	T	F
(1) "General January" and "General February" mean the severe cold of Russia.	☐	☐
(2) Many of Truman's supporters didn't go out to vote because of the bad weather.	☐	☐

ruin 망치다　**sudden** 갑작스러운　**invasion** 침략　**conquer** 정복하다　**severe** 심각한　**emperor** 황제　**general** 일반적인; *장군
presidential 대통령의　**election** 선거　※**elect** 선출하다　**race** 경쟁; *선거전　**supporter** 지지자　**region** 지역　문제　**have an effect on**
⋯에 영향을 미치다

Review Test

A 다음 단어의 영영풀이를 바르게 연결하시오.

1 sudden •   • ⓐ real, existing in fact
2 severe •   • ⓑ very pleasing or attractive
3 actual •   • ⓒ very bad or very serious
4 patented •   • ⓓ happening very quickly without warning
5 charming •   • ⓔ having the exclusive right issued by the government

B 괄호 안에서 적절한 단어를 고르시오.

1 He is a great leader, but he lost in the presidential (direction / election).
2 This detergent will (involve / remove) most stains from your clothes.
3 The decorations for the outdoor events were (ruined / rooted) by the heavy rain.
4 They controlled this land for 30 years after the (invasion / evasion).

C 우리말에 맞게 빈칸에 알맞은 단어를 쓰시오.

1 It is considered rude to _____ _____ while someone is talking on the phone.
(누군가가 말하는 동안 전화를 끊는 것은 무례하다고 여겨진다.)

2 _____ _____ _____, Mom gave him exactly what he wanted for his birthday present.
(그가 놀랍게도, 엄마는 그에게 생일 선물로 바로 그가 원하는 것을 주셨다.)

3 These films _____ _____ _____ real history.
(이 영화들은 실제 역사를 바탕으로 하고 있다.)

4 Stopping what you're doing and _____ _____ _____ actually increases your efficiency in the long run.
(하던 것을 멈추고 휴식을 취하는 것은 실제로 결국 효율성을 높인다.)

· SENTENCE ·

D 밑줄 친 부분에 유의하여 다음 문장을 우리말로 해석하시오.

1 As time went by, this gap got bigger and bigger.

▶ _____

2 This probably seems like a strange thing for a military organization to do.

▶ _____

3 One hot summer day, he took a break in his workshop to eat the lunch his wife had prepared for him.

▶ _____

4 But history might have been different if the weather had been better.

▶ _____

E 우리말에 맞게 주어진 단어들을 바르게 배열하여 문장을 완성하시오.

1 그러나, 그것은 너무 커서 쉽게 사용될 수 없었다.

However, it was (easily used / to / too / be / big).

▶ However, it was _____ .

2 이런 일이 일어날 때, 날씨가 우리 세상의 사건들에 강력하게 영향을 미친다는 사실은 명백해진다.

When this happens, (becomes / the weather / it / clear / that / strongly affects) events in our world.

▶ When this happens, _____ events in our world.

3 선거 당일, 캘리포니아 북부에 강한 바람이 불고 많은 비가 내렸는데, 그곳에는 듀이의 지지자 중 다수가 살고 있었다.

On the day of the election, there was heavy wind and rain in northern California, (Dewey's / many / lived / where / supporters / of).

▶ On the day of the election, there was heavy wind and rain in northern California, _____ .

Henri Matisse VS Pablo Picasso

세기의 RIVAL

20세기 미술계의 거장
앙리 마티스 VS 파블로 피카소

〈아비뇽의 처녀들〉이란 작품으로 유명한 파블로 피카소(Pablo Picasso, 1881-1973)는 개성적인 구도와 고정관념을 뛰어넘는 작품들로 20세기가 낳은 천재 화가라고 일컬어진다. 하지만 이런 피카소에게 라이벌이 있었는데 그는 바로 당대 색채 화가로 명성을 떨쳤던 앙리 마티스(Henri Matisse, 1869-1954)였다.

프랑스 북부 태생의 마티스는 북유럽 예술가 특유의 냉철한 지성을, 스페인 안달루시아의 항구도시에서 태어난 피카소는 정열적인 기질을 타고났다. 이렇게 서로 다른 그들의 기질적 특성은 작품에도 반영되었다. 마티스의 그림은 조화롭고 편안한 느낌을 주는 반면, 피카소의 그림은 긴장감을 불러일으키며 감각적이었다. 하지만 그들에게는 전통 미술을 그대로 답습하기보다는 새로운 미술을 탄생시켜야 한다는 생각에 공통분모가 있었고, 이는 서양 현대 미술의 출발점이 되었다. 이들 경쟁의 흥미로운 점은 서로의 작업을 디딤돌 삼아 상호 발전해갔다는 점이다. 한 사람이 새로운 시도를 하면, 다른 사람은 그 시도에 또 하나의 요소를 추가해 상대방을 넘어서고자 노력했다.

초창기 마티스는 자신보다 12살이나 어린 피카소를 경쟁자로 생각하지 않았지만, 피카소는 선배에 대한 강한 라이벌 의식을 갖고 있었다고 한다. 피카소는 마티스가 대표하는 현란한 색채를 중시하는 야수파에 맞설 수 있는 무기로 형태 위주의 혁신을 추구하는 입체파를 창안했다. 이후에도 피카소는 마티스의 장점을 흡수하고자 노력했다. 마티스 또한 후배의 뛰어난 재능을 인정하고 그의 참신한 시도로부터 영감을 얻었다. 상대방의 장점을 받아들여 끊임없이 새로움을 추구한 마티스와 피카소의 선의의 경쟁은 현대 미술 발전의 토대를 만들어냈다.

SECTION

11

01

📄 139 words ⏱ 2'10"

Date:
Time Taken:

에뮤다! 손들어!

An emu is a giant bird that ① lives in Australia. A tourist who knew all about this bird wanted to take a picture of ② one. When the man got near the emu, the bird suddenly ran toward him. It tried to attack his eyes with its beak. However, the man was clever. He knew that the tallest emu ③ is always the "boss." He also knew that the tallest emu often attacks the smaller ones with its beak. This way it shows ④ who the boss is. So, the emu was trying to attack the tourist because the tourist was _____(A)_____.

What did the tourist do? He raised his arms. At once, the emu stopped. Now the man was _____(B)_____ than the bird. He took a nice picture, turned around, and walked away — still ⑤ held his arms high in the air!

3

6

9

12

에뮤

호주의 고유종으로 날지 못하는 새이다. 아라비아어로 '세상에서 가장 큰 새'라는 뜻의 에뮤는 호주의 새 중 가장 큰데, 크기는 150~190cm이고 몸무게는 36~54kg에 달한다. 날개는 퇴화하여 짧지만, 목과 다리가 길고 튼튼하다. 최고 속도 시속 50km까지 달릴 수 있으며, 수영도 잘한다. 주로 나무가 있는 사바나, 덤불, 초원 등지에 서식하는데, 무리를 지어 방랑 생활을 하며 먹이를 찾기 위해 장거리 여행을 하기도 한다.

1 윗글의 내용과 일치하지 <u>않는</u> 것은?

① 관광객은 에뮤에 대해 잘 알고 있었다.

② 가장 키가 큰 에뮤가 우두머리가 된다.

③ 작은 에뮤는 종종 가장 키가 큰 에뮤에게 공격을 당한다.

④ 관광객은 에뮤의 사진을 찍는 데 성공했다.

⑤ 관광객은 걸어 나가면서 팔을 내렸다.

2 윗글의 빈칸 (A)와 (B)에 들어갈 말로 가장 적절한 것은?

(A)	(B)		(A)	(B)
① bigger	…… smaller		② weaker	…… stronger
③ lighter	…… heavier		④ shorter	…… taller
⑤ slower	…… faster			

3 윗글의 ① ~ ⑤ 중, 어법상 <u>틀린</u> 것을 골라 바르게 고쳐 쓰시오.

giant 거대한 **attack** 공격하다 **beak** 부리 **boss** 두목, 우두머리 **raise** 들어 올리다 **at once** 즉시 **turn around** 회전하다, 방향을 바꾸다
hold 잡고 있다; *(…을 특정한 위치에 오게) 하고 있다

02

📄 175 words ⏱ 2'40"

Date:
Time Taken:

모래 없는 사막

You may have seen big mirrors before, but probably ① as not big as 10,582 km²! That's how big Salar de Uyuni is. It is ② the world's largest salt flat located in Bolivia, South America. There are 10 billion tons of salt in Salar de Uyuni, and the salt is more than 10 meters thick in the center.

During the dry season, Salar de Uyuni is completely dried up. During the wet season, in contrast, it ③ is covered with a thin sheet of water. This creates a huge "mirror" that makes beautiful reflections. At night you can see an amazing sight — both the sky and the earth are full of beautiful stars! It is difficult ④ to tell how far away they are, or where the sky begins and ends.

Although these reflections are very beautiful, they are also confusing. Sometimes people get lost in Salar de Uyuni, and every year a few people go missing there. If you have a chance to go there, be sure to follow your guide — otherwise, you ⑤ might never come home!

소금사막, 어떻게 생기게 되었을까

우유니 소금사막은 전 세계 소금사막 중 가장 큰 것으로 알려져 있다. 우유니 소금사막은 해발 3653m의 고지대에 있는데, 바다와 멀리 떨어져 있는 산에 이러한 소금사막이 생긴 것은 지각변동 때문이다. 먼 과거에 깊은 바다였던 우유니는 지각변동이 일어나면서 높이 솟아올랐고 빙하기를 거치며 거대한 호수로 바뀌었다. 그러나 비가 적게 내리고 건조한 기후 때문에 호수의 물은 오랜 시간에 걸쳐 증발했고, 결국 소금 결정만 남게 되어 오늘날의 소금사막이 형성되었다.

환경·자연

1 윗글의 우유니 소금사막에 관해 **틀리게** 말한 사람은?

① 백현: 볼리비아에 위치하고 있어.

② 세종: 두꺼운 소금 층으로 뒤덮여 있어.

③ 유정: 표면은 1년 내내 바싹 말라 있어.

④ 정국: 하늘과 땅 모두가 별로 가득 찬 광경을 볼 수 있어.

⑤ 선미: 길을 잃기 쉬우니 가이드를 잘 따라가는 게 좋아.

2 윗글의 밑줄 친 <u>go missing</u>과 바꿔 쓸 수 있는 말로 가장 적절한 것은?

① die   ② stay   ③ ignore

④ leave   ⑤ disappear

3 윗글의 밑줄 친 ①~⑤ 중, 어법상 **틀린** 것은?

4 윗글의 내용과 일치하도록 빈칸에 알맞은 말을 본문에서 찾아 쓰시오.

Reflecting everything above it, Salar de Uyuni becomes a very large _____ during the wet season.

probably 아마도 salt flat 소금 평원 billion 십 억 dried up 바싹 마른 sheet 넓게 퍼져 있는 것; (한) 장 huge 거대한 reflection (거울 등에) 비친 상[모습] ※reflect 반영하다, 비추다 sight 시야; *광경 earth 땅, 지면 confusing 혼란스러운 go missing 행방불명이 되다 otherwise 그렇지 않으면

03

📄 182 words ⏱ 2'50"

Date:
Time Taken:

하룻밤 사이에 무슨 일이?

In May of 2010, people in Guatemala City woke up and found a surprising sight. A giant hole had suddenly (A) appeared / been appeared in the center of the city! A three-story building fell into the hole and 15 people died. What was it? It was a geological feature called a sinkhole. Sinkholes form suddenly, often without warning.

Sinkholes are generally caused by underground water. This water flows into cracks in the earth's bedrock, (B) expanded / expanding them. Later, it flows back out. Without the water to support it, the rock above the empty spaces collapses. This is a natural process which is hard to control or prevent.

However, sinkholes can also form due to human activities. Cities with large populations require a lot of water. So water located beneath the city quickly gets used up, which (C) create / creates empty spaces that can collapse. Underground construction, such as the digging of subway tunnels, can also cause sinkholes. City sinkholes are very dangerous, as they usually occur in areas with many people and buildings. If we don't stop uncontrolled development, we will not be able to avoid another tragedy.

1 윗글의 주제로 가장 적절한 것은?

① the largest sinkhole in the world

② the worst man-made disaster ever

③ the causes and dangers of sinkholes

④ the many uses of underground water

⑤ the tragedy of the Guatemala sinkhole

2 윗글의 (A), (B), (C)의 각 네모 안에서 어법에 맞는 표현으로 가장 적절한 것은?

	(A)		(B)		(C)
①	appeared	……	expanded	……	create
②	appeared	……	expanding	……	create
③	appeared	……	expanding	……	creates
④	been appeared	……	expanded	……	create
⑤	been appeared	……	expanding	……	creates

서술형

3 윗글의 내용과 일치하도록 빈칸에 알맞은 말을 본문에서 찾아 쓰시오. (2단어)

_____, such as the overuse of underground water or uncontrolled development, cause sinkholes in cities.

geological feature 지질 구조 **warning** 경고; *조짐 **underground water** 지하수 **crack** (갈라져 생긴) 금 **bedrock** 기반; *기반암
expand 확장시키다, 팽창시키다 **support** 지지하다; 떠받치다 **collapse** 붕괴되다, 무너지다 **process** 과정, 절차 **prevent** 막다, 예방하다
due to … 때문에 **require** 필요로 하다, 요구하다 **use up** (…을) 다 쓰다 **construction** 건설, 공사 **occur** 일어나다, 발생하다
uncontrolled 억제되지 않는 **tragedy** 비극(적인 사건) 문제 **man-made disaster** 인재(人災) **overuse** 남용하다; *남용

04

📄221 words ⏱3'30"

Date:

Time Taken:

English Only

Unpleasant Visitor in Spring

March 24, 2018

Though it is springtime, the sky is no longer clear or blue like it used to be. The reason is that the air is filled with dust.

What blocks our view is fine-dust particles. Fine-dust particles are compounds that are smaller than 2.5 micrometers. The width of one of these particles is smaller than that of a single human hair. Fine-dust is sometimes confused with yellow dust. In truth, yellow dust consists of small, dry sand typically from the deserts of Mongolia and Northern China. Fine-dust particles, however, are created from everyday activities. They are caused by fuel exhaust from automobiles and other vehicles. Common indoor activities like burning candles and cooking also produce fine-dust particles.

Recently, the amount of fine-dust particles is increasing. <u>The elevated level not only reduces visibility but also cause health problems.</u> In the short term, the particles cause eye, nose, and throat irritation. Moreover, toxic metals like lead, *cadmium, and copper are also found in these particles. The particles and their toxins travel deep into our body, reaching our lungs. Chronic exposure to these toxins can lead to heart disease and even cancer.

To prevent fine-dust particles from affecting your health, you should wear a mask outside and wash your hands and face thoroughly. Of course, the best way to keep safe is to stay indoors.

*cadmium 카드뮴 (인체에 유해한 독성을 지닌 금속)

환경·자연

1   What is the best title for the passage?

① The Beautiful Springtime

② The Attack of Yellow Dust

③ Toxic Metals That Harm Our Health

④ Everyday Activities That Cause Diseases

⑤ Another Air Pollutant: Fine-Dust Particles

2   Find the grammatically incorrect part in the underlined sentence and correct it.

3   Which of the following is NOT true about the fine-dust particles?

① Their width is smaller than that of a single human hair.

② They consist of dry sand from the Mongolian desert.

③ They are created by burning candles and cooking.

④ They contain toxic metals that are bad for the body.

⑤ Staying indoors is the best way to avoid them.

| 중국의 미세먼지 | 중국의 수도 베이징은 가속화되는 산업화로 인한 미세먼지 문제로 고심하고 있다. 베이징의 미세먼지 농도는 1m³당 993µg을 기록했는데, 이는 세계보건기구 권고 기준의 약 40배에 달하는 수준이다. 베이징 시민들은 가급적 실외활동을 자제하며, 외출 시 반드시 마스크를 착용한다. 이러한 베이징의 상태는 에어포칼립스(airpocalypse), 즉, '대기오염으로 인한 종말론'이라고까지 일컬어지고 있다. 현재 미세먼지는 중국뿐만 아니라 우리나라에서도 심각한 사회 문제로 대두되고 있다. |

---

unpleasant 불쾌한   **block** 막다, 차단하다   **fine-dust** 미세먼지   **particle** 입자   **compound** 화합물   **width** 너비   **yellow dust** 황사   **consist of** …로 구성되다   **exhaust** 배기가스   **vehicle** 차량, 운송 수단   **elevated** (정상보다) 높은   **visibility** 가시성   **irritation** 짜증; *자극, 염증   **toxic** 유독성의   **lead** 납   **copper** 동, 구리   **toxin** 독소   **chronic** 장기간에 걸친, 만성적인   **exposure** 노출   **thoroughly** 철저히 문제   **pollutant** 오염 물질

Review Test

A 다음 중 단어의 뜻풀이가 <u>잘못된</u> 것을 고르시오.

① giant: extremely large

② toxic: containing poison

③ collapse: to fall down suddenly

④ tragedy: a very bad event that causes sadness

⑤ elevated: lying at a lower level than the surrounding land

B 문맥상 다음 빈칸에 들어갈 가장 알맞은 단어를 고르시오.

1 The king _____ his empire west.
   ① expanded   ② expressed   ③ discovered   ④ determined   ⑤ estimated

2 Narcissus saw his own _____ in the water and fell in love with it.
   ① affection   ② function   ③ reflection   ④ intention   ⑤ resolution

3 We get most of our vitamin D from _____ to sunlight.
   ① destruction   ② results   ③ symptoms   ④ protection   ⑤ exposure

4 I read the user manual, but it was too _____ to understand.
   ① amusing   ② confusing   ③ boring   ④ convincing   ⑤ disappointing

C 우리말에 맞게 빈칸에 알맞은 단어를 쓰시오.

1 The police are searching for a boy who _____ _____ near the lake.
   (경찰은 호수 근처에서 행방불명이 된 소년을 찾고 있다.)

2 We _____ _____ all of our savings to buy a house.
   (우리는 집을 사느라고 저축한 돈 모두를 써버렸다.)

3 Our student council _____ _____ ten students from grades 1 to 3.
   (우리 학생회는 1학년부터 3학년까지 10명의 학생으로 구성되어 있다.)

4 Would you please _____ _____ so that I can see your back?
   (제가 당신의 등을 볼 수 있도록 돌아서 주시겠어요?)

· SENTENCE ·

D 밑줄 친 부분에 유의하여 다음 문장을 우리말로 해석하시오.

1 This way it shows <u>who the boss is</u>.

▸ _____

2 You <u>may have seen</u> big mirrors before, but probably <u>not as big as</u> 10,582km²!

▸ _____

3 This is <u>a natural process which is hard to control or prevent</u>.

▸ _____

4 The width of one of these particles is <u>smaller than that of a single human hair</u>.

▸ _____

E 우리말에 맞게 주어진 단어들을 바르게 배열하여 문장을 완성하시오.

1 별들이 얼마나 멀리 있는지, 그리고 하늘이 어디서 시작하고 어디서 끝나는지를 분간하기가 어려울 정도다.

(difficult / how far away / to tell / is / are / the stars / it), or where the sky begins and ends.

▸ _____, or where the sky begins and ends.

2 따라서 도시 아래에 위치한 물은 빨리 소모되고, 이것은 붕괴될 수 있는 빈 공간들을 만든다.

So (the city / quickly gets / located / beneath / water / used up), which creates empty spaces that can collapse.

▸ So _____, which creates empty spaces that can collapse.

3 미세먼지가 건강에 영향을 미치는 것을 방지하기 위해서, 여러분은 외부에서는 마스크를 쓰고, 손과 얼굴을 꼼꼼히 씻어야 한다.

(to / affecting / fine-dust particles / from / your health / prevent), you should wear a mask outside and wash your hands and face thoroughly.

▸ _____, you should wear a mask outside and wash your hands and face thoroughly.

TALKING IN COLOR

Red

빨간색을 보면 무엇이 생각나는가? 일반적으로 red는 정열이나 흥분 같은 강렬한 이미지를 연상시킨다. red가 들어간 영어 표현에는 어떤 것이 있을까?

roll out the red carpet

: 환대하다, 정중히 맞이하다

TV에서 유명 인사가 비행기에서 내리는 장면을 보면 붉은 카페트가 깔려 있다. 이러한 관습에서 비롯되어 roll out the red carpet은 상대방을 극진히 환대한다는 의미로 쓰이게 되었다.

The country **rolled out the red carpet** for the American President.

(그 나라는 미국 대통령을 환대했다.)

see red

: 몹시 화를 내다

화가 나면, 우리는 흥분하게 되어 얼굴로 피가 몰리고 눈이 붉어진다. 여기에서 비롯된 표현이 see red이다.

Just thinking about him makes me **see red**.

(그에 대해 생각하는 것만으로도 나는 화가 난다.)

red tape

: 불필요한 형식

과거 영국 관청에서는 공문서를 묶을 때 붉은 끈을 사용했다. 여기에서 유래된 표현으로 red tape는 관공서 등에서 일어나는 번거로운 형식주의를 가리킨다. red-tapist 또는 red-taper는 관료적인 사람, 형식주의자를 의미한다. 반대로, cut the red tape은 형식적인 절차를 생략한다는 의미이다.

You have to go through lots of **red tape** to get a visa.

(비자를 발급 받으려면 많은 형식적인 절차를 거쳐야 한다.)

paint the town red

: 흥청망청 돌아다니며 놀다

로마 제국 시대에 로마군이 전쟁에서 이긴 뒤 정복한 마을의 벽을 적군의 피로 칠한 데에서 비롯 되었다는 이야기가 있다. 혹은 미 개척 시대에 백인들이 붉은색으로 칠해진 술집에서 흥청망청 논 것에서 비롯된 표현이라는 설도 있다.

Let's go out and **paint the town red**!

(우리 나가서 실컷 놀아보자!)

SECTION
12

인물

01

Date:
Time Taken:

모든 여성이 당당히 교육받는 그 날까지

Malala Yousafzai was born in a region of Pakistan ① <u>known</u> as the Swat Valley. As a young girl, Malala loved to read and learn. However, Malala's education was threatened when a group named the Taliban took over the Swat Valley. The Taliban set up a new government that did not allow girls ② <u>to go</u> to school. But 12-year-old Malala stood up to the Taliban. She wrote a letter to the BBC ③ <u>that</u> explained this unfair situation in her region. The BBC reported Malala's story, and the world learned of the Taliban's actions.

The Taliban knew about Malala's actions, and they sent men to shoot her. But Malala survived the Taliban's attack. Since then, she

began to speak out to the world about the importance of education. She gave a powerful speech at the United Nations (U.N.) headquarters about the need for girls' education. The U.N. then named July 12 Malala Day in her honor. One year later, Malala became the youngest person in history ④ <u>to win</u> the Nobel Peace Prize. Malala has let nothing ⑤ <u>stopping</u> her, and she continues to promote girls' education as a U.N. Messenger of Peace.

세계의 여성 인권

여성 인권 향상을 위해 세계의 많은 나라가 노력하고 있지만, 아직도 많은 여성이 부당한 처우에 고통받고 있다. 특히, 아프리카와 아시아 일부 지역의 여성들은 정치·사회적으로 많은 차별을 받고 있다. 여성 할례, 일부다처제와 같은 여성을 차별하는 관습을 유지하거나 여성에게 교육 기회나 참정권을 주지 않는 나라가 여전히 존재한다. 이에 UN(국제연합)에서는 3월 8일을 세계 여성의 날로 지정하여 여성 지위 향상을 위해 노력하고 있다. 이는 1908년 미국에서 있었던 여성 인권 운동을 기념하는 날로, 세계 각국에서는 매년 이 날의 의미를 되새기기 위한 다양한 행사를 개최하고 있다.

1 윗글의 말랄라 유사프자이를 묘사하는 말로 가장 적절한 것은?

① polite
② honest
③ outgoing
④ generous
⑤ courageous

2 말랄라 유사프자이에 관한 윗글의 내용과 일치하지 <u>않는</u> 것은?

① 파키스탄의 스와트 밸리에서 태어났다.
② 탈레반이 보낸 사람들에게 공격당했다.
③ UN 본부에서 여성 교육에 대한 연설을 했다.
④ 노벨평화상을 받은 날은 말랄라의 날로 지정되었다.
⑤ UN 평화 메신저로서 여성 교육 증진에 힘쓰고 있다.

3 윗글의 밑줄 친 ①~⑤ 중, 어법상 <u>틀린</u> 것은?

4 주어진 질문에 대한 답을 할 때, 빈칸에 들어갈 알맞은 말을 본문에서 찾아 쓰시오.

What did Malala do after the Taliban stopped girls from going to school?

→ Standing against the Taliban, Malala _____ that described the unfair situation in her region.

---

region 지역, 지방   **education** 교육   **threaten** 협박하다, 위협하다   **take over** …을 인계받다; *장악하다   **set up** 건립하다, …을 설립[수립]하다   **government** 정부   **stand up to** …에게 저항하다[맞서다]   **unfair** 부당한, 불공평한   **report** 알리다, 발표하다; *(신문·방송에서) 보도하다   **survive** 살아남다   **attack** 공격, 폭행   **speak out** 공개적으로 말하다[밝히다]   **give a speech** 연설하다   **headquarters** 본사, 본부   **in one's honor** …에게 경의를 표하여   **promote** 촉진하다, 증진하다   문제   **outgoing** 외향적인   **describe** 묘사하다, 말하다

02

📄 210 words ⏱ 3'10"

Date:
Time Taken:

10대 소년, 암을 연구하다

Jack Andraka was just 15 years old when a close friend of his family died of *pancreatic cancer. (A) Inspired / Inspiring by this tragedy, he did some research and learned that pancreatic cancer is usually found too late. If it were found early, the patient's chance of survival would be much higher. Unfortunately, the tools used to detect pancreatic cancer were expensive and unreliable.

(just, even though, he, a teenager, was), Jack decided to do something about this. He started by (B) contacted / contacting 200 medical professionals, asking for help with his plan. He was rejected 199 times. Just when Jack was about to give up, a doctor at Johns Hopkins School of Medicine agreed to be his mentor.

(C) Used / Using the doctor's lab, Jack carefully examined 8,000 proteins found in human blood.

_____, after endless hours of hard work, he discovered what he was looking for — a protein that revealed pancreatic cancer even in its earliest stages. Jack used this protein to create a new test for diagnosing pancreatic cancer. It costs just three cents, takes five minutes and is nearly 100% accurate. For his amazing work, Jack was named the winner of the Intel International Science & Engineering Fair. But more importantly, he invented something that has the potential to save many lives.

*pancreatic cancer 췌장암

1

잭 안드라카에 관한 윗글의 내용과 일치하지 <u>않는</u> 것은?

① 췌장암으로 가족의 가까운 친구가 죽었다.

② 많은 의사들로부터 공동 연구 제안을 받았다.

③ 존스 홉킨스 의과대학의 연구실에서 연구를 진행했다.

④ 초기에 췌장암 진단을 가능하게 하는 단백질을 발견했다.

⑤ 새로운 췌장암 진단 테스트로 국제경진대회에서 수상했다.

서술형

2

윗글의 괄호 안에 주어진 단어들을 다음 우리말에 맞게 배열하시오.

비록 그는 그저 십 대였으나

→ _____

수능 어법

3

윗글의 (A), (B), (C)의 각 네모 안에서 어법에 맞는 표현으로 가장 적절한 것은?

	(A)		(B)		(C)
①	Inspired	......	contacted	......	Used
②	Inspired	......	contacting	......	Using
③	Inspired	......	contacting	......	Used
④	Inspiring	......	contacting	......	Using
⑤	Inspiring	......	contacted	......	Used

4

윗글의 빈칸에 들어갈 말로 가장 적절한 것은?

① Finally   ② However   ③ Moreover

④ Meanwhile   ⑤ Nevertheless

---

inspire 고무[격려]하다; 영감을 주다   **tragedy** 비극(적인 사건)   **survival** 생존   **tool** 도구, 연장   **detect** 발견하다, 알아내다   **unreliable** 신뢰할 수 없는   **contact** 연락하다   **medical professional** 전문 의료진   **reject** 거부하다, 거절하다   **be about to-v** 막 …하려는 참이다   **mentor** 멘토, 스승   **lab** 실험실, 연구실(= laboratory)   **examine** 조사하다; 검사하다   **protein** 단백질   **reveal** 밝히다, 폭로하다   **diagnose** 진단하다   **accurate** 정확한, 정밀한   **potential** *가능성; 잠재력

03

📄 233 words ⏱ 3'20"

Date:
Time Taken:

제3의 눈

Instead of dressing in a way that looks good, he dresses in a way that "sounds" good. He eats pop songs as an appetizer, and his main course is a piano sonata. Does it sound weird? This is how Neil Harbisson describes his day. Clearly, he is unlike ordinary people.

Harbisson was born completely color blind and can only see shades of gray. (①) But one day he met a computer scientist named Adam Montandon, and together they developed a device called an eyeborg. (②) It is like an electronic eye Harbisson wears on his head. (③) It detects color frequencies and changes them into sound frequencies. (④) Harbisson can hear the sound waves as they pass through his skull. (⑤)

So, for Harbisson, going to an art gallery is like going to a concert. And shopping at a supermarket is like being in a nightclub. Using his eyeborg has even made him more sensitive to colors. In addition to the 300 colors most humans can see, he can also detect invisible colors such as ultraviolet.

Now he wants more people to have the opportunity to use similar devices. Harbisson thinks all of us should expand our natural senses by combining them with technology. He believes it can help us see the world in a new way, while making our lives much more exciting!

닐 하비슨

닐 하비슨은 모든 사물이 흑백으로 보이는 색맹으로 태어났지만, 음악과 미술 분야에 재능을 보였고, 16세에 순수 미술을 공부하기 시작했다. 닐은 2004년, 2013년 두 차례에 걸쳐 머리에 아이보그라 불리는 안테나를 심었다. 그는 이 안테나를 이용하여 들리는 소리로 색을 구분할 수 있게 되었다. 그는 아이보그를 장착한 채 여권 사진을 찍었는데, 이는 아이보그 장치가 그의 신체 일부로 정부의 공식적인 승인을 받았다는 것을 의미한다.

1   윗글의 제목으로 가장 적절한 것은?

① The World in Shades of Gray

② Neil Harbisson: I Listen to Colors

③ The Combination of Music and Art

④ How to Expand Our Natural Senses

⑤ The Life and Death of Neil Harbisson

2   윗글의 흐름으로 보아, 주어진 문장이 들어가기에 가장 적절한 곳은?

> This information is then sent to a chip at the back of his head.

서술형

3   윗글의 내용과 일치하도록 빈칸에 알맞은 말을 본문에서 찾아 쓰시오.

Neil Harbisson's electronic eye changes _____ frequency into _____ frequency.

---

appetizer 애피타이저(식욕을 돋우는 것)   **weird** 기이한   **ordinary** 보통의, 일상적인   **color blind** 색맹의   **shade** 그늘; *색조   **device** 장치, 기구   **electronic** 전자의   **frequency** 빈도; *주파수, 진동수   **sound wave** 음파   **skull** 두개골   **sensitive** 세심한; *민감한   **invisible** 보이지 않는   **ultraviolet** 자외선   **opportunity** 기회   **expand** 확장시키다   **natural** 자연의; *타고난   **combine** 결합하다 ※**combination** 조합, 결합

04

📄212 words ⏱3'05"

Date:
Time Taken:

English Only

Hidden Hero of the Moon Landing

The first astronauts landed on the moon in 1969. Although the astronauts themselves quickly became (A) famous / infamous , many of the other people involved in the project remained unknown. One of these people was Katherine Johnson.

Johnson had a great talent for mathematics. Even at a young age, she stood out in her classes. When she was just 10, she began attending high school. After ① graduating from college, she joined NASA's West Area Computing Unit. It was a group of African-American women who solved complicated math problems for the program's engineers. Unfortunately, working for NASA at that time ② was difficult for people who weren't white men. Because she was African American, she was (B) inquired / required to work and eat separately from her white coworkers. And because she was a woman, she was not allowed ③ to attend meetings with male engineers and scientists. She couldn't even put her name on the reports she worked on.

Despite all of this, Johnson's brilliant math skills helped her ④ playing an important role at NASA. Eventually, she performed difficult calculations for Apollo 11, which was the first manned mission to the Moon. Due to her (C) amazing / amusing work, she was awarded the Presidential Medal of Freedom in 2015. Today she ⑤ is considered a role model for both women and African Americans.

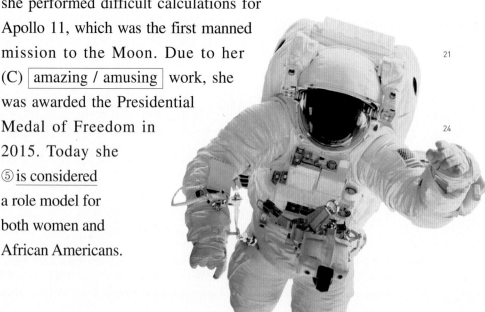

VOCA

1 Choose the appropriate word for (A), (B), and (C).

(A)		(B)		(C)
① famous	……	required	……	amazing
② famous	……	inquired	……	amazing
③ famous	……	required	……	amusing
④ infamous	……	inquired	……	amazing
⑤ infamous	……	required	……	amusing

서술형

2 Choose the grammatically incorrect one among ①~⑤ and correct it.

3 Mark the following statements T (True) or F (False).

	T	F
(1) Katherine Johnson taught herself math without going to school.	☐	☐
(2) The West Area Computing Unit was made up of white male engineers.	☐	☐
(3) Katherine Johnson couldn't eat lunch with her white coworkers.	☐	☐

인류의 위대한 도약, 아폴로 11호

1969년 7월 20일은 아폴로 11호와 함께 세계 최초로 인간이 달에 착륙한 역사적 순간이었다. 이런 인류의 우주 탐사 배경에는 소련과 미국의 치열한 우주 과학 경쟁이 있었다. 1957년 소련은 세계 최초 인공위성인 스푸트니크 1호를 성공적으로 발사했다. 이에 자극을 받은 미국은 곧 미항공우주국(NASA)을 설립하고, 소련을 능가할 기술력을 확보하기 위해 천문학적인 예산을 쏟아부었으며 인류 최초 달 착륙 프로젝트를 계획하게 된다. 이는 아폴로 11호 발사 성공의 토대가 되었으며, 20세기 미국 우주 과학 기술 전반에 큰 도약을 가져왔다.

---

land 착륙하다 **astronaut** 우주 비행사 **involve** 수반[포함]하다; *참여시키다 **unknown** 알려지지 않은 **stand out** 두드러지다 **graduate from** …을 졸업하다 **complicated** 복잡한 **separately** 따로따로 **coworker** 동료 **work on** …에 노력을 들이다, 착수하다 **brilliant** 훌륭한; *뛰어난 **play a role** 역할을 하다 **perform** 수행하다 **calculation** 계산, 산출 **manned mission** 유인 탐사 문제 **teach oneself** 독학하다 **be made up of** …로 구성되다

Review Test

A 다음 단어의 영영풀이를 바르게 연결하시오.

1 weird · · ⓐ to make known
2 unreliable · · ⓑ very strange and hard to explain
3 reveal · · ⓒ to join two or more things together
4 examine · · ⓓ not able to be trusted
5 combine · · ⓔ to observe something closely to find the cause of a problem

B 괄호 안에서 적절한 단어를 고르시오.

1 This painting has (inspired / expired) the composer to make music.
2 She needed a(n) (accurate / moderate) number of people coming to the party.
3 I want a magic coat that can make me (indirect / invisible).
4 He didn't know how to (inject / reject) the invitation in a polite way.

C 우리말에 맞게 빈칸에 알맞은 단어를 쓰시오.

1 I _____ _____ _____ go for a walk, but it looked like it might rain.
(나는 막 산책을 나가려는 참이었지만, 비가 올 것 같아 보였다.)

2 My brother was so strong that I couldn't _____ _____ _____ him.
(우리 형은 너무 강해서 내가 그에게 맞설 수 없었다.)

3 Many women are afraid to _____ _____ for fear of revenge.
(많은 여성들은 복수가 두려워 공개적으로 말하는 것을 두려워한다.)

4 Alan joined the Navy after _____ _____ high school.
(앨런은 고등학교를 졸업한 후에 해군에 입대했다.)

· SENTENCE ·

D 밑줄 친 부분에 유의하여 다음 문장을 우리말로 해석하시오.

1 One year later, Malala became <u>the youngest person in history to win the Nobel Peace Prize</u>.

▶ _____

2 <u>If it were found</u> early, the patient's chance of survival <u>would be</u> much higher.

▶ _____

3 Using his eyeborg <u>has even made him more sensitive</u> to colors.

▶ _____

4 Unfortunately, <u>working for NASA at that time</u> was difficult for people who weren't white men.

▶ _____

E 우리말에 맞게 주어진 단어들을 바르게 배열하여 문장을 완성하시오.

1 탈레반은 소녀들이 학교에 가는 것을 허용하지 않는 새로운 정부를 수립했다.

The Taliban set up a new government (girls / did not / to school / that / allow / to go).

▶ The Taliban set up a new government _____.

2 불행히도, 췌장암을 진단하는 데 사용되는 도구들은 비싸고 믿을만하지 못했다.

Unfortunately, (to detect / the tools / used / were / pancreatic cancer) expensive and unreliable.

▶ Unfortunately, _____ expensive and unreliable.

3 우주 비행사 본인들은 금세 유명해졌음에도 불구하고, 이 프로젝트에 참여한 다른 사람들 중 다수는 알려지지 않았다.

Although the astronauts themselves quickly became famous, (unknown / in the project / the other people / remained / involved / many of).

▶ Although the astronauts themselves quickly became famous, _____

_____.

지은이

NE능률 영어교육연구소

NE능률 영어교육연구소는 혁신적이며 효율적인 영어 교재를 개발하고
영어 학습의 질을 한 단계 높이고자 노력하는 NE능률의 연구조직입니다.

리딩튜터 〈입문〉

펴 낸 이	주민홍
펴 낸 곳	서울특별시 마포구 월드컵북로 396(상암동) 누리꿈스퀘어 비즈니스타워 10층
	㈜NE능률 (우편번호 03925)
펴 낸 날	2018년 8월 5일 개정판 제1쇄 발행
	2023년 10월 15일 제16쇄
전　　화	02 2014 7114
팩　　스	02 3142 0356
홈페이지	www.neungyule.com
등록번호	제1-68호
I S B N	979-11-253-2386-0 53740
정　　가	13,000원

NE 능률

고객센터

교재 내용 문의 : contact.nebooks.co.kr (별도의 가입 절차 없이 작성 가능)
제품 구매, 교환, 불량, 반품 문의 : 02-2014-7114
☎ 전화문의는 본사 업무시간 중에만 가능합니다.

NE능률 교재 MAP

독해

아래 교재 MAP을 참고하여 본인의 현재 혹은 목표 수준에 따라 교재를 선택하세요.
NE능률 교재들과 함께 영어실력을 쑥쑥~ 올려보세요!
MP3 등 교재 부가 학습 서비스 및 자세한 교재 정보는 www.nebooks.co.kr 에서 확인하세요.

초1-2
초등영어 리딩이 된다 Start 1
초등영어 리딩이 된다 Start 2
초등영어 리딩이 된다 Start 3
초등영어 리딩이 된다 Start 4

초3
리딩버디 1

초3-4
리딩버디 2
초등영어 리딩이 된다 Basic 1
초등영어 리딩이 된다 Basic 2
초등영어 리딩이 된다 Basic 3
초등영어 리딩이 된다 Basic 4

초4-5
리딩버디 3
주니어 리딩튜터 스타터 1

초5-6
초등영어 리딩이 된다 Jump 1
초등영어 리딩이 된다 Jump 2
초등영어 리딩이 된다 Jump 3
초등영어 리딩이 된다 Jump 4
주니어 리딩튜터 스타터 2

초6-예비중
주니어 리딩튜터 1
Junior Reading Expert 1
Reading Forward Basic 1

중1
1316 Reading 1
주니어 리딩튜터 2
Junior Reading Expert 2
Reading Forward Basic 2
열중 16강 독해+문법 1
Reading Inside Starter

중1-2
1316 Reading 2
주니어 리딩튜터 3
정말 기특한 구문독해 입문
Junior Reading Expert 3
Reading Forward Intermediate 1
열중 16강 독해+문법 2
Reading Inside 1

중2-3
1316 Reading 3
주니어 리딩튜터 4
정말 기특한 구문독해 기본
Junior Reading Expert 4
Reading Forward Intermediate 2
Reading Inside 2

중3
리딩튜터 입문
정말 기특한 구문독해 완성
Reading Forward Advanced 1
열중 16강 독해+문법 3
Reading Inside 3

중3-예비고
Reading Expert 1
리딩튜터 기본
Reading Forward Advanced 2

고1
빠바 기초세우기
리딩튜터 실력
Reading Expert 2
TEPS BY STEP G+R Basic

고1-2
빠바 구문독해
리딩튜터 수능 PLUS
Reading Expert 3

고2-3, 수능 실전
빠바 유형독해
빠바 종합실전편
Reading Expert 4
TEPS BY STEP G+R 1

고3 이상, 수능 고난도
Reading Expert 5
능률 고급영문독해

수능 이상/ 토플 80-89· 텝스 600-699점
ADVANCED Reading Expert 1
TEPS BY STEP G+R 2
RADIX TOEFL Blue Label Reading 1,2

수능 이상/ 토플 90-99· 텝스 700-799점
ADVANCED Reading Expert 2
RADIX TOEFL Black Label Reading 1

수능 이상/ 토플 100· 텝스 800점 이상
RADIX TOEFL Black Label Reading 2
TEPS BY STEP G+R 3

READING TUTOR

TUTOR

고등 독해의
절대 자신감

리딩튜터 입문
정답 및 해설

NE 능률

READING TUTOR

TUTOR 고등 독해의 절대 자신감

리딩튜터 입문
정답 및 해설

SECTION 01

연예·스포츠
1 1 ④ 2 ② 3 seeing
2 1 ⑤ 2 ③ 3 blind
3 1 ① 2 ⑤ 3 ② 4 in a tie, two points
4 1 ⑤ 2 ③ 3 Ford became the 38th president of the United States.
   4 (1) F (2) T (3) T

01 썩은 토마토의 색다른 용도   P. 10

정답 1 ④ 2 ② 3 seeing

문제해설 **1** 비평가들의 리뷰를 바탕으로 영화에 평점을 매겨 정보를 제공하는 한 웹사이트에 대한 글이므로 ④ '영화 선택을 위한 독특한 웹사이트'가 제목으로 적절하다.
① 영화를 광고하는 신선한 방법   ② 영화 평론의 역사
③ 온라인으로 영화 티켓을 구매하는 방법   ⑤ 썩은 토마토: 가장 위험한 음식

2 빈칸 뒤 마지막 문장의 토마토 평점을 이용해 별로인 영화를 보는 것을 피할 수 있다는 내용을 통해, 형편없는 공연을 볼 때 썩은 토마토를 던졌다는 것을 추측할 수 있으므로, 빈칸에는 ② terrible이 가장 적절하다.
① 너무 긴 ③ 만족스러운 ④ 놀라운 ⑤ 유명한

3 avoid는 목적어로 동명사를 취하므로, 동명사 seeing이 되어야 한다.

본문

① Before watching a movie, / we might wonder / if it is going to be good or not. ② So we check many sources / to find out / what other people think about the movie. ③ The American website, / Rotten Tomatoes, / is one source / that provides other people's opinions / in a unique way.
④ Rotten Tomatoes gathers together the opinions of hundreds of critics / and divides those opinions / into positive and negative reviews. ⑤ It then gives each movie a score / based on the percentage of positive reviews / it received. ⑥ They call this the Tomatometer rating. ⑦ A good movie's Tomatometer rating is / 60% or above. ⑧ And it is marked with a fresh red tomato. ⑨ When less than 60% of a movie's reviews are positive, / it is considered bad. ⑩ And it is marked with a rotten green tomato.
⑪ Why do they use tomatoes? ⑫ In the past, / angry audience members would throw rotten tomatoes at performers / during terrible stage shows. ⑬ So try using the website / to choose a movie with a fresh red tomato. ⑭ With the help of the Tomatometer rating, / you can avoid seeing an awful movie.

해석

① 영화를 보기 전에, 우리는 영화가 좋을지 아닐지를 궁금해할 것이다. ② 그래서 다른 사람들이 그 영화에 관해 어떻게 생각하는지 알아내기 위해 우리는 많은 자료를 확인한다. ③ 미국의 웹사이트인 로튼 토마토는 다른 사람들의 의견을 독특한 방식으로 제공하는 하나의 자료이다.
④ 로튼 토마토는 비평가 수백 명의 의견을 모아서 그 의견들을 긍정적인 리뷰와 부정적인 리뷰로 나눈다. ⑤ 그런

다음 영화가 받은 긍정적인 리뷰의 비율을 바탕으로 각 영화에 점수를 부여한다. ⑥ 그들은 이것을 Tomatometer 평점이라고 부른다. ⑦ 좋은 영화의 Tomatometer 평점은 60% 이상이다. ⑧ 그리고 그것은 신선한 빨간 토마토로 표시된다. ⑨ 영화의 리뷰 중 60% 미만이 긍정적인 경우에는, 나쁜 영화로 간주된다. ⑩ 그리고 그것은 썩은 녹색 토마토로 표시된다.

⑪ 왜 그들은 토마토를 사용하는가? ⑫ 과거에, 화가 난 관중들은 형편없는 무대 공연 중에 연기자들에게 썩은 토마토를 던지곤 했다. ⑬ 따라서 신선한 빨간 토마토가 있는 영화를 선택하려면 그 웹사이트를 한번 이용해 봐라. ⑭ Tomatometer 평점의 도움으로, 당신은 끔찍한 영화를 보는 것을 피할 수 있다.

구문해설

① [Before watching a movie], we might wonder **if** it is going to be good **or not**.
→ [ ]는 「전치사+동명사구」의 형태. 또는 〈시간〉을 나타내는 분사구문으로, 의미를 명확하게 하기 위해 접속사를 생략하지 않은 것으로 볼 수도 있음.
→ if ... or not: …인지 아닌지

② So we check many sources **to find out** [what other people think about the movie].
→ to find out은 〈목적〉을 나타내는 부사적 용법의 to부정사
→ [ ]는 find out의 목적어가 되는 간접의문문으로 「의문사+주어+동사」의 어순임.

⑤ It then gives each movie a score based on the percentage of positive reviews [(that[which]) it received].
(V / IO / DO)
→ give는 간접목적어(IO)와 직접목적어(DO)를 취하는 4형식 동사
→ [ ]는 선행사 positive reviews를 수식하는 관계대명사절로, 목적격 관계대명사 that[which]가 생략됨.

⑬ So **try using** the website *to choose* a movie with a fresh red tomato.
→ try v-ing: 시험 삼아 …하다 *cf.* try to-v: …하려고 애쓰다
→ to choose는 〈목적〉을 나타내는 부사적 용법의 to부정사

02 조금 특별한 스포츠 P. 12

정답 **1** ⑤ **2** ③ **3** blind

문제해설

1 ⑤ 경기 중 소리를 내서는 안 되지만, 득점했을 때는 환호하는 것이 허용된다.

2 (A) 사물인 a sport를 선행사로 하는 주격 관계대명사 that이 오는 것이 적절하다.
(B) 단수 취급하는 each를 받는 단수 동사가 오는 것이 적절하다.
(C) know의 목적어 역할을 하는 간접의문문으로 「의문사+주어+동사」의 어순이므로 where 다음에 the ball is가 적절하다.

3 골볼은 시각 장애인들이 하는 경기라고 했다.

본문

① The Olympics are held / every four years. ② Soon after they finish, / the Paralympics are held. ③ The Paralympics are Olympics / for physically disabled people. ④ They include common sports events / such as basketball / and track and field. ⑤ But there are also some unique games / such as goalball.

⑥ Goalball is a sport / that is played by blind people. ⑦ There are three players / on a team. ⑧ Each team tries to score points / by rolling the ball / past the other team's goal line. ⑨ How do the blind players know / where the ball is? ⑩ They listen to the sound of bells / inside the ball. ⑪ When they hear the bells, / they run towards the ball / and try to stop it / with their body. ⑫ Since the players cannot see / and have to listen to the sounds, / the people who are watching / are told not to make any noise. ⑬ That's why / cheering is only permitted / after a goal is scored.

해석 ① 올림픽은 4년마다 열린다. ② 올림픽이 끝나면 곧 패럴림픽이 열린다. ③ 패럴림픽은 신체장애인들을 위한 올림픽이다. ④ 거기에는 농구와 육상경기 같은 일반적인 경기들이 포함된다. ⑤ 하지만 골볼처럼 특이한 경기들도 있다. ⑥ 골볼은 시각 장애인들에 의해 이루어지는 경기이다. ⑦ 한 팀에는 세 명의 선수가 있다. ⑧ 각 팀은 상대 팀의 골 라인 너머로 공을 굴려 점수를 얻으려 한다. ⑨ 눈이 보이지 않는 선수들이 공이 어디 있는지 어떻게 알 수 있을까? ⑩ 그들은 공 안에 있는 방울의 소리를 듣는다. ⑪ 방울 소리를 들으면, 그들은 공이 있는 쪽으로 달려가서 몸으로 공을 막으려고 한다. ⑫ 선수들이 앞을 볼 수 없고 소리를 들어야만 하기 때문에, 구경하는 사람들은 어떤 소리도 내지 말라고 당부받는다. ⑬ 그것이 바로 환호성이 득점한 후에만 허용되는 이유이다.

구문해설 ① The Olympics are held **every four years**.
→ '4년마다 한 번'의 뜻이며, every fourth year로 쓸 수도 있음.

⑫ **Since** the players cannot see and have to listen to the sounds, the people [who are watching] are told *not to make* any noise.
→ since: …이기 때문에 (〈이유〉의 접속사)
→ [ ]는 선행사 the people을 수식하는 주격 관계대명사절
→ to부정사의 부정을 나타낼 때는 not이 to부정사 앞에 옴.

⑬ **That's why** cheering is only permitted after a goal is scored.
→ that's why+주어+동사: 그것이 바로 (주어)가 …하는 이유이다

03 이렇게 황당한 축구 경기가   P. 14

정답 **1** ① **2** ⑤ **3** ② **4** in a tie, two points

문제해설 **1** 결승전에 진출하기 위해 일부러 자책골을 넣어 상대 팀에게 1점을 주고 연장전을 이끌어 내어 승리한 바베이도스의 경기 일화에 관한 내용이므로 ① '승리로 가는 이상한 길'이 제목으로 가장 적절하다.
② 왜 바베이도스는 패배하려고 했는가 ③ 축구에서 규칙이 어떻게 바뀌는가
④ 우연히 승리한 팀   ⑤ 두 경쟁 상대 간의 끝없는 경기

2 자책골을 넣어 자신의 팀을 승리로 이끈 선수의 결정이 영리했다는 것이 적절하므로 '현명하지 못한'이라는 의미의 ⑤ unwise는 적절하지 않다.

3 바베이도스의 한 선수가 자신의 팀이 득점할 가능성이 없음을 직감했다는 내용의 (B)가 가장 먼저 오고, 그것을

만회하기 위해서 전략을 짰다는 내용의 (A)가 이어진 후, 그 전략에 관한 구체적인 내용을 서술한 (C)로 연결되는 것이 자연스럽다.

4 경기가 <u>동점으로</u> 끝나면, 연장전에 들어가게 되고 연장전에서 득점한 첫 번째 팀은 <u>2점</u> 차로 이기게 된다.

본문

① Soccer teams usually try to win their games / by kicking the ball into their opponent's net. ② But a game / between Barbados and Grenada / in the 1994 Caribbean Cup tournament / turned this strategy upside-down. ③ This happened / because the organizers of the tournament had made a special rule. ④ Any game / that ended in a tie / would go into overtime. ⑤ The first team / to score in overtime / would win the game. ⑥ This goal would also be worth two points.

⑦ Barbados needed to beat Grenada / by two goals / to reach the final game. ⑧ If Barbados won / by less than two goals, / Grenada would advance to the final game. ⑨ With few minutes remaining in the game, / Barbados led 2-1. ⑩ (B) One Barbadian player realized / that his team was unlikely to score another goal / in that time. ⑪ (A) Instead, / he planned to tie the game / to avoid winning / by only one point. ⑫ (C) So, / he shot the ball into his own net / and scored a point for the other team. ⑬ This tied the game at 2-2. ⑭ It then went to overtime, / and Barbados scored a goal / worth two points. ⑮ Because of a player's clever decision, / they beat Grenada 4-2 / and advanced to the final game.

해석

① 축구팀은 대개 상대방 골대에 공을 차서 경기에서 이기려고 한다. ② 그러나 1994년 카리브 컵 토너먼트에서 바베이도스와 그레나다 간의 경기는 이 전략을 거꾸로 뒤집었다. ③ 토너먼트 조직자들이 특별한 규칙을 만들었기 때문에 이런 일이 발생했다. ④ 동점으로 끝난 어떠한 경기든 연장전에 들어갈 것이었다. ⑤ 연장전에서 득점하는 첫 번째 팀이 경기에서 이기게 될 것이었다. ⑥ 이 골은 또한 2점의 가치가 있을 것이었다.

⑦ 바베이도스는 결승전에 진출하기 위해 두 골 차로 그레나다를 이길 필요가 있었다. ⑧ 바베이도스가 두 골 미만의 점수로 승리하면, 그레나다가 결승전에 진출하는 것이었다. ⑨ 경기에서 거의 몇 분 남지 않은 채로, 바베이도스는 2 대 1로 앞섰다. ⑩ (B) 한 바베이도스 선수는 그 시간 안에 자신의 팀이 또 다른 골을 넣을 것 같지 않음을 깨달았다. ⑪ (A) 대신에, 그는 단 1점 차로 이기는 것을 피하고자 경기가 동점이 되기를 계획했다. ⑫ (C) 그래서, 그는 자기 팀의 골대에 공을 넣고 상대 팀에게 1점을 주었다. ⑬ 이것은 경기를 2대 2 동점으로 만들었다. ⑭ 그런 다음 경기는 연장전에 들어갔고, 바베이도스는 2점의 가치가 있는 골을 넣었다. ⑮ 한 선수의 영리한 결정 때문에, 그들은 그레나다를 4대 2로 이겼고 결승전에 진출했다.

구문해설

④ Any game [that ended in a tie] would go into overtime.

→ [ ]는 선행사 Any game을 수식하는 주격 관계대명사절

⑤ The first team [to score in overtime] would win the game.

→ [ ]는 The first team을 수식하는 형용사적 용법의 to부정사구

⑧ If Barbados **won** by less than two goals, Grenada **would advance** to the final game.

→ 「if + 주어 + 동사 과거형, 주어 + 조동사 과거형 + 동사원형」은 '만약 …라면 ~할 텐데'라는 의미의 가정법 과거

⑨ **With** *few minutes* **remaining** in the game, Barbados led 2-1.

→ '…가 ~한[된] 채로'의 의미를 나타내는 「with + (대)명사 + 분사」 구문으로, 명사와 분사가 능동 관계이므로 현

재분사 remaining이 쓰임.

→ few+셀 수 있는 명사: …이 거의 없는

⑪ Instead, he planned to tie the game **to** *avoid* *winning* by only one point.

→ to avoid는 〈목적〉을 나타내는 부사적 용법의 to부정사

→ avoid는 목적어로 동명사를 취함.

---

04 Do Numbers Retire? P. 16

정답 **1** ⑤ **2** ③ **3** Ford became the 38th president of the United States. **4** (1) F (2) T (3) T

문제해설 **1** 특정 번호가 영구결번이 되면 그 후에는 다른 선수들이 그 번호를 등번호로 쓰지 못한다는 내용의 예시들이 다음 문단에 이어지므로 ⑤ '그 팀의 다른 어떤 선수도 다시는 그 번호를 착용하지 못한다'가 적절하다.

[문제] 다음 중 빈칸에 들어갈 말로 가장 적절한 것은?

① 그들의 유니폼은 박물관에 전시된다

② 선수들은 자신의 유니폼을 더 이상 착용할 수 없다

③ 선수는 자신의 번호를 다른 선수에게 주어야만 한다

④ 팀은 한 선수가 은퇴한 후에 그에게 다른 번호를 제공한다

2 be allowed는 '허락되다'라는 뜻으로 be permitted가 의미상 가장 유사하다.

[문제] 밑줄 친 ⓐ allowed와 의미가 가장 가까운 것은?

① 주어진 ② 거부된 ③ 허용된 ④ 초대된 ⑤ 준비된

3 포드는 미국의 38대 대통령이 되었다.

[문제] 밑줄 친 ⓑ 그의 업적이 의미하는 바를 본문에서 찾아 쓰시오.

4 (1) 첫 번째 영구결번된 등번호는 에이스 베일리라는 하키선수에게 주어졌다고 했다.

[문제] 이 글의 내용과 일치하면 T에, 일치하지 않으면 F에 표시하시오.

(1) 첫 번째 영구결번된 번호는 야구선수에게 주어졌다.

(2) 재키 로빈슨의 등번호는 모든 MLB 팀에서 영구결번되었다.

(3) 마리아노 리베라는 42번을 달았던 마지막 MLB 선수였다.

본문

① On sports teams, / numbers are worn on uniforms / so that players can easily be distinguished / from one another. ② But when popular or successful athletes / end their career, / their uniform number is often "retired" / by their team. ③ This means / that <u>no other player on that team / may wear that number ever again.</u>

④ The first professional sports team / to retire a number / was the Toronto Maple Leafs, / a Canadian hockey team. ⑤ They retired Ace Bailey's number six in 1934, / in honor of his achievements / as a player. ⑥ In 1997, / Jackie Robinson, / the first African-American player / in Major League Baseball, / received a very special honor. ⑦ His number 42 was retired / on every MLB team! ⑧ Only the thirteen players / who were wearing number 42 at that time

/ were allowed to keep it. ⑨ The last player / who wore the number / was Mariano Rivera, / a pitcher for the New York Yankees. ⑩ When he retired in 2013, / the uniform number 42 left MLB with him, / and it will never be worn again.

⑪ In another interesting case, / the University of Michigan's football team / retired number 48 / in honor of a player / named Gerald Ford. ⑫ But they did so / because of his accomplishment after he graduated. ⑬ What did he accomplish? ⑭ Well, / Ford became the 38th president of the United States.

해석

① 스포츠팀에서는 선수들이 서로서로 쉽게 구별될 수 있도록 유니폼에 번호가 새겨진다. ② 그렇지만 인기 있거나 성공을 거둔 운동선수들이 자신의 선수 생활을 끝마칠 때, 그들의 등번호는 종종 그 팀에 의해서 '은퇴 당한다.' ③ 이것은 그 팀의 다른 어떤 선수도 다시는 그 번호를 착용하지 못한다는 것을 의미한다.

④ 영구결번을 시킨 최초의 프로 스포츠팀은 캐나다의 하키팀인 토론토 메이플 리프스였다. ⑤ 선수로서의 그의 업적을 기리기 위하여, 그들은 에이스 베일리의 번호인 6번을 1934년에 영구결번시켰다. ⑥ 1997년에는 메이저리그 야구 사상 최초의 흑인 선수인 재키 로빈슨이 매우 특별한 영광을 누렸다. ⑦ 그의 등번호인 42번이 모든 MLB 팀에서 영구결번된 것이다! ⑧ 그 당시에 42번을 달고 있던 13명의 선수만이 그것을 유지하도록 허락되었다. ⑨ 그 번호를 달았던 마지막 선수는 뉴욕 양키스의 투수인 마리아노 리베라였다. ⑩ 그가 2013년에 은퇴했을 때, 등번호 42번은 그와 함께 MLB를 떠났고, 그것은 다시는 착용되지 않을 것이다.

⑪ 다른 흥미로운 사례로, 미시건 대학의 미식축구팀은 제럴드 포드라는 이름의 선수를 기리기 위해 48번을 영구결번시켰다. ⑫ 그런데 그들은 그가 졸업한 후에 이룩한 업적 때문에 그렇게 했다. ⑬ 그가 이룬 것은 무엇일까? ⑭ 포드는 미국의 38대 대통령이 되었다.

구문해설

① On sports teams, numbers are worn on uniforms **so that** players **can** easily be distinguished from *one another*.

→ so that+주어+can: (주어)가 …할 수 있도록

→ one another: (셋 이상일 때) 서로서로 *cf.* each other: (둘 사이에) 서로서로

④ The first professional sports team [to retire a number] was the Toronto Maple Leafs, a Canadian hockey team.

→ [ ]는 앞의 명사구를 꾸며 주는 형용사적 용법의 to부정사구

→ the Toronto Maple Leafs와 a Canadian hockey team은 동격

⑧ Only the thirteen players [who were wearing number 42 at that time] *were allowed* to keep it.

→ [ ]는 선행사 Only the thirteen players를 수식하는 주격 관계대명사절이며, players가 문장의 주어이므로 동사는 복수 주어에 일치시킴.

→ be allowed to-v: …하는 것이 허락되다

Review Test

A ③　　**B 1** strategy **2** unique **3** retire **4** permit　　**C 1** ⑤ **2** ② **3** ① **4** ④　　**D 1** 대신에, 그는 단 1점 차로 이기는 것을 피하고자 경기가 동점이 되기를 계획했다.　**2** 영화를 보기 전에, 우리는 영화가 좋을지 아닐지를 궁금해할 것이다.　**3** 바베이도스가 두 골 미만의 점수로 승리하면, 그레나다가 결승전에 진출하는 것이었다.　**4** 선수들이 앞을 볼 수 없고 소리를 들어야만 하기 때문에, 구경하는 사람들은 어떤 소리도 내지 말라고 당부받는다.　**E 1** With few minutes remaining in the game　**2** what other people think about the movie　**3** so that players can easily be distinguished

해석

A

① 궁금해하다: 무언가에 대해 호기심을 가지고 생각하다

② 졸업하다: 학교 교육을 끝마치다

③ 득점하다: 게임에서 점수나 골을 잃다

④ 성취하다: 무언가를 하는 데 성공하다

⑤ 나아가다: 다음 부분이나 다음 단계로 이동해 가다

B

1 그 장군은 뛰어난 전략으로 나라를 승리로 이끌었다.

2 켈리는 독특한 디자인 때문에 그 신발 브랜드를 좋아한다.

3 대부분의 사람들은 그들이 60대일 때 은퇴한다.

4 우리 엄마는 해가 진 후에 내가 밖에 나가는 것을 허락하지 않을 것이다.

C

1 우리는 그 냉장고에서 나는 끔찍한 냄새 때문에 창문을 열었다.

　① 유용한　　　② 고마워하는　　③ 발랄한　　　④ 유감스러운　　⑤ 끔찍한

2 그 국제영화제는 매년 개최된다.

　① 얻어진다　　② 개최된다　　③ 계속된다　　④ 포함된다　　⑤ 거절된다

3 이 열차에는 휠체어를 이용하는 장애를 가진 사람들을 위한 특별한 좌석이 있다.

　① 장애를 가진　② 온화한　　　③ 혼란스러운　④ 활동적인　　⑤ 상세한

4 팀은 내가 테니스에서 그를 이기면 늘 화를 낸다.

　① 연락하다　　② 참다　　　　③ 묘사하다　　④ 이기다　　　⑤ 막다

8

SECTION 02

세계의 문화

1 **1** ⑤ **2** The buildings are made with thick walls **3** ④

2 **1** (1) > (2) > **2** Showing **3** ④

3 **1** ③ **2** ③ **3** river, freeze

4 **1** ④ **2** ⑤ **3** ⑤ **4** keep their training a secret from their owners

01 두바이의 지혜의 탑 P. 22

정답 **1** ⑤ **2** The buildings are made with thick walls **3** ④

문제해설 **1** 과거 두바이에서 전통 가옥을 시원하게 유지했던 방법인 바람탑에 대해 설명하는 글이므로 ⑤ '두바이에서는 어떻게 전통 가옥을 시원하게 했는가'가 주제로 적절하다.

① 지구에서 가장 더운 곳 ② 냉방 시스템의 역사

③ 두바이에서 탑을 쌓는 다양한 방법들 ④ 건조한 기후에서 사는 것의 어려움

2 '건물이 벽으로 만들어져 있다'라는 수동의 의미를 가지므로, 「be동사+과거분사」의 수동태로 표현한다. be made with는 '…으로 만들어지다'의 의미이다.

3 바람탑의 구조는 열을 감소시키기에 적합한 것이므로, '생산하다'라는 의미의 ④ produce는 적절하지 않다.

본문

① Dubai is / one of the hottest and driest places / on earth. ② In the past, / there was no air conditioning, / or even electricity. ③ How did people in Dubai survive / in this severe weather? ④ They invented a type of air conditioning / that did not require electricity: / the wind tower. ⑤ A wind tower stands tall / above a house. ⑥ It catches the wind / and moves it inside. ⑦ The air is cooled down / when it meets cold water / that flows / through the underground canal in the building. ⑧ This air cools the inside of the building. ⑨ The buildings are made with thick walls / and have small windows; / these help keep cool air in / and heat out. ⑩ Most houses are built very close together / with high walls and ceilings. ⑪ This also helps / create more shade / and reduce heat.

⑫ Modern buildings in Dubai / are air conditioned / and no longer use wind towers / for cooling. ⑬ However, / wind towers still remain / as an important architectural symbol / in Dubai.

해석 ① 두바이는 지구상에서 가장 덥고 건조한 곳 중 하나이다. ② 예전에는 에어컨이 없었고 심지어 전기조차 없었다. ③ 두바이의 사람들은 어떻게 이 혹독한 날씨에서 살아남았을까?

④ 그들은 전기를 필요로 하지 않는 일종의 에어컨을 발명해냈는데 바로 바람탑이다. ⑤ 바람탑은 집 위로 높게 서 있다. ⑥ 그것은 바람을 잡아끌어서 집 안으로 이동시킨다. ⑦ 그 공기는 건물 안의 지하 수로를 흐르는 차가운 물과 만날 때 냉각된다. ⑧ 이 공기는 건물 내부를 시원하게 해 준다. ⑨ 그 건물들은 두꺼운 벽으로 만들어져 있고 창문은 아주 작은데, 이는 시원한 공기를 안에 머물게 하고 열은 밖으로 나가게 한다. ⑩ 대부분의 집들이 높은 담과 천장을 가지고 있고 아주 근접해서 지어졌다. ⑪ 이 점 또한 그늘을 더 많이 만들어내고 열을 감소시키는 데 도움을 준다.

⑫ 두바이의 현대식 건물들은 냉방 장치가 갖춰져 있어서, 냉방을 위해 더 이상 바람탑을 이용하지 않는다. ⑬ 하지만 바람탑은 여전히 중요한 건축학적 상징물로 두바이에 남아 있다.

구문해설

④ They invented a type of air conditioning that did not require electricity: the wind tower.

→ a type of ... electricity와 the wind tower는 동격 관계

⑨ ...; these **help (to) keep** cool air in and heat out.

→ help의 목적어로 to부정사나 동사원형이 둘 다 올 수 있음.

⑪ This also helps **create** more shade and **reduce** heat.

→ create와 reduce는 and로 연결된 병렬구조이며 helps의 목적어로 쓰임.

02 코끼리, 사람, 개미! P. 24

정답 **1** (1) > (2) > **2** Showing **3** ④

문제해설 **1** (1) 코끼리 (>) 사람 (2) 개미 (>) 코끼리

2 문장에서 주어 역할을 하므로, 동명사 Showing으로 써야 한다.

3 빈칸 뒤에서 개미가 코끼리 귀에 들어가 코끼리가 아무것도 할 수 없게 만든다는 내용이 나오므로 빈칸에는 ④ '그러나 개미가 훨씬 큰 코끼리를 이긴다.'가 들어가는 것이 적절하다.

① 그 결과, 개미는 죽는다. ② 그러나 작은 개미가 사람을 이긴다.

③ 그러나 사람은 코끼리를 이기지 못한다. ⑤ 그 결과, 마지막 승자는 코끼리가 된다.

본문

① In Korea, / we play a game / called kawi, bawi, bo. ② Children, / and even adults, / enjoy playing it / as a way / to decide / who gets the first turn. ③ The same game is played / almost everywhere in the world, / with some differences. ④ A version in Indonesia / is interesting and unique. ⑤ Here is / how the game is played / in that country.
⑥ Showing a closed hand / with a thumb up / is an "elephant."
⑦ Showing an index finger / is a "person."
⑧ Showing just the little finger / is an "ant."
⑨ Since the elephant is big and strong, / it beats the person. ⑩ The person beats / the much smaller ant. ⑪ However, / the ant beats the much bigger elephant. ⑫ Why? ⑬ When an ant gets into an elephant's ear, / the feeling bothers the elephant so much / that it goes crazy, / and there's nothing / that the elephant can do / about it!

해석

① 한국에서 우리는 가위바위보라고 불리는 놀이를 한다. ② 아이들, 심지어는 어른들도 누가 첫 번째 차례가 될 것인지 정하기 위한 방법으로 가위바위보를 하는 것을 즐긴다. ③ 같은 놀이가 세계의 거의 모든 곳에서 조금씩 다른 형태로 행해진다. ④ 인도네시아의 버전은 재미있고 독특하다. ⑤ 여기 그 나라에서 이 놀이를 하는 방법이 있다.

⑥ 엄지손가락을 들고 주먹을 쥐어 보이는 것은 '코끼리'이다.

⑦ 집게손가락을 내미는 것은 '사람'이다.

⑧ 새끼손가락만 내미는 것은 '개미'이다.

⑨ 코끼리는 크고 힘이 세기 때문에 사람을 이긴다. ⑩ 사람은 (자기보다) 훨씬 작은 개미를 이긴다. ⑪ 그러나 개미가 훨씬 큰 코끼리를 이긴다. ⑫ 왜 그럴까? ⑬ 개미가 코끼리 귀에 들어가면, 그 느낌이 코끼리를 너무 괴롭혀서 코끼리는 미칠 것 같이 되고, 코끼리는 이에 대해 아무것도 할 수 없기 때문이다!

구문해설

① In Korea, we play a game [called kawi, bawi, bo].

→ [ ]는 a game을 수식하는 과거분사구

② ..., **enjoy playing** it as a way to decide [who gets the first turn].
                                              S   V   O

→ enjoy는 목적어로 동명사를 취함.

→ [ ]는 decide의 목적어로 쓰인 간접의문문으로, 의문사 who가 주어 역할을 함.

⑨ **Since** the elephant is big and strong, it beats the person.

→ since: …이기 때문에 (〈이유〉의 접속사)

⑬ ..., the feeling bothers the elephant **so** much **that** it goes crazy, ...

→ so+형용사[부사]+that+주어+동사: 너무 …해서 ~하다

03 이보다 더 추울 순 없다!   P. 26

정답   **1** ③   **2** ③   **3** river, freeze

문제해설

1 ③ 추위가 휴대전화 작동을 방해한다고 했다.

2 (A) 「so+형용사[부사]+that+주어+동사」(너무 …해서 ~하다) 구문이므로 that이 적절하다.

(B) 「prevent A from v-ing」(A가 …하는 것을 막다) 구문이므로 동명사 working이 적절하다.

(C) 오이먀콘의 주민들이 과거부터 현재까지 혹독한 환경에 '적응해 온' 것이므로 〈계속〉을 나타내는 현재완료 has adapted가 적절하다.

3 1문단의 다섯 번째, 여섯 번째 문장에서 오이먀콘 마을 이름의 의미와 그 유래를 설명하고 있다.

오이먀콘이라는 이름은 어디에서 유래하는가?

→ 그것은 근처에 있는 <u>강</u>에서 유래하는데 그 강은 <u>얼지</u> 않는다.

본문

① Is it too cold to go out? ② A visit to the Russian village of Oymyakon / might change your ideas about cold. ③ That's because / Oymyakon, "the Pole of Cold," / is the coldest village on earth! ④ Oymyakon's coldest recorded temperature was -71.2°C. ⑤ Interestingly, / the meaning of the village's name / is "unfrozen patch of water." ⑥ It is named after the nearby river, / which does not freeze.

⑦ In December, / the daylight lasts / only three hours / per day, / and the town remains about

-45°C / on average. ⑧ It's so cold / that water freezes immediately / upon touching the air. ⑨ There are other issues: / Batteries lose their power very quickly, / pen ink freezes, / and people cannot even wear eyeglasses / because they can freeze! ⑩ Cars are often left running, / as it's quite hard / to restart their engines / in the freezing weather. ⑪ Communication is also difficult / because the cold prevents cell phones from working.

⑫ At home, / Oymyakon's villagers lead simple lives / without the conveniences / people enjoy in most modern cities. ⑬ They have to burn wood or coal for warmth, / and they can only buy basic goods / from the one and only store in town. ⑭ Nevertheless, / Oymyakon's community of hunters, reindeer farmers, and fishermen / has adapted to the harsh environment / and remains happy / despite the town's extreme conditions.

해석

① 너무 추워서 밖에 나갈 수 없는가? ② 러시아의 마을 오이먀콘으로의 방문은 추위에 대한 당신의 생각을 바꿀지도 모른다. ③ 그것은 '한극(寒極)'인 오이먀콘이 지구상에서 가장 추운 마을이기 때문이다! ④ 오이먀콘의 기록된 최저 기온은 섭씨 영하 71.2도였다. ⑤ 흥미롭게도, 마을 이름의 뜻은 '물의 얼지 않는 부분'이다. ⑥ 이 이름은 근처의 강에서 따왔는데, 이 강은 얼지 않는다.

⑦ 12월에는, 일광 시간이 하루에 오직 세 시간 계속될 뿐이며, 마을은 평균적으로 대략 영하 45도를 유지한다. ⑧ 날씨가 너무 추워서, 물은 공기에 닿자마자 즉시 얼어 버린다. ⑨ 다른 문제들도 있는데, 배터리가 매우 빨리 방전되고, 펜의 잉크는 얼어 버리며, 사람들은 안경이 얼어 버릴 수 있기 때문에 쓸 수도 없다! ⑩ 차는 종종 시동을 건 채로 두는데, 매우 추운 날씨에서는 엔진의 시동을 다시 거는 것이 꽤 어렵기 때문이다. ⑪ 또한, 추위로 인해 휴대전화가 작동되지 않아서 연락도 어렵다.

⑫ 가정에서, 오이먀콘의 주민들은 대부분의 현대 도시에서 사람들이 누리는 편의 시설 없이 소박한 삶을 살고 있다. ⑬ 그들은 온기를 위해 나무나 석탄을 때야 하고, 마을에서 단 하나뿐인 가게에서 기본 물품을 살 수밖에 없다. ⑭ 그럼에도 불구하고, 오이먀콘의 사냥꾼, 순록 농장주, 어부들은 혹독한 환경에 적응해 왔으며, 마을의 극심한 환경에도 불구하고 여전히 행복하게 지낸다.

구문해설

① Is it **too** cold **to go** out?
→ too+형용사[부사]+to-v: 너무 …해서 ~할 수 없다

⑩ Cars are often **left running**, as *it*'s quite hard *to restart* ....
→ '(목적어)를 …한 채로 내버려 두다'라는 뜻의 「leave+목적어+v-ing」 구문이 사용된 People often leave cars running의 수동태가 쓰임.
→ it은 가주어이고, to restart 이하가 진주어임.

⑫ At home, Oymyakon's villagers lead simple lives without <u>the conveniences</u> [(that[which]) people enjoy in most modern cities].
→ [ ]는 선행사 the conveniences를 수식하는 관계대명사절로, 목적격 관계대명사 that[which]가 생략됨.

04 Dancing with Fighting P. 28

정답　　1 ④　2 ⑤　3 ⑤　**4** keep their training a secret from their owners

문제해설

1 ④ 아프리카에서 끌려온 노예들에 의해 만들어졌다고 했다.

[문제] 다음 중 카포에이라에 관한 이 글의 내용과 일치하지 <u>않는</u> 것은?

① 무술과 춤, 곡예가 결합되어 있다.

② 두 사람에 의해 행해진다.

③ 약 5백 년 전에 만들어졌다.

④ 아메리카 원주민의 전통에서 유래했다.

⑤ 사람들이 자신감을 기르는 데 도움을 준다.

2 카포에이라의 유래를 소개하는 (C)가 제일 먼저 온 후, (C)에서 언급된 노예들이 자기방어를 위해 훈련을 했다는 내용인 (B)가 이어지고, 무술(훈련)을 춤으로 위장해야 했던 이유가 나오는 (A)가 이어지는 것이 가장 자연스럽다.

[문제] 글의 흐름에 맞게 (A), (B), (C)를 배열한 것을 고르시오.

3 빈칸 앞에는 카포에이라의 신체적 이점이 언급되어 있고 빈칸 뒤에는 카포에이라의 정신적 이점이 언급되어 있으므로, 빈칸에는 추가의 의미를 나타내는 ⑤ Moreover가 알맞다.

[문제] 다음 중 빈칸에 들어갈 말로 가장 적절한 것은?

4 주인에게 비밀로 해야 해서, 노예들은 카포에이라를 춤처럼 보이게 위장했다.

[문제] 왜 노예들이 카포에이라를 춤처럼 보이게 만들었는가? 빈칸에 들어갈 알맞은 말을 본문에서 찾아 쓰시오. 그들은 주인으로부터 그들의 훈련을 비밀로 해야 했다.

본문

① Two men are face to face. ② You may think / they are fighting. ③ But at the same time, / they look like / they are dancing. ④ Actually, / they are doing both, / as they are practicing capoeira. ⑤ Capoeira is a Brazilian art form / that combines fighting, dance, and acrobatics. ⑥ It is usually performed / by two people. ⑦ Participants look like / they are communicating with their movements, / which include kicks, spins, and flips. ⑧ (C) According to history, / capoeira was created in Brazil / about 500 years ago / by African slaves. ⑨ (B) Taken from their homes / and forced to work in the farms, / they started training / to protect themselves. ⑩ (A) However, / they had to keep their training a secret / from their owners, / so they disguised it / as a dance. ⑪ They added their traditional music, singing, and rhythm. ⑫ In this way, / capoeira continued its development / and soon became useful / not only for fighting skills / but for self-defense. ⑬ Today, / lots of people practice capoeira / all over the world. ⑭ They say / it gives them power and flexibility. ⑮ <u>Moreover</u>, / it gives them more self-confidence, focus, and courage.

해석

① 두 명의 남자가 서로 얼굴을 맞대고 있다. ② 당신은 아마 그들이 싸우고 있다고 생각할지 모른다. ③ 하지만 그와 동시에, 그들은 춤을 추고 있는 것처럼도 보인다. ④ 사실 그들은 둘 다 하고 있는 것인데, 왜냐하면 카포에이라를 하고 있기 때문이다.

⑤ 카포에이라는 무술과 춤, 곡예를 결합한 브라질의 한 예술 형식이다. ⑥ 그것은 대개 두 사람에 의해 행해진다. ⑦ 참가자들은 그들의 동작을 통해 소통하는 것처럼 보이는데, 그 동작들은 발차기와 회전, 공중제비를 포함한다.

⑧ (C) 역사에 따르면, 카포에이라는 브라질에서 약 500년 전에 아프리카 노예들에 의해 만들어졌다. ⑨ (B) 그들의 고향에서 끌려와 강제로 농장에서 일하게 되었기 때문에, 그들은 스스로를 지키기 위해 훈련을 하기 시작했다. ⑩ (A) 하지만, 그들은 주인으로부터 그들의 훈련을 비밀로 해야 해서, 그것을 춤으로 위장했다. ⑪ 그들은 그들의 전통적인 음악, 노래, 그리고 리듬을 가미했다. ⑫ 이런 식으로, 카포에이라는 발전을 계속했고 곧 싸움 기술뿐만 아니라 자기방어를 위해서도 유용하게 되었다.

⑬ 오늘날, 많은 사람들이 전 세계에서 카포에이라를 연마한다. ⑭ 그들은 카포에이라가 힘과 유연성을 가져온다고 말한다. ⑮ 게다가, 카포에이라는 그들에게 자신감과 집중력, 용기를 더 심어 준다.

구문해설

⑤ Capoeira is a Brazilian art form [that combines fighting, dance, and acrobatics].
→ [ ]는 선행사 a Brazilian art form을 수식하는 주격 관계대명사절

⑦ Participants look like they are communicating with their movements, [which include kicks, spins, and flips].
→ [ ]는 their movements를 부연 설명하는 계속적 용법의 주격 관계대명사

⑨ [**Taken** from their homes and **forced** to work in the farms], they started training to protect themselves.
→ [ ]는 〈이유〉를 나타내는 분사구문으로, As[Since] they were taken...,으로 바꾸어 쓸 수 있음
→ Taken과 forced는 and로 연결된 병렬구조

⑫ In this way, capoeira continued its development and soon became useful **not only** for fighting skills **but** (**also**) for self-defense.
→ not only A but (also) B: A뿐만 아니라 B도 (= B as well as A)

Review Test P. 30

A 1 ⓓ 2 ⓒ 3 ⓐ 4 ⓑ 5 ⓔ B 1 shade 2 courage 3 disguised 4 adapt C 1 ① 2 ④ 3 ② 4 ③ D 1 두바이는 지구상에서 가장 덥고 건조한 곳 중 하나이다. 2 아이들, 심지어 어른들도 누가 첫 번째 차례가 될 것인지 정하기 위한 방법으로 가위바위보를 하는 것을 즐긴다. 3 차는 종종 시동을 건 채로 두는데, 매우 추운 날씨에서는 엔진의 시동을 다시 거는 것이 꽤 어렵기 때문이다. 4 이런 식으로, 카포에이라는 발전을 계속했고 곧 싸움 기술뿐만 아니라 자기 방어를 위해서도 유용하게 되었다. E 1 a type of air conditioning that did not require electricity 2 because the cold prevents cell phones from working 3 Taken from their homes and forced to work in the farms

해석

A

1 발명하다: ⓓ 전에는 존재하지 않았던 어떤 것을 만들다

2 결합하다: ⓒ 두 개 또는 그 이상의 것들을 모으다

3 살아남다: ⓐ 살아있다

4 수행하다: ⓑ 행동하거나 활동하다

5 보호하다: ⓔ 사람이나 물건이 다치는 것을 막다

B

1 그 소녀들은 큰 나무의 <u>그늘</u>에 앉아 있었다.

2 멜라니는 그녀의 꿈을 좇을 <u>용기</u>가 있다.

3 여왕은 백설 공주를 죽이기 위해 노파로 <u>위장하였다</u>.

4 그 소년은 새 학교에 잘 <u>적응한</u> 것 같았다.

C

1 여름에 모기들이 나를 많이 <u>괴롭힌다</u>.

　　① 성가시게 하다　　② 극복하다　　③ 제공하다　　④ 예측하다　　⑤ 만족시키다

2 거기에 9시까지 도착하고 싶다면, 너는 <u>즉시</u> 여기를 떠나야 한다.

　　① 확실히　　　　② 우연히　　　③ 정확히　　　④ 즉시　　　⑤ 서서히

3 이번 겨울 <u>극도의</u> 추위에 대비하기 위해, 나는 두꺼운 코트를 한 벌 샀다.

　　① 평온한　　　　② 극심한　　　③ 보통의　　　④ 어려운　　　⑤ 온화한

4 그녀의 콘서트는 두 시간 넘게 <u>계속되었다</u>.

　　① 예상했다　　　② 멈췄다　　　③ 계속되었다　　④ 연습했다　　⑤ 바뀌었다

SECTION 03

생활·상식

1　**1** ③　**2** pictures of your boarding pass, them on social networking sites　**3** ③

2　**1** (1) T　(2) F　(3) T　**2** ③　**3** national flags, expensive

3　**1** ④　**2** ⑤　**3** ⓐ to ripen ⓑ taste　**4** ②

4　**1** ③　**2** ③　**3** ④　**4** lift it 30 times

01 비행기 티켓에 이런 정보가? P. 34

정답　　**1** ③　**2** pictures of your boarding pass, them on social networking sites　**3** ③

문제해설　　**1** '번호가 가려져 있다'라는 수동의 의미를 가진 문장이 되어야 하므로, 「be동사 + 과거분사」 형태의 수동태 are covered up이 되어야 한다.

2 This는 앞 문장의 take pictures of your boarding pass and post them on social networking sites를 가리킨다.

3 SNS에 항공권 사진을 올리면 참조 번호나 바코드를 통해 개인 정보가 유출될 수 있다는 내용이므로, (A)와 (B)에는 각각 protect와 display가 들어가는 것이 적절하다.

개인 정보를 <u>보호하기</u> 위해서, 온라인에 당신의 탑승권을 <u>드러내지</u> 않도록 하라.

본문

① When you're waiting for a flight, / you might want to let people know / that you're going on vacation. ② So you might decide / to take pictures of your boarding pass / and post them on social networking sites. ③ This can be dangerous, / however, / because hackers can copy the reference number / on your boarding pass. ④ They can then use it / to access your account / on the airline's website. ⑤ If they do, / they may be able to steal / your personal information, / including your passport number.

⑥ And that's not the only problem. ⑦ Even if the numbers are covered up, / the bar code on your boarding pass / might be visible. ⑧ There are many apps / that can be used / to scan bar codes. ⑨ This can reveal / even more personal information, / including your flight itinerary. ⑩ So, / if you want to take a picture / at the airport, / take a selfie instead. ⑪ And after your flight, / be sure to destroy your boarding pass. ⑫ This is the smartest way / to stay safe and secure / when you travel.

해석

① 비행기를 기다리고 있을 때, 당신은 휴가를 떠날 것을 사람들에게 알리고 싶어 할지도 모른다. ② 그래서 당신은 탑승권 사진을 찍어 소셜 네트워킹 사이트에 올리기로 결정할 수도 있다. ③ 그러나, 이것은 위험할 수 있는데, 해커들이 당신의 탑승권에 적힌 조회 번호를 복사할 수 있기 때문이다. ④ 그리고 나서 그들은 그것을 이용해 항공사의 웹 사이트에서 당신의 계정에 접근할 수 있다. ⑤ 만약 그렇게 한다면, 그들은 여권 번호를 포함해서 당신의 개인 정보를 도용할 수 있다.

⑥ 그리고 그것만이 문제는 아니다. ⑦ 번호가 가려져 있어도, 탑승권의 바코드가 보일 수 있다. ⑧ 바코드를 스캔하는 데 사용되는 앱이 많이 있다. ⑨ 이것은 당신의 비행 일정을 포함하여 훨씬 더 많은 개인 정보를 노출할 수 있다. ⑩ 따라서, 공항에서 사진을 찍고 싶다면, 대신에 셀카를 찍도록 하라. ⑪ 그리고 비행 후에는 반드시 탑승권을 파기 하라. ⑫ 이것은 당신이 여행할 때 안전하고 안심할 수 있는 가장 현명한 방법이다.

구문해설

① ..., you might want to **let** people **know** [that you're going on vacation].
→ let(사역동사)+목적어+동사원형: (목적어)가 …하게 하다
→ [   ]는 know의 목적어로 쓰인 명사절

⑧ There are <u>many apps</u> [that can *be used to scan* bar codes].
→ [   ]는 선행사 many apps를 수식하는 주격 관계대명사절
→ be used to-v: …하는 데 사용되다

⑨ This can reveal **even** more personal information, including your flight itinerary.
→ even은 '더욱 더, 훨씬'의 뜻으로 비교급 more를 강조함.

정답 1 (1) T (2) F (3) T 2 ③ 3 national flags, expensive

문제해설

1 (1) 1800년대까지 보라색 염료는 달팽이로 만들어졌다.

(2) 1856년 이전에 국기에 보라색 염료를 사용하는 것은 흔한 일이었다. → 1856년 이전에는 국기처럼 일반적인 물건에 보라색 염료를 사용하지 않았다고 했다.

(3) 윌리엄 헨리 퍼킨은 많은 양의 보라색 염료를 적은 비용으로 만드는 방법을 찾았다.

2 달팽이를 사용해 소량의 보라색 염료만을 만들 수 있었다는 빈칸 앞의 내용과 달팽이를 사용하지 않고 인공적으로 대량의 보라색 염료를 만들 수 있게 되었다는 빈칸 뒤의 내용은 상반되므로 역접의 연결사 ③ However가 적절하다.

3 보라색 염료의 대량 생산이 가능하기 이전에는 보라색이 매우 비싸서 국기에 쓰일 수 없었다고 했다.
보라색 염료가 (과거에) 매우 <u>비쌌기</u> 때문에 <u>국기</u>에서 보라색을 보는 것은 흔하지 않다.

본문

① You can see a variety of bright colors, / such as red and yellow, / in the national flags of the world's countries. ② But you'll rarely see the color purple / in any of the flags. ③ Why don't countries use purple / in their national flags? ④ It is related to / how much purple dye used to cost. ⑤ Until the 1800s, / purple dye only came / from a special type of snail in the Mediterranean. ⑥ It took about 10,000 snails / to make just one gram of dye! ⑦ This made purple dye difficult to produce / and therefore extremely expensive. ⑧ Only wealthy people, / like royalty, / could afford this dye. ⑨ So it was not used / for objects as common as national flags. ⑩ <u>However</u>, / in 1856, / William Henry Perkin discovered a way / to make purple dye artificially / without using snails. ⑪ Because of this discovery, / large amounts of purple dye could be made cheaply. ⑫ And the color purple first became popular in the 1900s. ⑬ However, / by that time, / most national flags had already been created / without using purple in their designs.

해석

① 세계 각국의 국기에서 당신은 빨간색과 노란색 같은 다양한 밝은 색상을 볼 수 있다. ② 그러나 당신은 어떤 국기에서도 보라색을 거의 볼 수 없을 것이다. ③ 국가들이 그들의 국기에 보라색을 사용하지 않는 이유는 무엇일까? ④ 그것은 보라색 염료가 얼마나 비용이 들었는지와 관련이 있다. ⑤ 1800년대까지, 보라색 염료는 지중해의 특별한 종류의 달팽이에게서만 나왔다. ⑥ 단 1g의 염료를 만드는 데 약 10,000마리의 달팽이가 필요했다! ⑦ 이것은 보라색 염료를 생산하기에 어렵게 만들었고 그 결과 보라색 염료를 매우 비싸게 만들었다. ⑧ 왕족과 같은 부유한 사람들만이 이 염료를 살 수 있었다. ⑨ 그래서 그것은 국기처럼 일반적인 물건에는 사용되지 않았다. ⑩ <u>그러나</u> 1856년, 윌리엄 헨리 퍼킨은 달팽이를 사용하지 않고 인공적으로 보라색 염료를 만드는 방법을 발견했다. ⑪ 이 발견으로 인해, 많은 양의 보라색 염료가 저렴하게 만들어질 수 있었다. ⑫ 그리고 보라색은 1900년대에 처음으로 대중화되었다. ⑬ 그러나 그때쯤에는 대부분 국기가 디자인에 보라색을 사용하지 않고 이미 만들어져 있었다.

구문해설

④ It is related to [how much purple dye **used to cost**].
→ [ ]는 전치사 to의 목적어가 되는 간접의문문으로 「의문사＋주어＋동사」의 어순임.

→ used to+동사원형: (과거에) …하곤 했다

⑨ So it was not used for objects **as common as** national flags.

→ as+형용사의 원급+as: …만큼 ~한

⑩ ... discovered <u>a way</u> [to make purple dye artificially **without using** snails].

→ [ ]는 a way를 수식하는 형용사적 용법의 to부정사구

→ 「without v-ing」는 '…하지 않고'라는 의미로 전치사 without 뒤에 동명사가 옴.

⑬ However, by that time, most national flags **had** already **been created** without using purple in their designs.

→ 보라색이 1900년대에 처음으로 대중화되었다는 앞 문장의 과거 시점(became)보다 더 이전에 일어난 일이며 국기가 '만들어진' 것이므로, 과거완료 수동태인 had been created가 쓰임.

03 음식, 더 맛있게 먹으려면 … P. 38

정답 **1** ④ **2** ⑤ **3** ⓐ to ripen ⓑ taste **4** ②

문제해설 **1** 음식을 잘 관리할 수 있는 아이디어를 제시하는 글이므로 ④ '음식 관리를 위한 유용한 비법들'이 제목으로 적절하다.

① 과일을 신선하게 유지하는 방법 　　② 건강한 식단의 비결

③ 훌륭한 요리사가 되는 방법 　　⑤ 충분한 영양 섭취의 중요성

2 '부드러운, 흐늘흐늘한'이란 뜻의 soft와 의미가 반대되는 단어는 ⑤ crispy이다.

① 젖은　② 김빠진　③ 차가운　④ 짠　⑤ 바삭한

3 get이 '…하게 하다'라는 의미의 사역동사로 쓰일 때는 목적격보어로 to부정사를 취하므로 ⓐ는 to ripen이 되어야 하고, 사역동사 make는 목적격보어로 동사원형을 취하므로 ⓑ는 taste가 되어야 한다.

4 ② 키위를 빨리 익게 하기 위해서는 사과, 배, 바나나 등과 함께 보관하면 된다는 내용이 나온다.

문제	해결책
① 윽! 국이 너무 짜!	사과나 배를 그 안에 넣어라.
② 이 키위는 아직 안 익은 것 같은데.	바나나와 함께 보관해라.
③ 오, 이런! 쿠키가 흐늘흐늘해.	쿠키를 비닐봉지에 넣어라.
④ 콜라에 탄산이 계속 있었으면 좋겠어.	베이킹소다를 그 안에 넣어라.
⑤ 이 수박은 충분히 달지 않아.	각설탕 몇 개와 함께 보관해라.

본문

Useful Tips for Food Handling

① This is worth reading / whether you cook or not.

② **What should I do / if I put too much salt / in my soup?**

③ Don't add water, / as this will only make the soup taste worse. ④ Instead, / you should add some cooked potatoes / for a few minutes. ⑤ They will absorb all the salt, / and then you can just take them out.

⑥ **How can I get kiwi fruit / to ripen faster?**

⑦ Put them in a plastic bag / with an apple, a pear, or a banana. ⑧ These fruits release ethylene gases / that cause kiwis to ripen faster.

⑨ **How can I keep my cookies crispy?**

⑩ We usually store cookies / in a box, / and they often get soft. ⑪ Placing a few sugar cubes or some salt in the box / will prevent this. ⑫ They will absorb moisture / and keep the cookies crispy and delicious.

⑬ **What can I do / to keep my soda / from going flat?**

⑭ No one likes soda / without the bubbles! ⑮ Once the bottle is opened, / it should be stored upside down. ⑯ The bubbles always go to the top, / and that way / they can't get out.

⑰ **How can I make watermelon taste sweeter?**

⑱ This may sound strange, / but you can put a little salt / on it. ⑲ The salty taste will make the sweet taste stronger. ⑳ But only add a little!

해석

음식 관리를 위한 유용한 비법들

① 여러분이 요리를 하든 안 하든 이것은 읽어볼 만한 가치가 있다.

② **국에 소금을 너무 많이 넣었다면 어떻게 해야 할까?**

③ 물을 더 넣지 말아야 하는데 이렇게 하면 국물 맛만 더 망칠 뿐이기 때문이다. ④ 대신에 당신은 몇 개의 익힌 감자를 몇 분간 넣어야 한다. ⑤ 그것들이 모든 소금기를 흡수할 것이고 그런 다음 당신은 그것들을 건져 내면 된다.

⑥ **어떻게 하면 키위를 빨리 익게 만들 수 있을까?**

⑦ 키위를 사과, 배 또는 바나나와 함께 비닐봉지 안에 넣어라. ⑧ 이런 과일들은 키위를 더 빨리 익게 하는 에틸렌 가스를 방출한다.

⑨ **어떻게 하면 쿠키를 바삭바삭하게 유지할 수 있을까?**

⑩ 우리는 보통 쿠키를 상자 속에 보관하는데, 그러면 그것들은 종종 흐늘흐늘해진다. ⑪ 약간의 각설탕이나 소금을 박스에 넣는 것은 이를 방지할 것이다. ⑫ 그것들이 수분을 흡수해서 쿠키를 바삭바삭하고 맛있는 상태로 유지할 것이다.

⑬ **탄산음료가 김이 빠지는 것을 막으려면 무엇을 해야 할까?**

⑭ 어느 누구도 김빠진 탄산음료를 좋아하지 않는다! ⑮ 일단 병을 열었다면, 그것은 뒤집어져서 보관되어야 한다. ⑯ 기포는 항상 위쪽으로 올라가므로, 그런 식으로 두면 그것들이 빠져나갈 수 없다.

⑰ **수박을 더 단맛이 나게 만들려면 어떻게 해야 할까?**

⑱ 이상하게 들릴지도 모르지만, 수박 위에 소금을 약간 뿌리면 된다. ⑲ 짠맛은 단맛을 더 강하게 만들어 줄 것이다. ⑳ 그렇지만 정말 조금만 뿌려라!

구문해설

① This **is worth reading** *whether* you cook *or not*.

→ be worth v-ing: …할 만한 가치가 있다

→ whether ... or not: …이든 아니든

⑪ [Placing a few sugar cubes or some salt in the box] will prevent **this**.
        S   V

→ [ ]는 문장의 주어로 쓰인 동명사구

→ this는 앞 문장에 언급된 cookies from getting soft를 의미함.

⑬ What can I do to **keep** my soda **from going** flat?

→ keep＋목적어＋from v-ing: (목적어)가 …하는 것을 막다

04 Wake Me Up, Please! P. 40

정답 1 ③ 2 ③ 3 ④ **4** lift it 30 times

문제해설 **1** 다양한 알람 시계를 소개하는 글이므로 ③ '여러 가지 효과적인 알람 시계들'이 주제로 적절하다.

[문제] 이 글의 주제로 가장 적절한 것은?

① 잠에서 깨기 위한 가장 좋은 방법　　② 수면과 건강은 어떤 관계가 있는가

④ 알람 시계를 발명한 사람　　⑤ 일찍 일어나는 것의 몇몇 장점

2 시계 위에 체중 전체가 느껴지지 않으면 계속 울린다고 했으므로, 체중 전체를 싣기 위해 깔개 위에 올라서는 것이 알맞으므로 빈칸에는 ③ stand on it이 적절하다.

[문제] 다음 중 빈칸에 들어갈 말로 가장 적절한 것은?

① 그것을 둘둘 만다 ② 그것을 들어올린다 ④ 그것을 반으로 접는다 ⑤ 버튼을 누른다

3 '…할 시간이다'라는 의미의 「it's time to-v」 구문이므로 wake up을 to wake up으로 고쳐야 한다.

[문제] 밑줄 친 ①~⑤ 중, 어법상 틀린 것은?

4 Dumbbell Alarm(아령 알람)을 끄기 위해서는 그것을 30번 들어올려야 한다고 했다.

[문제] 어떻게 아령 알람을 끄는가? 빈칸에 알맞은 말을 본문에서 찾아 쓰시오.

당신은 <u>그것을 30번 들어올려야</u>만 한다.

본문

① Do you have a hard time / waking up in the morning?

② Here are some items / that can help you out.

③ Get rid of your loud alarm clock! ④ Now, you can wake up easier. ⑤ Our new Sunrise Pillow has several soft LED lights. ⑥ When you need to wake up, / they slowly get brighter and brighter. ⑦ It's just like the rising sun!

⑧ Here's an alarm clock / designed to wake up even the deepest sleepers. ⑨ The Dumbbell Alarm works / like any other alarm clock. ⑩ But when you want to turn it off, / you can't just press a button. ⑪ You have to lift it / 30 times, / like a weightlifter.

⑫ Here's another alarm clock / that wakes you up / without any noise. ⑬ The Quiet Alarm comes / with a special ring. ⑭ Put it on your finger / before you go to bed / and when it's time to wake up, / the ring will vibrate. ⑮ To turn it off, / you have to shake your hand / back and forth.

⑯ The Rug Alarm makes sure / you get out of bed / in the morning. ⑰ The clock looks like a small rug. ⑱ In order to turn it off, / you have to <u>stand on it</u>. ⑲ Unless it feels your full weight on it, / it will keep ringing and ringing.

① 아침에 일어나느라 힘든 시간을 보내고 있나요?

② 여기 당신을 도와줄 수 있는 몇 가지 상품이 있습니다.

③ 시끄러운 알람 시계는 없애 버리세요! ④ 이제 당신은 더 쉽게 일어날 수 있습니다. ⑤ 우리의 신제품 Sunrise Pillow에는 몇 개의 은은한 LED 조명이 있습니다. ⑥ 여러분이 일어나야 할 때, 그 조명은 서서히 점점 더 밝아집니다. ⑦ 그것은 마치 떠오르는 태양과 비슷하죠!

⑧ 깊이 잠드는 사람들마저도 깨우기 위해 고안된 알람 시계가 여기 있습니다. ⑨ Dumbbell Alarm(아령 알람)은 다른 알람 시계와 마찬가지로 작동합니다. ⑩ 하지만 당신이 이것을 끄고 싶을 때에는, 그저 버튼만 눌러서는 안 됩니다. ⑪ 당신은 역도선수처럼 그것을 30번 들어올려야만 합니다.

⑫ 어떤 소음도 내지 않고 여러분을 깨워 주는 또 다른 알람 시계가 여기 있습니다. ⑬ Quiet Alarm(무음 알람)에는 특별한 반지가 있습니다. ⑭ 잠자리에 들기 전에 그것을 손가락에 끼면, 일어날 시간이 됐을 때 그 반지가 진동할 것입니다. ⑮ 그것을 끄기 위해서는, 앞뒤로 손을 흔들어야만 합니다.

⑯ Rug Alarm(깔개 알람)은 확실하게 아침에 침대에서 빠져나오도록 해줍니다. ⑰ 이 시계는 작은 깔개처럼 생겼습니다. ⑱ 이것을 끄기 위해서는 <u>그 위에 올라서야만</u> 합니다. ⑲ 그것이 그 위에 여러분의 체중 전체를 느끼지 못한다면, 계속해서 울려댈 것입니다.

구문해설

⑧ Here's <u>an alarm clock</u> [designed to wake up even the deepest sleepers].

→ [ ]는 an alarm clock을 수식하는 과거분사구

⑮ **To *turn it off***, you have to shake your hand back and forth.

→ To turn it off는 〈목적〉을 나타내는 부사적 용법의 to부정사구

→「동사+부사」 형태의 동사구에서 목적어가 대명사일 때는 「동사+대명사+부사」의 어순임.

⑲ **Unless it feels** your full weight on it, ...

→ unless+주어+동사: 만일 (주어)가 …하지 않으면 (= If it does not feel your full weight on it, ...)

Review Test
P. 42

A ③   B **1** bubbles **2** access **3** releases **4** royalty   C **1** ④ **2** ② **3** ③ **4** ⑤   D **1** 바코드를 스캔하는 데 사용되는 앱이 많이 있다.   **2** 윌리엄 헨리 퍼킨은 달팽이를 사용하지 않고 인공적으로 보라색 염료를 만드는 방법을 발견했다.   **3** 약간의 각설탕이나 소금을 박스에 넣는 것은 이를 방지할 것이다.   **4** 그것이 그 위에 여러분의 체중 전체를 느끼지 못한다면, 계속해서 울려댈 것입니다.   E **1** let people know that you're going on vacation   **2** for objects as common as national flags   **3** do to keep my soda from going flat

해석   **A**

① 개인적인: 특정한 사람에게 관련된

② 시끄러운: 많은 소음을 유발하는

③ 안전한: 위험이나 위협에 노출된

④ 보이는: 보여질 수 있는

⑤ 가치 있는: 무언가에 충분히 소중한

B

1 그 콜라병을 흔들면 거품이 형성될 것이다.

2 비밀번호를 잊어버렸기 때문에 나는 이메일 계정에 접근할 수 없다.

3 그 공장은 유해한 화학물질을 공기 중으로 방출한다.

4 그 무덤의 크기로 판단해 볼 때, 그녀는 왕족이었음이 틀림없다.

C

1 이제 당신의 두 팔을 머리 위로 들어올리고 손바닥을 맞대세요.

　① 덮다　　② (…을 살) 여유가 되다　　③ (잠에서) 깨다　　④ 들어올리다　　⑤ 평가하다

2 스펀지는 물을 흡수하는 데 사용될 수 있다.

　① 보내다　② 흡수하다　　　　　③ 연결하다　　　　④ 구성되다　　　⑤ 변하다

3 나의 휴대전화가 내 주머니에서 진동했지만, 나는 무시했다.

　① 답했다　② 개발했다　　　　　③ 진동했다　　　　④ 함유했다　　　⑤ 지속했다

4 제니가 멀리 이사갔기 때문에 나는 요즘 그녀를 좀처럼 보지 않는다.

　① 임시로　② 최근에　　　　　③ 자주　　　　　　④ 매우　　　　　⑤ 좀처럼 …하지 않다

SECTION 04

사회 이슈
1　**1** ⑤　**2** ③　**3** (1) free boots　(2) education
2　**1** ②　**2** ③　**3** is as bright as a rainbow　**4** (1) F　(2) T　(3) T
3　**1** ②　**2** ②　**3** ④　**4** the old wheelchair symbol up with a sticker
4　**1** ⑤　**2** ⓐ that　ⓑ which　**3** ④　**4** (1) F　(2) T　(3) F

01　어그부츠 개발자는 부자?　　　　　P. 46

정답　　**1** ⑤　**2** ③　**3** (1) free boots　(2) education

문제해설　**1** ⑤ 최초 개발자인 스테드먼은 어그부츠의 권리를 판 것에 대해 화나지 않는다고 했다.

　　　　① 최초의 부츠는 양가죽으로 만들어졌다.

　　　　② 스테드먼은 서핑한 후에 그의 발을 따뜻하게 하기 위해 그것을 만들었다.

　　　　③ 그것은 이름은 그것이 원래 보이는 모습에서 유래한다.

　　　　④ 그것의 권리는 현재 미국의 제조사에 있다.

　　　　⑤ 스테드먼은 그것의 권리를 판 자신의 결정을 후회한다.

　　　　2 고기 조각이 '붙어 있는' 것이므로 ③ attaching은 수동의 의미인 과거분사 attached가 되어야 한다.

　　　　3 스테드먼은 자신의 발명품인 어그부츠의 권리를 파는 대가로 매년 몇 켤레의 공짜 어그부츠와 자녀의 학비를 낼
　　　　　돈을 받았다.

22

① Ugg boots are popular / with men and women / all around the world. ② This brand is such a hit / that it is worth / nearly $1 billion a year today.

③ The boots originated / in Australia in 1973, / when surfer Shane Stedman made them / from sheepskin. ④ He originally designed the boots / to warm his feet / after surfing / in the cold ocean. ⑤ His first pairs had / bits of meat still attached, / so they would look and smell awful / when wet. ⑥ No wonder / they were called "Ugg" boots; / they looked ugly! ⑦ At that time, / the boots were worth / only a few dollars each.

⑧ Ten years later, / a US manufacturer saw some promise / in the boots / and bought the rights. ⑨ In return, / Stedman got some free boots / each year / and just enough money / to pay for his children's education. ⑩ But nowadays / the shoes sell / for around $200 / a pair! ⑪ Nevertheless, / Stedman is not angry / about his decision to sell. ⑫ In fact, / he still wears the boots / most days.

⑬ "I'm not upset," he says, ⑭ "I'm proud / that my invention is so popular. ⑮ It has become / an Australian icon!"

해석

① 어그부츠는 전 세계 남성들과 여성들에게 인기 있다. ② 이 브랜드는 크게 히트를 해서 오늘날에는 연간 거의 10억 달러의 가치가 있다.

③ 그 부츠는 1973년 호주에서 시작되었는데, 그때 서퍼인 셰인 스테드먼은 양가죽으로 그것을 만들었다. ④ 그는 원래 차가운 바다에서 서핑한 후 그의 발을 따뜻하게 하기 위해 그 부츠를 만들었다. ⑤ 최초의 어그부츠는 여전히 고기 조각이 붙어 있는 상태여서, 물에 젖으면 보기에도 그렇고 냄새도 고약했다. ⑥ 그 신발이 '어그' 부츠라고 불린 것도 당연했다. 그건 흉해 보였다! ⑦ 그 당시에 그 부츠는 한 켤레에 겨우 몇 달러에 불과했다.

⑧ 10년 후, 한 미국의 제조업체가 그 부츠에서 장래성을 보았고, 그 권리를 샀다. ⑨ 그 대가로, 스테드먼은 매년 공짜 부츠 몇 켤레와 그의 자녀의 학비를 낼 수 있을 만큼의 돈을 받았다. ⑩ 그렇지만 요즘 그 신발은 한 켤레에 약 200달러 정도에 팔린다! ⑪ 그럼에도 불구하고, 스테드먼은 (그것을) 팔기로 한 자신의 결정에 대해 화나지 않는다. ⑫ 사실, 그는 여전히 거의 매일 그 부츠를 신는다.

⑬ "나는 기분 나쁘지 않아요,"라고 그는 말한다. ⑭ "내 발명품이 그렇게 인기가 있어서 자랑스럽습니다. ⑮ 그것은 호주를 상징하는 것이 되었어요!"

구문해설

② This brand is **such a hit that it is** worth nearly $1 billion a year today.
→ such+a(n)+명사+that+주어+동사: 매우 …라서 ~하다

③ The boots originated in Australia in 1973, **when** surfer Shane Stedman made them from sheepskin.
→ when은 앞의 in 1973을 부연 설명하는 계속적 용법의 관계부사 (= and then)

⑥ **No wonder they were called** "Ugg" boots; they looked ugly!
→ no wonder+주어+동사: (주어)가 …하는 것도 당연하다

02 알록달록 무지개가 피는 마을   P. 48

정답   **1** ② **2** ③ **3** is as bright as a rainbow **4** (1) F (2) T (3) T

문제해설 **1** 약 200채의 집들을 밝은색으로 칠한 후 Las Palmitas 마을에 큰 변화가 생겼다는 내용의 글이므로 ② '예술로 변화된 마을'이 제목으로 적절하다.
① 멕시코에서 가장 흥미로운 예술 축제   ③ 가난한 예술가들을 위한 새로운 주택 건설하기
④ 끔찍한 지역에 있는 예술 학교   ⑤ Las Palmitas: 무지개를 볼 수 있는 최고의 장소

2 프로젝트가 진행되면서, 마을 사람들이 상호 작용하기 시작하고 일자리가 늘어났다고 했으므로, 프로젝트의 결과가 긍정적이었음을 알 수 있다. 따라서, '실망스러운'의 의미인 ③ disappointing은 적절하지 않다.

3 '…만큼 ~한'의 의미인 「as + 형용사 원급 + as」의 형태에 유의하여 단어를 배열한다.

4 (1) 주민들은 전문가들의 도움 없이 지역 사회 프로젝트를 이끌었다. → 예술가들이 프로젝트를 이끌었다고 했다.
(2) 멀리서 봤을 때, Las Palmitas는 큰 형형색색의 그림처럼 보인다.
(3) 프로젝트는 지역 사회 상호 작용을 증가시키고 청소년 폭력을 감소시켰다.

본문

① Some poor neighborhoods can be dark and depressing. ② But Las Palmitas, / a neighborhood in Pachuca, Mexico, / is as bright as a rainbow. ③ A community project / led by a group of artists / has totally changed its appearance. ④ Working together / with residents of the hillside neighborhood, / the artists painted about 200 homes bright colors. ⑤ When viewed from far away, / the entire neighborhood looks like a large, colorful mural.
⑥ The project, / however, / is about much more than artwork. ⑦ Its goal is / to bring the community together / and improve attitudes toward the neighborhood. ⑧ Along with the artists, / the government and more than 450 local families / participated in the project. ⑨ The results of the project / have been satisfactory. ⑩ Before it began, / people seldom spoke to their neighbors / and avoided going out at night. ⑪ But during the project, / people started interacting / and chatting with each other. ⑫ The project also created jobs / and reduced youth violence. ⑬ As a result, / Las Palmitas has become / more beautiful to look at / and a better place to live.

해석 ① 일부 가난한 마을은 어둡고 우울할 수 있다. ② 그러나 멕시코 Pachuca에 있는 마을인 Las Palmitas는 무지개만큼 밝다. ③ 한 집단의 예술가들이 이끄는 지역 사회 프로젝트가 마을의 외관을 완전히 바꿔놓았다. ④ 예술가들은 산비탈 동네에 사는 주민들과 함께 작업하면서 약 200채의 집을 밝은색으로 칠했다. ⑤ 멀리서 봤을 때, 마을 전체는 커다란 형형색색의 벽화처럼 보인다.
⑥ 그러나, 이 프로젝트는 예술 작품 그 이상이다. ⑦ 이것의 목표는 지역 사회가 서로 어울리도록 하고 마을에 대한 태도를 개선하는 데 있다. ⑧ 예술가들과 함께, 정부와 450가구 이상의 현지 가정이 이 프로젝트에 참여했다. ⑨ 프로젝트의 결과는 만족스러웠다. ⑩ 프로젝트가 시작하기 전에, 사람들은 그들의 이웃들에게 거의 말을 걸지 않고 밤에는 외출을 피했다. ⑪ 그러나 프로젝트가 진행되는 동안, 사람들은 상호 작용하고 대화하기 시작했다. ⑫ 이 프로젝트는 또한 일자리를 창출하고 청소년 폭력을 감소시켰다. ⑬ 그 결과, Las Palmitas는 보기에 더 아름답고 살기 더 좋은 곳이 되었다.

③ A community project [led by a group of artists] has totally changed its appearance.

S   V

→ [ ]는 A community project를 수식하는 과거분사구

④ [Working together with residents of the hillside neighborhood], the artists painted ....

→ [ ]는 〈동시동작〉을 나타내는 분사구문

⑤ [When viewed from far away], the entire neighborhood looks like a large, colorful mural.

→ [ ]는 접속사를 생략하지 않은 분사구문으로, 분사의 의미상의 주어 the entire neighborhood와 분사가 수동 관계이므로 수동형 분사구문이 쓰임.

⑬ ..., Las Palmitas has become more beautiful **to look** at and a better place *to live*.

→ to look은 형용사 more beautiful을 수식하는 부사적 용법의 to부정사

→ to live는 a better place를 수식하는 형용사적 용법의 to부정사

03 심벌을 역동적으로   P. 50

정답

1 ②   **2** ②   **3** ④   **4** the old wheelchair symbol up with a sticker

문제해설

1 ② 사라 헨드렌은 기존 장애인 심벌이 사람 대신 휠체어에 집중한다고 생각한다.

2 (A) 빈칸 앞뒤로 기존 장애인 심벌의 단점을 나열하고 있으므로, 빈칸에는 추가를 나타내는 Also가 적절하다.

(B) 빈칸 앞의 내용인 '힘과 움직임을 나타내는 긍정적인 느낌'에 덧붙여 설명하고 있으므로 '사실'이라는 뜻의 In fact가 적절하다.

3 ④는 새로 디자인된 심벌을 가리키고, 나머지는 모두 기존의 장애인 심벌을 가리킨다.

4 This way는 바로 앞 문장 'Whenever she sees the old wheelchair symbol, she covers it up with a sticker.'의 내용을 가리키므로, covering 다음에 the old wheelchair symbol up with a sticker가 적절하다.

본문

① Bathrooms, parking spaces, subways, movie theaters ... ② The International Symbol of Access / can be seen / almost everywhere. ③ But Sara Hendren, / an American design researcher, thinks / few people have looked at it closely. ④ She started paying attention to the symbol / because of her son, / who has Down syndrome. ⑤ In her opinion, / it gives a bad impression / of the disabled. ⑥ She thinks / it focuses on the wheelchair / instead of the person. ⑦ Also, the person seems weak and passive. ⑧ To change this, / she started the Accessible Icon Project.

⑨ Its goal was / to design a new symbol / that looked more strong and active. ⑩ The result is a wheelchair icon / with a figure leaning forward. ⑪ It gives a positive feeling / of strength and motion. ⑫ In fact, it looks like / the person is an athlete / in a wheelchair race. ⑬ Hendren has made transparent stickers / featuring this new icon. ⑭ Whenever she sees the old wheelchair symbol, / she covers it up / with a sticker. ⑮ This way, / people can easily notice the differences / between the old symbol and the new one.

해석
① 화장실, 주차 공간, 지하철, 영화관 ⋯ ② 장애인 심벌은 거의 어디에서나 볼 수 있다. ③ 하지만 미국의 디자인 연구원인 사라 헨드렌은 그것을 유심히 본 사람들은 거의 없다고 생각한다. ④ 그녀는 그녀의 아들 때문에 그 심벌에 주목하기 시작했는데, 그는 다운증후군을 앓고 있다. ⑤ 그녀의 의견으로는, 그것은 장애인들에 대한 부적절한 인상을 준다. ⑥ 그녀는 그것이 사람보다는 휠체어에 초점을 맞추고 있다고 생각한다. ⑦ 또한, (심벌 안의) 그 사람은 약하고 수동적으로 보인다. ⑧ 이것을 바꾸기 위해, 그녀는 '액세서블 아이콘 프로젝트'를 시작하였다.
⑨ 그것의 목표는 더 강하고 활동적으로 보이는 새로운 심벌을 디자인하는 것이었다. ⑩ 그 결과로 나온 것은 사람이 몸을 앞쪽으로 숙이고 있는 휠체어 아이콘이다. ⑪ 그것은 힘과 움직임이라는 긍정적인 느낌을 준다. ⑫ 사실, 그 사람은 휠체어 경주를 하는 운동선수인 것처럼 보인다. ⑬ 헨드렌은 이 새로운 아이콘이 있는 투명한 스티커를 만들었다. ⑭ 예전의 휠체어 심벌을 볼 때마다, 그녀는 그것을 스티커로 덮어 버린다. ⑮ 이런 방식으로, 사람들은 쉽게 예전 심벌과 새로운 심벌의 차이를 알아챌 수 있다.

구문해설
④ She started paying attention to the symbol because of her son, [who has Down syndrome].
　→ [ ]는 her son을 부연 설명하는 계속적 용법의 주격 관계대명사절

⑨ Its goal was **to design** a new symbol [that looked more strong and active].
　→ to design은 주격보어로 쓰인 명사적 용법의 to부정사
　→ [ ]는 선행사 a new symbol을 수식하는 주격 관계대명사절

⑩ The result is a wheelchair icon **with** a figure **leaning** forward.
　→ 「with+(대)명사+현재분사」 구문으로 a figure와 분사가 능동 관계이므로 현재분사를 씀.

⑭ **Whenever** she sees the old wheelchair symbol, she *covers it up* with a sticker.
　→ whenever: ⋯할 때마다
　→ 「동사+부사」 형태의 동사구에서 목적어가 대명사일 때는 「동사+대명사+부사」의 어순임.

04 The Secret Hidden in Bills　　　P. 52

정답　　1 ⑤　2 ⓐ that　ⓑ which　3 ④　4 (1) F (2) T (3) F

문제해설　**1** 플라스틱 화폐의 장점에 대해서 설명하는 글이므로 ⑤ '플라스틱 화폐의 이점'이 주제로 적절하다.
　　[문제] 이 글의 주제로 가장 적절한 것은?
　　① 플라스틱 화폐의 역사　　　　　　② 종이 화폐의 종말
　　③ 위조 화폐를 식별하는 방법　　　　④ 화폐를 만드는 다양한 방법들

　2 ⓐ 뒤에 '주어+동사'가 있는 완전한 절이 이어지며, 이 절이 주격보어 역할을 하므로 명사절을 이끄는 접속사 that이 적절하다.
　　ⓑ 앞에 나온 선행사 a transparent window에 대한 부가 설명을 하는 계속적 용법의 관계사절이므로 which가 적절하다. 관계대명사 that은 계속적 용법으로 쓰이지 않는다.

[문제] ⓐ와 ⓑ에서 어법상 맞는 것을 고르시오.

3 빈칸 뒤에서 플라스틱 화폐가 수명을 다한 후에는 플라스틱 쓰레기통을 만드는 데 재활용된다는 내용이 이어지 므로, 빈칸에는 ④ environmentally friendly가 가장 적절하다.

[문제] 빈칸에 들어갈 말로 가장 적절한 것은?

① 휴대하기 쉬운 　② 재사용하기 어려운 　③ 매우 아름다운 　④ 환경친화적인 　⑤ 역사적으로 중요한

4 [문제] 플라스틱 화폐에 관한 이 글의 내용과 일치하면 T에, 일치하지 않으면 F에 표시하시오.

(1) 호주는 세계에서 플라스틱 화폐를 사용하는 유일한 국가이다.

→ 호주 외에도 뉴질랜드, 캐나다, 멕시코와 같은 많은 나라에서 플라스틱 화폐가 사용된다고 했다.

(2) 플라스틱 화폐는 6년 이상 사용될 수 있다.

(3) 플라스틱 화폐의 취약한 보안 기능 때문에 위조가 쉽다.

→ 플라스틱 화폐에는 투명한 창을 비롯한 많은 보안 기능이 있어서 위조가 어렵다고 했다.

본문

① If you say / you're paying with plastic, / most people will think / you're referring to a credit card. ② But, these days, / it might mean / you're paying with cash. ③ In 1988, / Australia became the first country / to switch to plastic bills. ④ Since then, / many countries, / such as New Zealand, Canada, and Mexico, / have done the same.

⑤ Some people point out / the problems of plastic bills. ⑥ They stick together / and can melt / in hot temperatures. ⑦ Also, they are 50% more expensive to make. ⑧ But countries are switching to them / for several reasons. ⑨ First of all, / even though they feel very similar to paper bills, / plastic bills are more durable. ⑩ Paper bills generally last / for 18 to 24 months. ⑪ But plastic bills last / four times longer. ⑫ And, besides being harder to tear, / they're also waterproof. ⑬ They can even survive / in the washing machine! ⑭ Another benefit of plastic bills is / that they are hard to counterfeit. ⑮ Each bill has a transparent window, / which is nearly impossible to copy. ⑯ They also contain more security features. ⑰ Finally, / plastic bills are <u>environmentally friendly</u>. ⑱ When they are no longer usable, / they can be recycled. ⑲ The government takes old bills, / melts them down, / and uses them / to make plastic garbage cans.

해석

① 만약 당신이 플라스틱으로 지불하겠다고 말하면, 대부분의 사람들은 당신이 신용 카드를 말한다고 생각할 것이다. ② 하지만 요즘은, 그것이 현금으로 지불하겠다는 것을 의미할지도 모른다. ③ 1988년에 호주는 플라스틱 화폐로 전 환한 최초의 국가가 되었다. ④ 그 이후로 뉴질랜드, 캐나다, 그리고 멕시코와 같은 많은 나라가 같은 일을 해왔다. ⑤ 어떤 사람들은 플라스틱 화폐의 문제점을 지적한다. ⑥ 플라스틱 화폐는 뜨거운 기온에서 서로 달라붙고 녹을 수 도 있다. ⑦ 또한, 그것들은 만들기에 50퍼센트나 더 비싸다. ⑧ 그러나 나라들은 여러 이유로 플라스틱 화폐로 전환 하고 있다. ⑨ 무엇보다도, 플라스틱 화폐는 종이 화폐와 매우 비슷한 느낌이 들지만, 더 내구성이 있다. ⑩ 종이 화폐 는 일반적으로 18개월에서 24개월간 사용한다. ⑪ 그렇지만 플라스틱 화폐는 4배나 더 오래간다. ⑫ 그리고 플라스 틱 화폐는 찢기에 더 어려울 뿐만 아니라 방수도 된다. ⑬ 그것들은 심지어 세탁기에서도 살아남을 수 있다! ⑭ 플라 스틱 화폐의 또 다른 이점은 위조하기 어렵다는 것이다. ⑮ 각각의 화폐에는 투명한 창이 있는데, 그것은 복제하기가 거의 불가능하다. ⑯ 플라스틱 화폐는 또한 더 많은 보안 기능들을 가지고 있다. ⑰ 마지막으로, 플라스틱 화폐는 <u>환 경친화적</u>이다. ⑱ 플라스틱 화폐를 더는 사용할 수 없을 때, 그것들은 재활용될 수 있다. ⑲ 정부는 낡은 화폐를 수거 해서, 녹인 다음, 플라스틱 쓰레기통을 만드는 데 사용한다.

③ In 1988, Australia became the first country **to switch** to plastic bills.

→ to switch는 the first country를 수식하는 형용사적 용법의 to부정사

⑦ Also, they are 50% more expensive **to make**.

→ to make는 형용사 expensive를 수식하는 부사적 용법의 to부정사

⑪ But plastic bills last **four times longer** (than paper bills).

→ 뒤에 than paper bills가 생략된 문장으로, 「배수사＋비교급＋than」은 '…보다 ~배 더 …한'이라는 뜻임.

⑲ The government **takes** old bills, **melts** them down, and **uses** them *to make* plastic garbage cans.

→ takes, melts, uses가 병렬구조를 이루어 문장의 동사로 쓰임.

→ to make는 〈목적〉을 나타내는 부사적 용법의 to부정사

Review Test   P. 54

A **1** ⓓ **2** ⓒ **3** ⓑ **4** ⓐ **5** ⓔ   B **1** impression **2** passive **3** recycle **4** appearance   C **1** ④ **2** ⑤ **3** ② **4** ⑤   D **1** 이 브랜드는 크게 히트를 해서 오늘날에는 연간 거의 10억 달러의 가치가 있다.   **2** 멀리서 봤을 때, 마을 전체는 커다란 형형색색의 벽화처럼 보인다.   **3** 그 결과, Las Palmitas는 보기에 더 아름답고 살기 더 좋은 곳이 되었다.   **4** 그 결과로 나온 것은 사람이 몸을 앞쪽으로 숙이고 있는 휠체어 아이콘이다.   E **1** No wonder they were called "Ugg" boots **2** A community project led by a group of artists **3** she covers it up with a sticker

해석

A

1 내구성이 있는: ⓓ 오랫동안 좋은 상태로 남아있는

2 달라붙다: ⓒ 다른 어떤 것에 부착되다

3 유래하다: ⓑ 존재하기 시작하다

4 개선하다: ⓐ 어떤 사람이나 사물을 더 좋게 만들다

5 상호 작용을 하다: ⓔ 다른 사람들과 이야기하거나 일을 함께 하다

B

1 그는 취업 면접에서 좋은 인상을 주었다.

2 만약 네가 수동적인 태도를 유지한다면, 너는 네 삶을 스스로 통제할 수 없을 것이다.

3 우리는 환경에 도움을 주기 위해 캔과 병을 재활용해야 한다.

4 사람을 그들의 외모로 판단하지 말아라.

C

1 우리는 그녀에게서 큰 가능성을 보아서 그녀에게 취업 기회를 주었다.

① 천성　　　　② 진실　　　　③ 근원　　　　④ 가능성　　　　⑤ 현실

2 태양 에너지의 주된 혜택은 그것이 공해를 유발하지 않는다는 것이다.

① 문제　　　　② 장애　　　　③ 약점　　　　④ 자원　　　　⑤ 이점

3 나의 할머니는 <u>현재</u> 93세이다.

① 나중에　　　　② 현재는　　　　③ 잠시 후에　　　　④ 지금부터　　　　⑤ 과거에는

4 그는 5만 원 짜리 지폐를 <u>위조했기</u> 때문에 감옥에 갔다.

① 훔쳤다　　　　② 입양했다　　　　③ 벌었다　　　　④ 빌렸다　　　　⑤ 복제했다

SECTION 05

유머·교훈

1　**1** ③　**2** much[far, a lot ...]　**3** (1) F　(2) F　(3) T

2　**1** ③　**2** ⑤　**3** gate, pumps water

3　**1** ②　**2** ④　**3** role model

4　**1** ①　**2** ①　**3** ⓐ to sell　ⓑ to buy　**4** ③

01 할머니의 말 못 할 고민　　　　　　　　P. 58

정답　　**1** ③　**2** much[far, a lot ...]　**3** (1) F　(2) F　(3) T

문제해설　**1** ③ 전체 내용으로 미루어 보아, 할머니의 방귀 냄새가 심해서 의사가 얼굴을 찌푸렸음을 짐작할 수 있다.

2 비교급 better를 강조하는 부사인 much, far, a lot, even, still 등을 쓴다.

3 (1) 의사가 마지막에 할머니의 귀를 치료하자고 한 것으로 보아, 할머니의 방귀는 소리가 났고 할머니만 듣지 못했음을 알 수 있다.

(2) 약을 먹은 후, 할머니는 후각을 회복해서 방귀 냄새를 맡을 수 있게 되었다.

본문

① An old woman went / to see her doctor, / and told him / her embarrassing medical problem. ② "I have strange farts. ③ I fart all the time, / but my farts don't make any sound / or have any smell. ④ I'm sure / you haven't noticed, / but I've actually farted ten times / while we've been talking. ⑤ What should I do?"

⑥ The doctor looked serious, / and frowned at her. ⑦ "Here are some pills. ⑧ Take these pills / twice a day for one week / and then come see me again," / said the doctor.

⑨ The next week / the old woman came back, / but this time / she was really upset. ⑩ "Doctor!" / she said. ⑪ "What was in those pills? ⑫ They made my problem worse! ⑬ I'm still farting all the time, / but now my farts smell terrible!"

⑭ The doctor said "Calm down. ⑮ You're actually much[far, a lot] better." ⑯ The old woman shouted, / "What? / That's impossible!" ⑰ The doctor replied, / "I fixed your nose. ⑱ Now I need to fix your ears."

① 한 할머니가 의사에게 진찰을 받으러 가서, 자신의 민망한 의학적인 문제를 이야기했다. ② "나는 이상한 방귀를 뀌어요. ③ 나는 항상 방귀를 뀌는데, 어떤 소리도 나지 않고 냄새도 전혀 없어요. ④ 선생님은 분명 눈치 못 챘겠지만, 사실 우리가 얘기하는 동안에도 나는 10번이나 방귀를 뀌었다오. ⑤ 어떻게 해야 하나요?"

⑥ 의사는 심각해 보였고, 할머니를 향해 얼굴을 찡그렸다. ⑦ "여기 알약이 있습니다. ⑧ 이 알약을 하루에 두 번씩 일주일 동안 드시고, 다시 저를 만나러 오세요."라고 의사가 말했다.

⑨ 그다음 주에 할머니가 다시 왔는데, 이번에는 정말로 기분이 상해 있었다. ⑩ "의사 선생!"하고 할머니가 말했다. ⑪ "이 알약에 뭐가 들어 있는 거요? ⑫ 그 알약이 내 문제를 더 나쁘게 만들었어요! ⑬ 난 여전히 종일토록 방귀를 뀌는데, 이제 내 방귀는 지독한 냄새가 난단 말이오!"

⑭ 의사가 말했다. "진정하세요. ⑮ 사실은 훨씬 더 좋아지신 거예요." ⑯ 할머니가 소리 질렀다. "뭐라고요? 그건 말도 안 돼요!" ⑰ 그 의사가 대답했다. "제가 할머니 코를 고쳐드렸어요. ⑱ 이제는 귀를 고쳐야 합니다."

④ I'm sure you **haven't noticed**, but I**'ve** actually **farted** ten times while we*'ve been talking*.
> → haven't noticed와 have farted는 각각 〈경험〉과 〈계속〉을 나타내는 현재완료
> → have been v-ing: …해오는 중이다 (현재완료 진행형)

⑧ Take these pills twice a day for one week and then **come see me** again," said the doctor.
> → come see me는 구어체 표현으로, come and see me로 바꿀 수 있음.

⑫ They **made** my problem **worse**!
> → make + 목적어 + 목적격보어(형용사): (목적어)를 …하게 만들다

02 역시 에디슨! P. 60

1 ③ **2** ⑤ **3** gate, pumps water

1 에디슨의 집에 설치된 회전문과 그것의 용도에 관한 일화이므로, 요즘 여러 장소에서 현대화된 회전문을 볼 수 있다는 ③은 글의 흐름과 무관하다.

2 사람들이 회전문을 밀면 지붕 위에 있는 탱크로 물이 퍼 올려진다고 했으므로, ⑤ '방문객들의 인력을 이용하기 위해' 회전식 출입문을 설치한 것임을 알 수 있다.
① 방문객들이 운동하는 것을 돕기 위해 ② 그것이 어떻게 만들어졌는지 설명하기 위해
③ 정원을 멋지게 보이게 하기 위해 ④ 새로운 발명품을 자랑하기 위해

3 에디슨은 손잡이가 달린 회전문을 집에 설치하였는데, 이 회전문을 지나가는 방문객이 손잡이를 움직이면 물탱크에 물이 퍼 올려진다고 했다.
에디슨의 발명품은 <u>문</u>으로뿐만 아니라, 탱크에 <u>물을 퍼 올리는</u> 장치로도 기능한다.

① The famous inventor Thomas A. Edison / owned a house / in the country. ② He liked to show things in his house / to visitors. ③ He had made many clever inventions, / and enjoyed talking about them. ④ In one part of his garden, / he had put a heavy turnstile. ⑤ It was a special kind of gate / with arms / that a person had to push / in order to pass through it. ⑥ (These days, / you can see modernized turnstiles / in many areas, / such as subway stations or lobbies of buildings.) ⑦ Every visitor had to move these heavy arms / while walking through Edison's garden. ⑧ "You have so many great inventions," / one visitor said. ⑨ "Why do you have / such a heavy turnstile?" ⑩ "Well, you see," / Edison replied, / "everyone who goes through the turnstile / pumps 30 liters of water / into the tank on my roof."

해석

① 유명한 발명가인 토머스 A. 에디슨은 시골에 집을 한 채 가지고 있었다. ② 그는 방문객들에게 자기 집에 있는 물건들을 보여주는 것을 좋아했다. ③ 그는 많은 기발한 발명품들을 만들었고, 그것들에 관해 이야기하는 것을 즐겼다. ④ 정원 한 곳에, 그는 무거운 회전식 출입문을 설치해 놓았다. ⑤ 그것은 지나가기 위해 사람이 밀어야 하는 손잡이가 달린 특별한 종류의 문이었다. ⑥ (요즘에는 지하철역이나 건물의 로비와 같은 여러 장소에서 현대화된 회전문을 볼 수 있다.) ⑦ 모든 방문객은 에디슨의 정원을 지나가면서 이 무거운 손잡이를 움직여야만 했다. ⑧ "당신은 훌륭한 발명품들을 많이 갖고 있군요."라고 한 방문객이 말했다. ⑨ "왜 이런 무거운 회전식 출입문을 설치해 놓은 것입니까?" ⑩ 에디슨은 "음, 그러니까, 회전식 출입문을 통과하는 사람은 누구나 나의 지붕 위에 있는 탱크 안으로 30리터의 물을 퍼 올려 주게 됩니다."라고 대답했다.

구문해설

③ He **had made** many clever inventions, and *enjoyed talking* about them.
  → 발명품에 대해 이야기하는 것을 즐긴 과거 시점(enjoyed)보다 발명품을 만든 것이 이전에 일어난 일이므로 과거완료를 사용함.
  → 동사 enjoy는 동명사를 목적어로 취함.

⑤ It was a special kind of gate with arms [that a person had to push **in order to pass** through it].
  → [ ]는 선행사 arms를 수식하는 목적격 관계대명사절
  → in order to-v: …하기 위하여

⑦ Every visitor had to move these heavy arms [while walking through Edison's garden].
  → [ ]는 접속사 while을 생략하지 않은 분사구문으로, 분사의 의미상의 주어 Every visitor와 분사가 능동 관계이므로 현재분사 walking이 쓰임.

⑩ …, "everyone [who goes through the turnstile] pumps 30 liters of water …."
  → [ ]는 선행사 everyone을 수식하는 주격 관계대명사절

03 포기하지 말아요! P. 62

정답

1 ②　**2** ④　**3** role model

문제해설

1 ② 미국인 부부가 고아원을 찾아와 조지를 입양했다고 하였다.
  ① 팔이 없는 채로 태어났다.
  ③ 입양한 부모가 첼로 교습을 등록해 주었다.
  ④ 첼로 외에도 피아노와 기타 연주하는 법을 배웠다.
  ⑤ 그가 자신의 연주 영상을 인터넷에 올렸다.

2 (A) 친부모에 의해 '버림을 받은' 것으로 「be동사+과거분사」 형태인 수동태가 되어야 하므로 abandoned가 적절하다.

(B) encourage는 to부정사를 목적격보어로 취하므로 to overcome이 적절하다.

(C) 뒤에 주어와 동사를 포함한 절 his feet were small이 왔으므로 접속사 because가 적절하다.

3 조지가 자신의 어려움을 극복하는 모습이 장애인들뿐만 아니라 불가능한 꿈을 가진 사람들에게 역할 모델이 된다고 하였다.

조지는 그들의 삶에서 어려움을 직면하는 사람들에게 <u>역할 모델</u>이 되고 있다.

본문

① In life, / we all have problems / we must overcome. ② If your problems ever seem / to be too difficult, / take a look at George Dennehy.

③ George was born armless / in Romania. ④ At the age of one, / he was abandoned / by his biological parents / and put in an orphanage. ⑤ But an American couple soon arrived. ⑥ They wanted to adopt the child / who needed them the most, / so they chose George. ⑦ They gave him a home and love, / and they didn't treat him any differently / from their other kids. ⑧ In this way, / they encouraged him / to overcome his challenges. ⑨ When he turned eight, / they signed him up / for cello lessons.

⑩ It might sound impossible. ⑪ How could a young boy / without arms / play the cello? ⑫ George found a way. ⑬ Instead of his hands, / he used his feet / to hold the bow / and press down the strings. ⑭ It was difficult / because his feet were small, / but, with hard work / and his family's support, / he became an excellent cello player. ⑮ He learned to play the piano / and guitar as well.

⑯ Later, he uploaded his performances / onto the Internet, / and they were watched / by millions of viewers. ⑰ George is now a professional musician. ⑱ He has become a role model / not only for disabled people / but for everybody / who has an impossible dream.

해석

① 인생에서, 우리 모두는 극복해야 할 문제들을 가지고 있다. ② 당신의 문제가 너무 어렵게 보인다면, 조지 데너히를 한번 보라.

③ 조지는 루마니아에서 팔이 없이 태어났다. ④ 한 살의 나이에, 그는 친부모로부터 버려져 고아원에 보내졌다. ⑤ 하지만 곧 한 미국인 커플이 찾아왔다. ⑥ 그들은 자신들을 가장 필요로 하는 아이를 입양하고 싶어 했고, 그래서 그들은 조지를 선택했다. ⑦ 그들은 조지에게 가정과 사랑을 주었고, 그를 그들의 다른 자녀들과 조금도 다르게 대하지 않았다. ⑧ 이런 식으로, 그들은 그가 그의 어려움을 극복하도록 북돋아 주었다. ⑨ 조지가 여덟 살이 되었을 때, 그들은 그에게 첼로 교습을 등록해 주었다.

⑩ 그것은 불가능하게 들릴지도 모른다. ⑪ 팔이 없는 어린 소년이 어떻게 첼로를 연주할 수 있겠는가? ⑫ 조지는 한 가지 방법을 찾았다. ⑬ 손 대신에, 그는 활을 잡고 현을 누르기 위해 그의 발을 사용했다. ⑭ 그의 발이 작았기 때문에 그것은 어려웠지만, 피땀 어린 노력과 가족의 지원으로, 그는 뛰어난 첼로 연주자가 되었다. ⑮ 그는 피아노를 치는 법뿐만 아니라 기타 연주도 배웠다.

⑯ 후에 그는 자신의 연주를 인터넷에 올렸고, 수백만 명의 시청자들이 그것들을 보았다. ⑰ 조지는 이제 전문 음악가다. ⑱ 그는 장애인들뿐만 아니라 불가능한 꿈을 가지고 있는 모든 사람에게 역할 모델이 되고 있다.

구문해설

① In life, we all have <u>problems</u> [(that[which]) we must overcome].

→ [ ]는 선행사 problems를 수식하는 관계대명사절로, 목적격 관계대명사 that 또는 which가 생략됨.

④ At the age of one, he **was abandoned** by his biological parents and (**was**) **put** in an orphanage.

→ 수동태 was abandoned와 (was) put은 and로 연결된 병렬구조

⑪ How could a young boy [without arms] play the cello?

→ [ ]는 앞의 명사구 a young boy를 수식하는 전치사구

⑱ He has become a role model **not only** for disabled people **but** for everybody [who has an impossible dream].

→ not only A but (also) B: A뿐만 아니라 B도 (= B as well as A)

→ [ ]는 선행사 everybody를 수식하는 주격 관계대명사절

---

04 Isn't That What I Do Now?　　　　P. 64

정답　　**1** ①　**2** ①　**3** ⓐ to sell　ⓑ to buy　**4** ③

문제해설　**1** 어부에게 더 많은 고기를 잡고, 돈을 벌어야 한다고 조언하고 있으므로 사업가의 성격은 ① ambitious가 어울린다.

[문제] 이 글에 나오는 사업가를 묘사하는 말로 가장 적절한 것은?

① 야심 찬　② 동정심이 있는　③ 배려심 있는　④ 책임감 있는　⑤ 믿을 수 있는

2 사업가가 해준 조언을 따를 때 다가올 결과가 결국에는 지금 자신이 하고 있는 것과 다르지 않다고 느낀 어부의 심정은 '어리둥절한'의 뜻인 ① confused가 적절하다.

[문제] 다음 중 빈칸에 들어갈 말로 가장 적절한 것은?

① 어리둥절한　② 감동받은　③ 기쁜　④ 짜증 난　⑤ 우울한

3 문맥상 ⓐ와 ⓑ 모두 앞의 명사를 수식하여 각각 '팔 물고기'와 '…을 살 충분한 돈'의 의미가 되어야 하므로 형용사적 용법의 to부정사 형태가 되어야 한다.

[문제] ⓐ와 ⓑ를 어법에 알맞은 형태로 쓰시오.

4 ③ 어부는 일이 끝난 후, 가족이나 친구들과 함께 시간을 보낸다.

[문제] 다음 중 이 글에서 유추할 수 있는 것은?

① 사업가와 어부는 오랜 친구이다.

② 어부는 지금보다 더 많은 고기를 잡고 싶어 한다.

③ 어부는 일이 끝난 후에 자신의 여가 시간을 즐긴다.

④ 사업가는 어부와 함께 일하기를 희망한다.

⑤ 어부는 사업가의 충고를 받아들일 것 같다.

본문

① One afternoon, / a businessman was sitting / on the beach. ② He saw a fisherman / with a lot of fish / and asked, / "How long did it take you / to catch these fish?"

③ "Not very long," / the fisherman replied.

④ The businessman was surprised. ⑤ "Why don't you stay longer / and catch more fish?"

⑥ "This is / all I need / for my family," / the fisherman said.

⑦ The businessman asked, / "How do you spend / the rest of your day?"

⑧ "I go home to rest / and spend time with my family. ⑨ Then in the evening, / I hang out with my friends," / the fisherman explained.

⑩ Then the businessman gave him / some advice: / "If you want to become / a successful businessman like me, / you should start / staying out longer / at sea. ⑪ That way, / you can catch more fish / to sell, / save money, / and then buy a bigger boat. ⑫ After a few successful years, / you can move to the city / and manage your business / from there."

⑬ "And then / what would I do?" / asked the fisherman.

⑭ "You can make enough money / to buy a big house / and live like a king," / the businessman replied.

⑮ "And then what?" / asked the fisherman.

⑯ "After that, / you can retire / and spend time with your family / at home. ⑰ In the evenings, / you can hang out with your friends."

⑱ The fisherman was <u>confused</u>. ⑲ "Isn't that / what I do now?"

해석

① 어느 날 오후, 한 사업가가 바닷가에 앉아 있었다. ② 그는 많은 물고기를 잡은 한 어부를 보고 물었다. "이 물고기들을 잡는 데 시간이 얼마나 걸렸나요?"

③ "그다지 오래 걸리지는 않았어요."라고 어부가 대답했다.

④ 그 사업가는 놀랐다. ⑤ "더 오래 있으면서 더 많은 물고기를 잡는 것이 어때요?"

⑥ "우리 가족에게 필요한 건 이게 다인걸요."라고 어부가 말했다.

⑦ 사업가가 물었다. "하루의 나머지 시간을 어떻게 보내시나요?"

⑧ "집에 가서 쉬고, 가족과 시간을 보내죠. ⑨ 그리고 저녁때에는 친구들과 어울리고요."라고 어부가 설명했다.

⑩ 그러자 사업가는 그에게 조언을 해주었다. "나처럼 성공적인 사업가가 되고 싶다면, 바다에서 좀 더 오랜 시간 머무르길 시작해야 해요. ⑪ 그런 식으로, 당신은 팔 수 있는 더 많은 물고기를 잡을 수 있을 것이고, 돈을 저축해서 더 큰 배를 살 수 있어요. ⑫ 몇 년의 성공적인 세월을 보내고 난 후에, 도시로 이사 가서 그곳에서 사업을 꾸려나갈 수 있어요."

⑬ "그러고 나서는 뭘 하죠?"라고 어부가 물었다.

⑭ "큰 집을 사기에 충분한 돈을 벌어서 왕처럼 살 수 있어요."라고 사업가가 대답했다.

⑮ "그럼 그러고 나면요?"라고 어부가 물었다.

⑯ "그 이후에는 은퇴해서 집에서 가족들과 함께 시간을 보낼 수 있지요. ⑰ 저녁에는 친구들과 어울릴 수도 있을 거요."

⑱ 어부는 <u>어리둥절했다</u>. ⑲ "그게 내가 지금 하고 있는 일 아닌가요?"

구문해설

② ..., "**How long did it take you to catch** these fish?"

→ How long does it take + 목적어 + to-v?: (목적어)가 …하는 데 얼마나 걸리나?

⑥ "This is all [(that) I need for my family]," the fisherman said.

→ [ ]는 선행사 all을 수식하는 관계대명사절로, 목적격 관계대명사 that은 생략됨.

⑪ That way, you can **catch** more fish to sell, **save** money, and then **buy** a bigger boat.
V1   V2   V3

→ catch, save, buy는 병렬구조를 이루며 조동사 can에 연결됨.

⑲ "Isn't that **what** I do now?"

→ what은 '…하는 것'이라는 뜻으로 선행사를 포함하는 관계대명사 (= the thing that[which])

Review Test   P. 66

A ⑤   B **1** pill **2** frowned **3** encourages **4** treated   C **1** ③ **2** ② **3** ⑤ **4** ④   D **1** 사실 우리가 얘기하는 동안에도 나는 10번이나 방귀를 뀌었다.   **2** 그것은 지나가기 위해 사람이 밀어야 하는 손잡이가 달린 특별한 종류의 문이었다.   **3** 그는 장애인들뿐만 아니라 불가능한 꿈을 가지고 있는 모든 사람에게 역할 모델이 되고 있다.   **4** "우리 가족에게 필요한 건 이게 다인걸요."라고 어부가 말했다.   E **1** Take these pills twice a day for one week **2** Everyone who goes through the turnstile pumps **3** did it take you to catch these fish

해석

A

① 운영하다: 사업을 관리하거나 통제하다

② 버리다: 어떤 사람이나 사물을 두고 가다

③ 기능을 하다: 올바른 방식으로 작동하다

④ 대답하다: 응답으로 무언가를 말하거나 쓰다

⑤ 고치다: 기계를 망가뜨려서 작동을 멈추게 만들다

B

1 만약 현기증이 나거나 두통이 있으면 이 <u>알약</u>을 먹어라.

2 로라는 존이 시끄럽게 노래하는 것을 들었을 때 얼굴을 <u>찡그렸다</u>.

3 저스틴은 늘 내게 음악적 재능을 개발하라고 <u>격려한다</u>.

4 우리는 그 선생님을 좋아했는데, 그녀가 모든 학생을 공평하게 <u>대했기</u> 때문이다.

C

1 그 작가는 이야기의 <u>나머지</u>를 독자의 상상력에 맡겨두는 것으로 유명하다.

   ① 물건   ② (책의) 장   ③ 나머지   ④ 중단   ⑤ 요약

2 그 커플은 그 소년을 그들의 가족으로 <u>입양하기</u>로 결정했다.

   ① 얻다   ② 입양하다   ③ 요구하다   ④ 수행하다   ⑤ 붙이다

3 크리스는 제니에게 그녀의 체중에 관한 <u>난처한</u> 질문을 했다.

   ① 불안해하는   ② 자신감 있는   ③ 이기적인   ④ 야망 있는   ⑤ 난처한

4 그 산은 매우 가팔라서 심지어 <u>전문</u> 등반가에게도 위험하다.

   ① 의학적인   ② 생물학적인   ③ 필수적인   ④ 전문적인   ⑤ 국제적인

심리·인간관계
1　**1** ①　**2** ③　**3** looking at a beautiful painting
2　**1** ④　**2** ⑤　**3** ③　**4** memories
3　**1** ④　**2** What they created was a stamp　**3** ⑤
4　**1** (1) your feelings　(2) don't have to　**2** what am I → what I am　**3** ②　**4** ③

01　내겐 너무 충격적인 작품　P. 70

정답　**1** ①　**2** ③　**3** looking at a beautiful painting

문제해설　**1** 여행자들이 훌륭한 예술 작품을 볼 때 겪게 되는 증상에 스탕달 증후군이라는 이름이 붙게 된 과정에 대한 글이 므로 ① '스탕달 증후군은 어떻게 그 이름을 얻게 되었나'가 주제로 적절하다.
② 피렌체에 관한 스탕달의 유명한 책
③ 스탕달 증후군을 유발하는 예술 작품
④ 여행자들이 종종 경험하는 질환
⑤ 이탈리아 의사가 발견한 질병

2 도시가 예술과 역사에 있어 너무 풍요로워서, 자신의 감정을 통제할 수 없었다는 의미가 되도록 「so+형용사[부 사]+that+주어+동사」 구문을 써야 하므로, ③은 which가 아닌 that이 되어야 한다.

3 it은 앞에 나오는 looking at a beautiful painting을 가리킨다.

본문　① How does / looking at a beautiful painting / make you feel? ② Happy? ③ Impressed? ④ Surprisingly, / some people might answer / that it makes them feel sick. ⑤ They experience a condition / called "Stendhal's syndrome."
⑥ The syndrome is named after a French writer / called Stendhal, / who was overwhelmed / when he visited Florence in 1817. ⑦ The city was so rich in art and history / that he couldn't control his emotions. ⑧ Later, / he wrote about his feelings / in one of his books: / "Everything spoke so vividly / to my soul. ⑨ I walked with the fear of falling."
⑩ An Italian doctor later noticed / some of the tourists / who visited Florence / also had strange reactions. ⑪ They felt dizzy / and their hearts pounded / when they looked at great artwork. ⑫ These panic attacks / would sometimes even last / for a few days. ⑬ The doctor named the syndrome after Stendhal / since he was the first person / who wrote about such an experience.

해석　① 아름다운 그림을 보는 것은 여러분이 어떤 기분을 들게 하는가? ② 행복한가? ③ 감동을 받는가? ④ 놀랍게도, 어떤 사람들은 그것이 그들을 아프다고 느끼게 만든다고 대답할지도 모른다. ⑤ 그들은 '스탕달 증후군'이라 불리는 질환을 겪고 있다.
⑥ 그 증후군은 스탕달이라는 프랑스 작가의 이름을 따서 붙여졌는데 그는 1817년에 피렌체를 방문했을 때 (감정에) 압도당했다. ⑦ 그 도시는 예술과 역사에 있어 너무나도 풍요로워, 그는 자신의 감정을 통제할 수 없었다. ⑧ 후에, 그

는 그의 한 책에서 자신의 감정에 관해 서술했다. "모든 것이 너무 생생하게 내 영혼에 말을 걸어왔다. ⑨ 나는 쓰러질지도 모른다는 두려움에 휩싸여 걸었다."

⑩ 훗날 한 이탈리아의 의사가 피렌체를 방문했던 일부 관광객들도 역시 이상한 반응을 보이는 것을 발견했다. ⑪ 그들은 훌륭한 예술 작품을 볼 때 어지러움을 느꼈고 그들의 심장은 쿵쿵 뛰었다. ⑫ 이러한 공황 발작은 심지어 며칠간 계속되곤 했다. ⑬ 스탕달이 그러한 경험에 대해 쓴 최초의 사람이었기 때문에 그 의사는 그 증후군을 스탕달의 이름을 따서 명명했다.

구문해설
① How does [looking at a beautiful painting] make you feel?
→ [ ]는 주어로 쓰인 동명사구

⑤ They experience a condition [called "Stendhal's syndrome."]
→ [ ]는 a condition을 수식하는 과거분사구

⑬ The doctor **named** the syndrome **after** Stendhal *since* he was the first person ....
→ name A after B: A를 B의 이름을 따서 명명하다
→ since는 '…이기 때문에'의 의미로 〈이유〉를 나타내는 접속사

02 잊을 수 없는 그 냄새 P. 72

정답 1 ④ 2 ⑤ 3 ③ **4** memories

문제해설
1 ④ 실험에서 청각과 촉각은 후각과 같은 결과를 보이지 않았다고 했다.

2 (A)「allow+목적어+목적격보어(to-v)」의 수동태 형태로, allow는 목적격보어로 to부정사를 취하므로 to smell이 적절하다.
(B) nothing을 뒤에서 수식하는 형용사적 용법의 to부정사가 와야하므로 to smell이 적절하다.
(C) 앞에 있는 the part of the brain을 선행사로 하여 수식하는 관계사절을 이끌고 있으므로 that이 적절하다. what은 선행사를 포함하는 관계사이다.

3 후각과는 달리 청각이나 촉각을 이용한 실험에서는 동일한 결과가 나오지 않았으므로 빈칸에는 역접의 연결사 ③ however가 적절하다.

4 어떤 냄새가 기억에 영향을 주는 것을 프루스트 현상이라고 하며, 이는 과학적 실험으로 입증되었다고 했다.
냄새는 기억에 영향을 주므로 사람들은 어떤 냄새를 맡았을 때 잊었던 것들을 기억해 낼 수 있다.

본문
① Have you ever smelled something / that took you back to a specific time or place? ② That's exactly / what happens in Marcel Proust's novel / *In Search of Lost Time*. ③ Because of the smell of madeleine / dipped in tea, a character suddenly remembers / being at his aunt's house / as a child. ④ When you suddenly remember something clearly / because of a scent, / you are experiencing the "Proust phenomenon."
⑤ The power of the Proust phenomenon / has been demonstrated / in scientific experiments.

⑥ A researcher Dr. Rachel Herz showed subjects some images / with accompanying scents. ⑦ Later she asked the subjects / to recall the pictures / they saw. ⑧ When participants were allowed / to smell the scents again, / they were better able to remember the pictures / than when they were given nothing to smell. ⑨ Dr. Herz then conducted this experiment / using hearing and touch / in addition to smell. ⑩ These senses, however, / did not produce the same results. ⑪ This suggests / that the sense of smell must be linked / to the part of the brain / that controls memories.

해석

① 당신에게 특정한 시간이나 장소를 기억나게 하는 무언가를 냄새 맡아 본 적이 있는가? ② 그것은 바로 마르셀 프루스트의 소설 「잃어버린 시간을 찾아서」에서 일어난 일이다. ③ 차에 적신 마들렌 냄새 때문에, 등장인물은 어린 아이였을 때 숙모네 집에 있던 것을 갑자기 기억해낸다. ④ 향기 때문에 갑자기 무언가를 명확하게 기억할 때, 당신은 '프루스트 현상'을 겪고 있는 것이다.

⑤ 프루스트 현상의 영향력은 과학적인 실험에서 입증되었다. ⑥ 연구원 레이첼 헤르츠 박사는 피실험자들에게 그림 몇 장을 향을 함께 덧붙여 보여주었다. ⑦ 그 후에 그녀는 피실험자들에게 그들이 본 그림을 기억해 내도록 요청했다. ⑧ 참가자들이 그 향을 다시 맡도록 허락되었을 때, 그들은 냄새 맡을 것이 아무것도 주어지지 않았을 때보다 그림들을 더 잘 기억해낼 수 있었다. ⑨ 그리고 나서 헤르츠 박사는 후각에 더하여 청각과 촉각을 이용해서도 이 실험을 수행했다. ⑩ 그러나 이 감각들은 같은 결과를 만들어 내지 못했다. ⑪ 이것은 후각이 기억을 통제하는 뇌의 부분과 분명히 연관되어 있음을 나타낸다.

구문해설

① **Have** you **ever smelled** something [that took you back to a specific time or place]?

→ Have you ever smelled는 〈경험〉을 나타내는 현재완료

→ [ ]는 선행사 something을 수식하는 주격 관계대명사절

② That's exactly **what** happens in Marcel Proust's novel *In Search of Lost Time*.

→ what은 '…하는 것'이라는 뜻으로 선행사를 포함하는 관계대명사

③ Because of the smell of madeleine [dipped in tea], a character suddenly **remembers being** at his aunt's house as a child.

→ [ ]는 madeleine을 수식하는 과거분사구

→ remember v-ing: (과거에) …한 것을 기억하다 *cf.* remember to-v: (앞으로) …할 것을 기억하다

03 시키지 않아도 알아서 척척 P. 74

정답

1 ④ **2** What they created was a stamp 3 ⑤

문제해설

1 ④ 넛지 마케팅의 창시자에 대해서는 언급하지 않았다.

2 주어가 되는 '그들이 만든 것'은 선행사를 포함하는 관계대명사 what을 사용하여 What they created로 나타내고 동사는 was, 보어는 a stamp로 배열한다.

3 사람들에게 어떤 행위를 하도록 강요하지 않고, 의도한 행동의 이점을 깨닫게 해 스스로 그 행위를 하도록 이끄는 것이 넛지 마케팅의 핵심이므로 ⑤ '무언가를 스스로 하고 싶은 기분이 들도록'이 적절하다.

① 도움이 필요한 다른 사람들을 돕도록   ② 다른 사람들이 규칙을 따르라고 설득하도록

③ 그들이 필요하지 않은 상품을 사도록   ④ 정보를 입소문으로 퍼트리도록

본문

① By simply washing their hands, / children can avoid many diseases. ② So Safeguard Soap came up with the germ stamp campaign. ③ They wanted kids to see the germs / on their skin. ④ What they created / was a stamp, / which had the picture of a germ. ⑤ When teachers stamped their students' hands, / the students needed to wash / with soap for 30 seconds / to remove the stamp. ⑥ This is the same amount of time / it takes to kill 99% of germs. ⑦ This increased regular hand washing in schools by 71% / and decreased illness-related absences by 50%.

⑧ This kind of strategy is called "nudge marketing." ⑨ The word *nudge* means / to push gently. ⑩ If you want people to do something, / you just lightly push / and guide them / in the right direction. ⑪ The key to nudge marketing is / making people <u>feel like doing something / on their own.</u> ⑫ You never force / or order them / to do it. ⑬ Instead, / you let them realize / the benefits or fun / they will have / once they choose to do it.

⑭ Today nudge tactics are widely used / for public campaigns, eco-designs, and commercial sales. ⑮ For instance, / on streets in Germany, / you can find waste bins / that make sounds / when trash is thrown into them. ⑯ The funny sounds make people want to throw trash / in the bins / rather than on the street. ⑰ This shows / that psychological and emotional appeals are very powerful / in changing people's behavior.

해석

① 단지 손을 씻기만 함으로써, 아이들은 많은 질병을 피할 수 있다. ② 그래서 Safeguard Soap은 세균 도장 캠페인을 생각해 냈다. ③ 그들은 아이들이 자신의 피부에 있는 세균을 보기를 원했다. ④ 그들이 만든 것은 도장이었는데, 그것에는 세균의 그림이 있었다. ⑤ 선생님들이 학생들의 손에 도장을 찍었을 때, 학생들은 그 도장을 지우기 위해 30초간 비누로 씻어내야 했다. ⑥ 이것은 약 99%의 세균을 죽이는 데 드는 시간과 동일하다. ⑦ 이것은 교내에서 정기적으로 손을 씻는 것을 71% 증가시켰고, 질병과 관련된 결석을 50% 감소시켰다.

⑧ 이런 종류의 전략은 '넛지 마케팅'이라고 불린다. ⑨ 넛지라는 단어는 부드럽게 민다는 뜻이다. ⑩ 만일 당신이 사람들에게 무언가를 하기를 바란다면, 당신은 그저 그들을 가볍게 밀어 올바른 방향으로 이끌면 된다. ⑪ 넛지 마케팅의 핵심은 사람들이 <u>무언가를 스스로 하고 싶은 기분이 들도록</u> 만드는 것이다. ⑫ 당신은 결코 그들에게 그것을 하라고 강요하거나 명령하지 않는다. ⑬ 대신, 당신은 그들에게 일단 그것을 하기로 선택하면 그들이 얻게 될 혜택이나 재미를 깨닫도록 한다.

⑭ 오늘날 넛지 전략은 공공 캠페인, 친환경 디자인, 그리고 상업적 판매에서 널리 쓰이고 있다. ⑮ 예를 들어, 독일의 거리에서, 당신은 쓰레기가 안에 던져지면 소리를 내는 쓰레기통을 발견할 수 있다. ⑯ 그 재미있는 소리는 사람들로 하여금 쓰레기를 거리보다는 쓰레기통 안에 던져 넣고 싶도록 만든다. ⑰ 이는 심리적, 감정적 호소가 사람들의 행동을 변화시키는 데 매우 강력하다는 것을 보여 준다.

구문해설   ⑪ <u>The key to nudge marketing</u> <u>is</u> **making** people *feel like doing* <u>something on their own.</u>
                                S   V   C

→ make(사역동사) + 목적어 + 동사원형: (목적어)가 …하게 하다

→ feel like v-ing: …하고 싶다

⑬ Instead, you **let** them **realize** <u>the benefits or fun</u> [(that[which]) they will have *once* they choose to do it].

→ let(사역동사)+목적어+동사원형: (목적어)가 …하게 하다

→ [　]는 선행사 the benefits or fun을 수식하는 관계대명사절로, 목적격 관계대명사 that[which]가 생략됨.

→ once는 '일단 …하면'이라는 의미의 접속사

⑮ For instance, on streets in Germany, you can find <u>waste bins</u> [that make sounds when trash is thrown into them].

→ [　]는 선행사 waste bins를 수식하는 주격 관계대명사절

04　A Good Friend Is …　　　P. 76

정답　　**1** (1) your feelings　(2) don't have to　**2** what am I → what I am　**3** ②　**4** ③

문제해설　**1** (1) 조언자는 친구에게 자신의 감정을 솔직하게 얘기하라고 린에게 조언했다.

(2) 린 본인은 관심 없지만 친구가 관심 있는 클럽에 가입하거나 활동을 할 것을 친구에게 추천하라고 했다.

[문제] 이 글의 조언과 일치하는 것을 고르시오.

(1) 친구에게 (너의 감정 / 너의 계획)에 대해 솔직하게 이야기해라.

(2) 너는 네 친구와 같은 관심사를 공유(하는 것이 낫다 / 할 필요는 없다).

2 의문사가 있는 간접의문문은 「의문사+주어+동사」의 어순이므로, what I am이 되어야 한다.

[문제] 밑줄 친 문장 ⓐ에서 어법상 틀린 부분을 찾아 바르게 고쳐 쓰시오.

3 turn up은 '나타나다'라는 의미로, ② show up과 의미가 가장 가깝다.

[문제] 밑줄 친 ⓑ turns up과 의미가 가장 가까운 것은?

① 운동하다　② 나타나다　③ 발견하다　④ 불러 일으키다　⑤ 이해하다

4 ③ 빈칸 바로 뒤에 나오는 문장의 내용으로 미루어 볼 때, 그녀가 관심이 있는 취미를 가지도록 권유하는 내용이 가장 적절하므로 ③ '그녀만의 새로운 취미를 찾도록'이 알맞다.

[문제] 다음 중 빈칸에 들어갈 말로 가장 적절한 것은?

① 운동을 시작하도록　　　　　　② 새로운 친구를 사귀도록

④ 공부 외에 다른 무언가를 하도록　　⑤ 전문 상담가와 이야기를 나누도록

본문

Dear Mrs. Advice,

① I have a friend / who sticks to me like glue! ② She never leaves me alone. ③ She texts me several times a day / and keeps asking me / what I am doing. ④ If I tell her my plans, / she turns up / wherever I go. ⑤ I don't want to be mean to her, / but I hate this situation. ⑥ It's very annoying! ⑦ What should I do?

From Lynne

Dear Lynne,

⑧ Take a deep breath, Lynne. ⑨ You need to give yourself / some breathing room. ⑩ But it doesn't mean / that you have to end your friendship.

⑪ Just tell your friend / how you feel. ⑫ Honesty is the best policy. ⑬ Start by telling her / how important her friendship is. ⑭ Then, / explain / that you sometimes need time alone.

⑮ Another idea is / to encourage your friend / to find new hobbies / of her own. ⑯ Suggest / that she join a club / or do activities / that she is interested in / but you are not. ⑰ Then / you can do your own things / while she is enjoying something else.

⑱ Oh, and one more thing: / Do not feel too sorry for her. ⑲ Your friend might get upset / at first / if you limit your time with her. ⑳ But after a while, / she'll probably understand. ㉑ In the end, / it might even make your friendship stronger!

From Mrs. Advice

해석

조언자님께,

① 제게는 끈덕지게 달라붙는 친구가 하나 있어요! ② 그 애는 절대로 저를 혼자 내버려 두지 않아요. ③ 그 애는 하루에도 몇 번씩 저에게 문자를 보내고, 제가 무엇을 하고 있는지 계속해서 물어본답니다. ④ 제가 만약 그 애에게 제 계획을 얘기해주면, 제가 어디를 가든 간에 나타난답니다. ⑤ 그 애에게 못되게 굴고 싶진 않지만, 이런 상황이 너무 싫어요. ⑥ 정말 짜증 나요! ⑦ 저는 어떻게 해야 할까요?

린으로부터

린에게,

⑧ 심호흡을 하렴, 린. ⑨ 너는 너 자신에게 숨 돌릴 여지를 좀 줘야 할 필요가 있어. ⑩ 하지만 그게 너희의 우정을 끝내야만 한다는 뜻은 아니란다.

⑪ 네 친구에게 네가 어떻게 느끼는지를 이야기해 주렴. ⑫ 정직이 최선의 방책이야. ⑬ 그 친구에게 그 애와의 우정이 얼마나 중요한지 이야기하는 것으로 시작하렴. ⑭ 그런 다음, 네가 때로는 혼자만의 시간이 필요하다는 것을 설명하렴.

⑮ 또 다른 방법은 네 친구로 하여금 그녀만의 새로운 취미를 찾도록 해주는 거야. ⑯ 너는 관심 없지만 그 애가 관심 있어 하는 클럽에 가입하거나 활동을 하라고 제안해 주렴. ⑰ 그러면 그 애가 다른 무언가를 즐기는 동안에 너는 네가 하고 싶은 일을 할 수 있을 거야.

⑱ 아, 그리고 한 가지 더 있어. 그 애에게 너무 미안하게 생각하지는 마. ⑲ 네가 그 애와 보내는 네 시간에 제한을 두면 처음에는 그 애가 속상해할지도 몰라. ⑳ 하지만 시간이 지나고 나면 그 애도 아마 이해하게 될 거야. ㉑ 결국에는, 그 일이 너희의 우정을 더욱더 튼튼하게 만들어 줄지도 모른단다!

조언자로부터

구문해설

③ She texts me several times a day and **keeps** *asking* me *what I am doing.*
V   IO   DO

→ keep v-ing: 계속해서 …하다

→ ask + 간접목적어(IO) + 직접목적어(DO): …에게 ~을 묻다

⑮ Another idea is [to **encourage** your friend **to find** new hobbies of her own].

→ [ ]는 문장의 주격보어로 쓰인 명사적 용법의 to부정사구

→ encourage + 목적어 + to-v: (목적어)가 …하도록 격려하다[용기를 북돋우다]

⑯ Suggest [that she (**should**) **join** a club or do activities {that she is interested in but you are

not (interested in)}].

→ [ ]는 suggest의 목적어로 쓰인 명사절

→ 제안·요구·주장·명령 등을 나타내는 동사(suggest, require, insist, order 등) 다음의 that절이 당위성을 드러낼 때 that절의 동사는 「should+동사원형」의 형태로 쓰며 should는 종종 생략됨.

→ { }는 선행사 a club과 activities를 수식하는 목적격 관계대명사절

→ but you are not 뒤에는 반복되는 부분(interested in)이 생략됨.

Review Test P. 78

A **1** ⓒ **2** ⓔ **3** ⓓ **4** ⓑ **5** ⓐ B **1** impressed **2** increase **3** honesty **4** policy C **1** ④ **2** ② **3** ④ **4** ③ D **1** 그 도시는 예술과 역사에 있어 너무나도 풍요로워, 그는 자신의 감정을 통제할 수 없었다. **2** 대신, 당신은 그들에게 일단 그것을 하기로 선택하면 그들이 얻게 될 혜택이나 재미를 깨닫도록 한다. **3** 그 애는 하루에도 몇 번씩 저에게 문자를 보내고, 제가 무엇을 하고 있는지 계속해서 물어봅니다. **4** 제가 만약 그 애에게 제 계획을 얘기해주면, 제가 어디를 가든 간에 나타난답니다. E **1** looking at a beautiful painting make you feel **2** the sense of smell must be linked to the part of the brain **3** make people want to throw trash in the bins rather than

해석

A

1 공포: ⓒ 극도의 두려움을 갑자기 느끼는 것

2 감정: ⓔ 사랑이나 분노 같은 강한 느낌

3 전략: ⓓ 특정한 목표를 성취하기 위한 계획

4 혜택, 이득: ⓑ 어떤 것으로부터 얻을 수 있는 좋은 효과

5 병, 질환: ⓐ 건강하지 않거나 아픈 상태

B

1 관중은 그녀의 연설에 깊이 감명을 받았다.

2 당신의 스마트폰에 더 많은 사진을 저장하고 싶다면, 저장 공간을 늘려라.

3 그 여자는 그녀의 인내심과 정직함으로 존경받는다.

4 대통령의 새로운 정책하에 금리가 오를 것으로 기대된다.

C

1 나의 아버지는 나의 삶에 가장 큰 영향을 준 사람이다.

① 방해했다　② 제공했다　③ 걱정했다　④ 영향을 주었다　⑤ 경험했다

2 가난한 나라의 어린이들은 굶주림과 질병으로 죽어가고 있다.

① 회복　② 질병　③ 나약함　④ 논쟁　⑤ 건강

3 내가 그 고양이를 부드럽게 쓰다듬자, 그것은 바로 잠들어버렸다.

① 살짝　② 아마도　③ 솔직하게　④ 부드럽게　⑤ 정확하게

4 네가 아무 말도 하지 않으면, 너의 엄마는 심지어 알아채지도 못할 것이다.

① 안내하다　② 증명하다　③ 알아차리다　④ 수행하다　⑤ 두드리다

과학·우주

1 1 ② 2 ⑤ 3 store oxygen in muscle cells
2 1 ③ 2 ③ 3 focus on
3 1 ② 2 ① 3 ② 4 a little → a few
4 1 ③ 2 a piece of junk might crash into a satellite 3 ⑤ 4 ①

01 생선 살의 비밀   P. 82

정답 1 ② 2 ⑤ 3 store oxygen in muscle cells

문제해설 **1** 생선 살이 소고기나 돼지고기처럼 붉지 않고 흰색을 띠는 이유를 설명하는 글이므로 ② '생선 살이 흰 이유'가 주제로 적절하다.
① 혈액의 순환   ③ 생선을 더 건강한 방식으로 먹는 방법
④ 동물의 근육에서 철분의 역할   ⑤ 미오글로빈 결핍으로 인해 생기는 질병

2 (A) 육지 동물과는 달리 물고기는 재빠른 움직임을 위해 주로 근육을 사용한다고 말하고 있으므로 Unlike(…와 달리)가 적절하다.
(B) 근육 세포에 산소를 저장할 필요가 없기 때문에 물고기는 미오글로빈을 거의 가지고 있지 않다고 하는 것이 자연스러우므로, little(…가 거의 없는)이 적절하다.
(C) 앞에서 설명한 흰 살 물고기의 근육 사용과 비교되는 붉은 살 물고기의 특징에 대해서 말하고 있으므로, more(더 …한)이 적절하다.

3 do this는 앞 문장에 나오는 store oxygen in muscle cells를 의미한다.

본문 ① Imagine a dish of raw fish. ② Pieces of thin, white meat / probably come to your mind. ③ But have you ever wondered / why fish meat isn't red / like beef or pork?
④ You may think / it is related to their blood. ⑤ But fish have red blood, / just like cows and pigs. ⑥ The real reason is in their muscles. ⑦ Land animals have strong muscles / for standing and walking around. ⑧ Those muscles need oxygen. ⑨ But the oxygen from breathing / isn't enough, / so the body stores oxygen / in muscle cells. ⑩ A protein / called myoglobin / helps the body do this. ⑪ Myoglobin contains iron, / which makes the muscles look red. ⑫ The more myoglobin in the muscles, / the redder the meat.
⑬ Unlike land animals, / fish mostly use their muscles / for quick bursts of activity, / such as fleeing from an enemy. ⑭ Since they don't need to store oxygen / in their muscle cells, / they have little myoglobin. ⑮ That's why their meat looks white. ⑯ But some fish, / such as tuna and mackerel, / are more active than others. ⑰ Therefore, / those fish have red meat.

해석 ① 날생선 한 접시를 상상해 보라. ② 얇고 하얀 살점들이 아마도 당신의 마음속에 떠오를 것이다. ③ 그런데 왜 생선 살은 소고기나 돼지고기처럼 붉지 않은지 궁금한 적이 있는가?

④ 당신은 아마도 그것이 생선의 피와 관계가 있다고 생각할지도 모른다. ⑤ 하지만 생선도 소나 돼지와 마찬가지로 붉은색 피를 가지고 있다. ⑥ 진짜 이유는 생선의 근육에 있다. ⑦ 육지 동물들은 서 있거나 걸어 다니기 위해 강한 근육을 가지고 있다. ⑧ 그 근육들은 산소가 필요하다. ⑨ 그러나 호흡으로 얻은 산소는 충분하지 않아서, 몸은 근육 세포 안에 산소를 저장한다. ⑩ 미오글로빈이라고 불리는 단백질이 몸이 이것을 할 수 있도록 돕는다. ⑪ 미오글로빈에는 철분 성분이 있는데, 이는 근육을 붉어 보이게 한다. ⑫ 근육에 더 많은 미오글로빈이 있을수록, 고기는 더 붉다. ⑬ 육지 동물과는 달리, 물고기는 적으로부터 달아나는 것과 같은 재빠른 움직임을 위해 주로 근육을 사용한다. ⑭ 물고기는 근육 세포 안에 산소를 저장할 필요가 없기 때문에 미오글로빈을 거의 갖고 있지 않다. ⑮ 그것이 생선 살이 희게 보이는 이유이다. ⑯ 그러나 참치나 고등어와 같은 몇몇 물고기들은 다른 물고기들보다 더 활동적이다. ⑰ 그래서 그 물고기들은 붉은색 살을 가지고 있다.

구문해설

③ But **have** you **ever wondered** [why fish meat isn't red like beef or pork]?
→ have you ever wondered는 현재까지의 〈경험〉을 묻는 현재완료임.
→ [ ]는 동사 wondered의 목적어로 쓰인 간접의문문으로, 「의문사＋주어＋동사」의 어순임.

⑦ Land animals have strong muscles for **standing** and **walking** around.
→ 동명사 standing과 walking이 병렬구조를 이루어 전치사 for의 목적어로 쓰임.

⑩ A protein [called myoglobin] **helps** the body **do** this.
→ [ ]는 A protein을 수식하는 과거분사구
→ help＋목적어＋동사원형: (목적어)가 …하는 것을 돕다

⑫ **The more** myoglobin (there is) in the muscles, **the redder** the meat (is).
→ the＋비교급 …, the＋비교급 ~: …하면 할수록 더 ~하다

02 소리가 하얗다고? P. 84

정답 **1** ③ **2** ③ **3** focus on

문제해설 **1** ③ 선풍기 소리가 다른 사람의 소리를 들리지 않게 만들어 준다는 내용을 바탕으로 빈칸의 내용을 추측할 수 있다.
① 소리를 빛으로 바꾸는   ② 소리를 더욱 크게 만드는
③ 당신 주위의 모든 소리를 가려 주는   ④ 청각에 문제가 있는 사람들을 돕는
⑤ 정상적인 소리를 백색 소음으로 바꾸는

2 ③ 소리(sound)가 '지지직거리는' 것이므로 능동의 의미를 나타내는 현재분사 buzzing이 되어야 한다.

3 백색 소음은 다른 소음들을 무시하도록 해주기 때문에 무언가에 집중하는 데 도움을 줄 수 있다고 했다.
우리는 시끄러운 장소에서 무언가에 집중하기 위해 백색 소음을 이용할 수 있다.

본문

① If the voices of people / are annoying you, / try turning on a fan. ② You will probably find / that the voices can no longer be heard. ③ But why does / the noise of the fan / help you ignore the voices?

④ The secret lies in white noise. ⑤ It contains / all frequencies of sound / put together.
⑥ Examples of white noise include / the hiss of the wind, / the buzzing sound of a television / when the reception is bad, / and the sound of a vacuum cleaner. ⑦ These sounds act / to <u>mask all the sounds / around you.</u>
⑧ How does white noise work? ⑨ Let's say / two people were talking. ⑩ Your brain would follow the words. ⑪ But what if / 1,000 people were talking? ⑫ You wouldn't be able to understand anyone's words. ⑬ White noise is / like the sound of 1,000 voices / — it prevents your brain / from following the conversation.
⑭ There are even machines / that intentionally create white noise / to help people focus on something. ⑮ Next time / you're studying / in a noisy place, / why don't you try using / white noise?

해석

① 만일 사람들의 목소리가 당신을 짜증 나게 한다면, 선풍기를 한번 켜 보아라. ② 아마 당신은 그 목소리가 더 이상 들리지 않는다는 걸 알게 될 것이다. ③ 그런데 왜 선풍기의 소음은 당신이 목소리를 무시할 수 있게 도와주는 걸까?

④ 그 비밀은 백색 소음에 있다. ⑤ 그것은 모든 주파수의 소리가 합쳐진 것을 포함한다. ⑥ 백색 소음의 예는 바람의 쉿 하는 소리, 수신 상태가 불량할 때 TV가 지지직거리는 소리, 그리고 진공청소기의 소리를 포함한다. ⑦ 이런 소리는 <u>당신 주위의 모든 소리를 가려 주는</u> 역할을 한다.

⑧ 백색 소음은 어떻게 작용할까? ⑨ 이를테면 두 사람이 얘기하고 있다고 해보자. ⑩ 당신의 뇌는 단어들을 따라 갈 것이다. ⑪ 하지만 만약 천 명의 사람들이 얘기하고 있다면 어떨까? ⑫ 당신은 어느 누구의 말도 이해할 수 없을 것이다. ⑬ 백색 소음은 천 명의 음성과도 같아서, 당신의 뇌가 대화를 따라가지 못하도록 한다.

⑭ 사람들이 무언가에 집중하는 것을 돕기 위해 백색 소음을 일부러 만들어내는 기계도 있다. ⑮ 다음에 당신이 시끄러운 장소에서 공부하고 있을 때, 백색 소음을 한번 이용해 보는 게 어떨까?

구문해설

② You will probably find [that the voices can **no longer** be heard].
→ [ ]는 동사 find의 목적어로 쓰인 명사절이며, 명사절을 이끄는 접속사 that은 생략할 수 있음.
→ no longer: 더 이상 …아닌 (= not … any longer)

⑤ It contains <u>all frequencies of sound</u> [put together].
→ [ ]는 all frequencies of sound를 수식하는 과거분사구

⑭ There are even <u>machines</u> [that intentionally create white noise **to *help*** people *focus on* …].
→ [ ]는 선행사 machines를 수식하는 주격 관계대명사절
→ to help는 〈목적〉을 나타내는 부사적 용법의 to부정사
→ help+목적어+동사원형: (목적어)가 …하는 것을 돕다

⑮ **Next time** you're studying in a noisy place, *why don't you try* using white noise?
→ next time: '(다음에) …할 때'의 의미로 〈때〉를 나타내는 접속사 대용어구
→ why don't you+동사원형?: …하는 게 어때?

03 사막도 두렵지 않아 P. 86

정답   **1** ②   **2** ①   **3** ②   **4** a little → a few

문제해설   **1** 토양의 수분과 태양의 열을 이용해서 사막에서 물을 만드는 것을 소개하는 글로 ② '사막에서 물을 만드는 방법'이 제목으로 적절하다.

① 가장 위험한 사막   ③ 아름다운 모래성을 쌓는 방법

④ 사막의 평균 기온   ⑤ 사막 여행에 가져가야만 하는 것

2 strategy는 '계획', '전략'이라는 뜻이므로 ① plan과 바꿔 쓸 수 있다.

① 계획   ② 쇼   ③ 이야기   ④ 분석   ⑤ 실험

3 (A) ~ (C)에 모두 '구덩이(hole)'가 언급되어 있으므로, 먼저 구덩이를 파라는 내용의 (B)가 오는 것이 적절하다. 네 번째 단계에서, 비닐봉지가 컵 위에 덮여 있다는 내용이 나오므로, (B)의 뒤에는 구덩이에 컵을 놓는 내용인 (A)가 온 후, 그것을 비닐봉지로 덮는 (C)가 이어지는 것이 자연스럽다.

4 a little은 셀 수 없는 명사 앞에 쓰이는데 뒤따르는 명사 inches는 셀 수 있는 명사이므로 a few로 고쳐야 한다.

본문   ① Picture yourself / lost in the desert. ② The sun is hot, / and the air feels like an oven. ③ Worst of all, / you have no water! ④ Unless you find water soon, / you could die. ⑤ Here is a survival strategy / you could try / in order to create water / in such a hopeless situation.

⑥ (B) Dig a hole / about 3 feet deep and 4 feet wide / in a sunny spot.

⑦ (A) Take a cup / and put it in the middle of the hole.

⑧ (C) Use a plastic bag / to cover the hole. ⑨ Then place rocks / around the edges / to keep it secure.

⑩ 4. Place a pebble / in the middle of the bag / so it is pushed / slightly inward. ⑪ The bag should be a few inches / above the cup.

⑫ 5. Cover the bag's edges with sand / to make sure / moisture cannot escape / from the hole.

⑬ 6. As the sun draws moisture / from the soil, / the moisture will get trapped / under the bag / and drip into your cup.

⑭ This survival strategy / should only be used / for emergencies. ⑮ Always carry plenty of water / in the desert.

해석   ① 사막에서 길을 잃은 당신의 모습을 상상해 보아라. ② 태양은 뜨겁고, 공기는 오븐처럼 느껴진다. ③ 무엇보다 나쁜 것은, 당신에게 물이 없다! ④ 당신이 곧 물을 발견하지 않는다면, 당신은 죽을 수도 있다. ⑤ 여기 그러한 절망적인 상황에서 물을 만들기 위해 당신이 시도해 볼 수 있는 생존 전략이 있다.

⑥ (B) 해가 드는 지점에 깊이가 3피트, 너비가 4피트 정도 되도록 구덩이를 파라.

⑦ (A) 컵을 하나 가져다 구덩이의 한가운데 놓아라.

⑧ (C) 구덩이를 덮기 위해 비닐봉지를 이용해라. ⑨ 그리고 나서 비닐봉지를 안전하게 유지하기 위해 가장자리에 돌들을 올려놓아라.

⑩ 4. 작은 돌 하나를 봉지 한가운데에 놓아서 봉지가 살짝 안쪽으로 눌리게 하라. ⑪ 그 봉지는 컵 위로 몇 인치 떨어

져 있어야만 한다.
⑫ 5. 봉지 가장자리를 모래로 덮어서 습기가 구덩이로부터 빠져나가지 못하게 하라.
⑬ 6. 태양이 토양으로부터 수분을 빨아들이면서, 그 수분은 봉지 아래에 모여 컵 안으로 맺혀 떨어질 것이다.
⑭ 이 생존 전략은 오직 비상시에만 사용되어야 한다. ⑮ 사막에서는 항상 충분한 물을 가지고 다니도록 해라.

구문해설

① **Picture** *yourself* **lost** in the desert.
  → picture+목적어+과거분사: (목적어)가 …된 것을 상상하다
  → 주어가 You인 명령문이므로 동사의 목적어로 재귀대명사 yourself가 쓰임.

④ **Unless** you find water soon, you could die.
  → unless+주어+동사: (주어)가 …하지 않으면 (= If you don't find water soon, ...)

⑤ Here is a survival strategy [(that[which]) you could try **in order to create** water ...].
  → [ ]는 선행사 a survival strategy를 수식하는 관계대명사절로, 목적격 관계대명사 that[which]가 생략됨.
  → in order to-v: …하기 위하여

⑩ Place a pebble in the middle of the bag **so** (**that**) it is pushed slightly inward.
  → so (that)+주어+동사 …: (주어)가 …하도록

04 Fishing in Space P. 88

정답   **1** ③   **2** a piece of junk might crash into a satellite   **3** ⑤   **4** ①

문제해설   **1** 그물을 이용해 우주의 쓰레기를 제거하는 방법에 대한 글이므로 ③ '우주를 청소하는 새로운 방법'이 제목으로 적절하다.
  [문제] 이 글의 제목으로 가장 적절한 것은?
  ① 인공위성을 발사하는 방법   ② 무엇이 우주 쓰레기를 만드는가
  ④ 인공위성의 중요성   ⑤ 우주 정거장을 짓기 위한 프로젝트

2 뒤에 바로 이어지는 동격의 that절이 a concern의 의미를 부연 설명하고 있다.
  [문제] 밑줄 친 ⓐ a concern이 의미하는 바를 본문에서 찾아 쓰시오.

3 ⑤ 금속제 어망은 인공위성에 연결되어 몇 주간 쓰레기를 수거한 후, 자기장에 의해 지구의 대기권으로 끌어 들여져 자연스레 소각될 것이라고 했다.
  [문제] 다음 중 ⓑ a thin metal fishing net에 관한 이 글의 내용과 일치하지 <u>않는</u> 것은?
  ① 그것은 인공위성에 부착될 것이다.
  ② 그것은 우주 쓰레기를 수거하기 위해 날려 보내질 것이다.
  ③ 그것은 전기로 충전될 것이다.
  ④ 그것은 지구의 자기장에 의해 끌어당겨질 것이다.
  ⑤ 그것은 쓰레기를 지구에서 멀리 보내 버릴 것이다.

4 ① 어망이 우주 쓰레기를 제거하면 우주는 더 깨끗하고 안전해질 것이라고 추측할 수 있다.
  [문제] 다음 중 빈칸에 들어갈 말로 가장 적절한 것은?

① 더 깨끗하고 안전한   ② 더 어둡고 차가운   ③ 더 작고 가까운
④ 더 크고 아름다운   ⑤ 더 더럽고 위험한

본문

① Fishing nets are commonly used / in the ocean. ② But did you know / they can also be used / in space?

③ The Earth's orbit is / full of junk. ④ In fact, / scientists estimate / that there are 370,000 pieces of space debris / up there. ⑤ There is a concern / that a piece of junk might crash into a satellite. ⑥ A crash would result in / thousands more pieces of debris, / possibly destroying other satellites. ⑦ This could be a big problem, / as we rely on satellites / for many important things like GPS, / international phone connections, / television signals / and weather forecasts. ⑧ To deal with this, / Japanese space scientists / and a 100-year-old fishing net company / came up with a brilliant idea. ⑨ They will attach a thin metal fishing net / to a satellite / and then launch the satellite / into space. ⑩ Once the satellite is in orbit, / the net will be released / to collect space junk. ⑪ Several weeks later / the net, / charged with electricity, / will be pulled down / by the Earth's magnetic field. ⑫ The net and the junk inside / will burn up / as they enter the Earth's atmosphere. ⑬ In this way, / a simple fishing net will make space / much <u>cleaner and safer</u>!

해석

① 어망은 흔히 바다에서 사용된다. ② 그런데 여러분은 어망이 우주에서도 사용될 수 있다는 것을 알고 있었는가?

③ 지구의 궤도는 쓰레기로 가득 차 있다. ④ 실제로, 과학자들은 그곳에 37만 개의 우주 쓰레기 조각이 있다고 추정한다. ⑤ 쓰레기 조각이 인공위성에 충돌할지도 모른다는 우려가 있다. ⑥ 한 번의 충돌로 수천 개의 더 많은 잔해가 생길 것이며, 아마도 다른 인공위성을 파괴할 수도 있다. ⑦ 이것은 큰 문제일 수 있는데 우리가 GPS, 국제 전화 연결, 텔레비전 신호 그리고 일기 예보와 같은 많은 중요한 것들을 인공위성에 의존하고 있기 때문이다.

⑧ 이를 해결하기 위해, 일본의 우주 과학자들과 100년 된 한 어망 회사가 멋진 아이디어를 내놓았다. ⑨ 그들은 인공위성에 얇은 금속제 어망을 부착한 다음에 그 인공위성을 우주로 발사할 것이다. ⑩ 그 인공위성이 궤도에 진입하면, 그물은 우주 쓰레기를 수거하기 위해 날려 보내질 것이다. ⑪ 몇 주 후, 전기로 충전된 그 그물은 지구 자기장에 의해서 당겨지게 될 것이다. ⑫ 그 그물과 그 안의 쓰레기는 지구의 대기권에 진입할 때 불타 없어지게 된다. ⑬ 이런 방법으로, 단순한 어망이 우주를 훨씬 <u>더 깨끗하고 안전하게</u> 만들어 줄 것이다!

구문해설

⑥ A crash would result in thousands more pieces of debris, possibly [destroying other satellites].
→ [ ]는 〈연속동작〉을 나타내는 분사구문

⑪ Several weeks later the net, [charged with electricity], will be pulled down ....
→ [ ]는 주어와 동사 사이에 위치한 삽입구로 주어인 the net을 부연 설명함

⑬ In this way, a simple fishing net will **make** space *much* **cleaner and safer**!
→ make+목적어+형용사: (목적어)를 …하게 만들다
→ 비교급을 강조할 때는 앞에 much, even, still, far, a lot 등을 씀.

A ⑤　　B 1 ④　2 ⑤　3 ③　4 ②　　C 1 is related to　2 rely on　3 came up with　4 resulted in
D 1 근육에 더 많은 미오글로빈이 있을수록, 고기는 더 붉다.　2 다음에 당신이 시끄러운 장소에서 공부하고 있을 때, 백색 소음을 한번 이용해 보는 게 어떨까?　3 작은 돌 하나를 봉지 한가운데에 놓아서 봉지가 살짝 안쪽으로 눌리게 하라. 4 한 번의 충돌로 수천 개의 더 많은 잔해가 생길 것이며, 아마도 다른 인공위성을 파괴할 수도 있다.　　E 1 why fish meat isn't red like beef or pork　2 it prevents your brain from following the conversation　3 to make sure moisture cannot escape from the hole

해석

A

① 달아나다: 위험으로부터 도망가다

② 짜증 나게 하다: 어떤 사람을 화나거나 짜증 나게 만들다

③ (구멍을) 파다: 구멍을 만들기 위해 흙이나 모래를 옮기다

④ 호흡하다: 공기를 폐의 안팎으로 이동시키다

⑤ 무시하다: 어떤 사람이나 사물에 주의를 기울이다

B

1 빛은 닫힌 문틈을 통해 새어 나갔다.
　① 놓쳤다　　② 존재했다　　③ 피했다　　④ 새어 나갔다　　⑤ 격려했다

2 장파장 자외선을 막아 주는 자외선 차단제는 네 (피부)가 타는 것을 방지해 줄 것이다.
　① 제시하다　　② 예견하다　　③ 주장하다　　④ 설득하다　　⑤ 방지하다

3 보석상들은 그 다이아몬드의 가치를 1백만 달러 이상이라고 추정하였다.
　① 토론했다　　② 모였다　　③ 추정했다　　④ 제거했다　　⑤ 풀어주었다

4 돌고래에 의해 발생되는 소리의 주파수는 0.2kHz에서 150kHz까지이다.
　① 정확성　　② 주파수　　③ 비상(사태)　　④ 일관성　　⑤ 경향

C

1 …와 관계가 있다: be related to

2 …에 의존[의지]하다: rely on

3 …을 제시하다[내놓다]: come up with

4 …을 야기[초래]하다: result in

SECTION 08

문화·예술
1 **1** ④ **2** ② **3** discount
2 **1** ④ **2** looks so realistic that it fools people passing by **3** ④
3 **1** ④ **2** they can get kicked out of the class **3** ⑤
4 **1** ① **2** (1) T (2) F (3) F **3** objects

---

01 파리의 노트르담, 한국에 오다   P. 94

정답   **1** ④ **2** ② **3** discount

문제해설   **1** ④ 월요일에는 공연이 없다.

2 뮤지컬이 사람들에 의해 보여진 것이므로 ② to는 '…에 의하여'라는 의미를 가진 전치사 by가 되어야 한다.

3 3구역의 원래 티켓 가격이 50,000원인데 학생은 10,000원에 볼 수 있으므로 80% 할인을 받는 셈이다.
학생들은 3구역 좌석에 대해 80퍼센트의 <u>할인</u>을 받을 수 있다.

본문

① The musical / *Notre Dame de Paris* / debuted in France in 1998 / and has been seen / by more than 10 million people / worldwide. ② This tragic love story / is based on / Victor Hugo's famous novel. ③ In place of dialogue, / the story is told / through 54 beautiful songs / and accompanied / by both ballet and modern dances.
④ Location: Seoul Arts Center
⑤ Schedule: February 2 - 24
        Weekdays at 8:00 pm   Saturdays at 7:30 pm   Sundays at 3:00 pm & 6:00 pm
        (No Monday shows)
⑥ Ticket Prices: VIP box - 150,000 won   Section 1 - 100,000 won   Section 2 - 80,000 won
        Section 3 - 50,000 won
⑦ Student tickets / for section 3 / are only 10,000 won. ⑧ Group discounts are / available for parties of 15 / or more. (20% discount)

해석

① 뮤지컬 노트르담 드 파리는 1998년 프랑스에서 처음으로 공연되었고, 전 세계적으로 천만 명 이상이 관람했습니다. ② 이 비극적인 사랑 이야기는 빅토르 위고의 유명한 소설을 토대로 하고 있습니다. ③ 대사 대신에 54곡의 아름다운 노래를 통해 이야기가 전달되며 발레와 현대 무용 모두 동반됩니다.
④ 장소: 서울 아트센터
⑤ 일정: 2월 2일 – 24일
        평일 오후 8시   토요일 오후 7시 30분   일요일 오후 3시 & 오후 6시
        (월요일은 공연 없음)
⑥ 입장권 가격: VIP석 – 150,000원   1구역 – 100,000원   2구역 – 80,000원   3구역 – 50,000원
⑦ 3구역의 학생 입장권은 1만원입니다. ⑧ 단체 할인은 15명 이상일 때 가능합니다. (20% 할인)

① The musical *Notre Dame de Paris* debuted in France in 1998 and **has been seen** by more than 10 million people worldwide.

→ '(지금까지 계속) 관람되고 있다'라는 의미로 〈계속〉을 나타내는 현재완료 수동태

③ In place of dialogue, the story **is told** through 54 beautiful songs and (is) **accompanied** by ....

→ is told와 (is) accompanied는 and로 연결된 병렬구조

---

02 거리가 살아있는 미술관으로 P. 96

정답 **1** ④ **2** looks so realistic that it fools people passing by **3** ④

문제해설 **1** (A) 사물이 멀리 있을수록 '더 작게' 보인다는 내용이 적절하므로 smaller가 알맞다.

(B) 잘못된 위치에서 보면 '실망스러운' 경험을 하게 된다는 내용이 적절하므로 disappointing이 알맞다.

(C) 문맥상 예술가가 '의도한' 곳이라는 말이 자연스러우므로 intended가 적절하다.

2 '매우 …해서 ~하다'의 의미인 「so+형용사+that+주어+동사」 구문과 명사를 뒤에서 수식하는 현재분사구 (passing by)의 위치에 유의하여 단어를 배열한다.

3 보도에 원근법을 이용한 그림을 그려서 사람들이 보았을 때 입체감이 있는 것처럼 느끼게 한다는 내용이므로, (A)와 (B)에는 각각 trick과 flat이 들어가는 것이 적절하다.

일부 예술가들은 원근법을 사용함으로써 사람들을 <u>속이고</u>, 이것은 특정 장소에서 보았을 때 거리의 <u>평평한</u> 그림 을 3차원으로 보이게 만든다.

본문

① Art can be created / on nearly any surface. ② It can be anything / from a piece of paper to a ceiling. ③ One style of art, / however, / really stands out from the rest — 3D sidewalk art. ④ 3D sidewalk artists draw directly on the street / with chalk or other materials / to create amazing illusions. ⑤ Their main technique is perspective. ⑥ They use it / to make their art look three-dimensional. ⑦ In fact, / some of the artwork looks so realistic / that it fools people passing by. ⑧ The key to using perspective is / knowing / where viewers will be standing. ⑨ With that information in mind, / the artist relies on a simple fact / — the farther away an object is, / the smaller it appears. ⑩ Because of the artist's use of perspective, / looking at 3D sidewalk art / from the wrong place / is a disappointing experience. ⑪ It looks flat, strange and distorted. ⑫ But when you stand / where the artist intended, / it jumps out of the street / as if it were a real three-dimensional object!

해석 ① 예술은 거의 모든 표면에서 창조될 수 있다. ② 그것은 종이 한 장에서 천장에 이르기까지 어떤 것이든 될 수 있 다. ③ 그러나, 한 예술 양식은 다른 양식 중에서도 매우 두드러진다. 그것은 3D 보도 예술이다. ④ 3D 보도 예술가 들은 분필이나 다른 재료를 가지고 거리에 직접 그림을 그려 놀라운 환상을 만들어낸다. ⑤ 그들의 주된 기법은 원근 법이다. ⑥ 그들은 예술을 3차원적으로 보이게 하기 위해 원근법을 사용한다. ⑦ 사실, 그 작품의 몇몇은 매우 현실 적으로 보여서 그것은 지나가는 사람들을 속이기도 한다. ⑧ 원근법을 사용하는 비결은 보는 사람들이 서 있을 곳을

아는 것이다. ⑨ 그 정보를 염두에 두고, 예술가는 사물이 멀리 있을수록 더 작게 보인다는 단순한 사실에 의존한다. ⑩ 예술가의 원근법 사용 때문에, 잘못된 위치에서 3D 보도 예술을 보는 것은 실망스러운 경험이다. ⑪ 그것은 납작하고 이상하게, 왜곡되어 보인다. ⑫ 그러나 당신이 예술가가 의도한 곳에 서 있을 때, 그것은 마치 실제 3차원의 사물인 것처럼 거리에서 튀어나온다!

구문해설

⑦ In fact, <u>some of the artwork</u> **looks** so realistic that it fools <u>people</u> [passing by].
     S   V

 → 「부분 표현(분수, most, some 등)+of+명사」가 주어일 때, 동사의 수는 명사에 일치시키므로 단수 주어 the artwork에 맞춰 단수 동사 looks를 씀.

 → [ ]는 people을 뒤에서 수식하는 현재분사구

⑧ The key to using perspective is knowing [where viewers will be standing].

 → [ ]는 knowing의 목적어로 쓰인 간접의문문으로, 「의문사+주어+동사」 어순임.

⑨ **With** that information **in mind**, the artist relies on a simple fact — *the farther* away an object is, *the smaller* it appears.

 → with ... in mind: …을 마음[염두]에 두고

 → the+비교급 ..., the+비교급 ~: …하면 할수록 더 ~하다

⑫ ..., it jumps out of the street **as if** it **were** a real three-dimensional object!

 → as if+가정법 과거: 마치 …인 것처럼

03 이런 대학 보셨나요?   P. 98

정답   **1** ④   **2** they can get kicked out of the class   **3** ⑤

문제해설   **1** ④ 교수들은 학생들과 함께 앉아 토론을 이끌고 돕는다고 하였다.

    2 '…에서 쫓겨나다'는 「be동사+과거분사」의 수동태에서 be동사 대신 get을 써서 get kicked out of로 나타낼 수 있다.

    3 처음에는 토론 수업에 참여하는 것이 두려웠다고 했으나 4년 후에는 자신의 의견을 표현하는 것에 자신감이 붙었다는 내용이 자연스러우므로 '자신이 없는'의 의미인 ⑤ unsure는 적절하지 않다.

본문

① When I first heard about St. John's College, / I was amazed. ② There are no lectures or exams. ③ There is only / a list of more than 100 books / to read. ④ To me, it sounded like a perfect way / to spend four years in college. ⑤ So I decided to go to St. John's.
⑥ At first, / however, / I had a hard time. ⑦ The books on the list / were very difficult to read / and wide in range. ⑧ They are chosen / from philosophy, literature, science, and mathematics. ⑨ In addition, / all of the classes / are run through discussion. ⑩ Students have to prepare for these discussions / and listen to their classmates carefully. ⑪ If they don't participate, / they can get kicked out of the class!

⑫ The teachers here at St. John's / are called "tutors." ⑬ Instead of giving lectures / like typical professors, / they sit down at a big table / together with their students / to guide and help the discussion. ⑭ Instead of giving tests, / the tutors get together / at the end of each semester / and evaluate their students / based on their performance.

⑮ Even though the readings and discussions / were challenging for me, / I learned a great deal / from them. ⑯ At first, / I was afraid to participate in class. ⑰ But after four years, / I feel confident / about expressing myself, / and all those challenging books / have helped me / to develop a love of reading / and widen my knowledge.

해석

① 처음 세인트 존스 대학에 관해 들었을 때, 나는 놀랐다. ② 그곳에는 강의나 시험이 없다. ③ 백 권이상의 읽어야 할 책들의 목록만 있다. ④ 내게, 그것은 대학에서의 4년을 보내는 완벽한 방법처럼 들렸다. ⑤ 그래서 나는 세인트 존스에 진학하기로 했다.

⑥ 그러나, 처음에 나는 힘든 시간을 보냈다. ⑦ 목록에 있는 책들은 읽기에 매우 어려웠고, 범위가 넓었다. ⑧ 그것들은 철학, 문학, 과학과 수학 분야에서 선정된다. ⑨ 게다가, 모든 수업이 토론으로 이루어진다. ⑩ 학생들은 이런 토론들에 대비해야만 하고 다른 학생들의 말을 주의 깊게 들어야 한다. ⑪ 토론에 참여하지 않으면, 그들은 수업에서 쫓겨날 수도 있다!

⑫ 이곳 세인트 존스의 선생님들은 '튜터'라고 불린다. ⑬ 그들은 전형적인 교수들처럼 강의하는 대신, 학생들과 함께 큰 탁자에 앉아서 토론을 이끌고 돕는다. ⑭ 튜터들은 시험을 내는 대신, 매 학기 말에 함께 모여 수행에 근거하여 학생들을 평가한다.

⑮ 비록 독서와 토론이 내게는 힘든 일이었지만, 나는 그것으로부터 많은 것을 배웠다. ⑯ 처음에 나는 수업에 참여하는 것이 두려웠다. ⑰ 그러나 4년 후에는, 나는 내 생각을 표현하는 것에 자신이 생겼고, 어려웠던 그 모든 책들은 내가 독서에 대한 애정을 키우고 지식을 넓히도록 도와주었다.

구문해설

③ There is only a list of more than 100 books **to read**.

→ to read는 more than 100 books를 수식하는 형용사적 용법의 to부정사

⑦ The books [on the list] were very difficult **to read** and wide in range.

→ [ ]는 명사구 The books를 수식하는 전치사구
→ to read는 형용사 difficult를 수식하는 부사적 용법의 to부정사

⑬ Instead of **giving** lectures like typical professors, they sit down at a big table together with their students *to guide* and *(to) help* the discussion.

→ 전치사구 instead of의 목적어로 동명사 형태의 giving이 쓰임.
→ to guide와 (to) help는 〈목적〉을 나타내는 부사적 용법의 to부정사로, 병렬구조를 이룸. 접속사로 to부정사를 병렬연결할 때 접속사 뒤의 to는 생략 가능함.

04 Is It a Portrait or Vegetables?

P. 100

정답 1 ① 2 (1) T (2) F (3) F 3 objects

문제해설 1 (A) 그릇이 채소로 '가득 찬' 것이므로 수동의 의미인 과거분사 filled가 와야 한다.

(B) 'A 또는 B'라는 뜻의 상관접속사는 「either A or B」이므로 or이 와야 한다.

(C) 뒤에 명사구 his lifetime이 왔으므로 전치사 during이 알맞다. 접속사 while 뒤에는 주어와 동사를 포함하는 절이 온다.

[문제] (A), (B), (C)에서 어법에 맞는 표현으로 가장 적절한 것을 고르시오.

2 (2) 아르침볼도는 일생 유명했다고 하였다.

(3) 아르침볼도의 기법이 초현실주의 화가들에게 영감을 주었다고 하였다.

[문제] 아르침볼도에 관한 이 글의 내용과 일치하면 T에, 일치하지 않으면 F에 표시하시오.

(1) 아르침볼도는 초상화를 그리기 위해 그림에 사물들을 배치했다.

(2) 아르침볼도의 그림은 그가 살아있을 때는 인기가 많지 않았다.

(3) 아르침볼도는 초현실주의 화가들의 영향을 받았다.

3 아르침볼도는 사람의 얼굴처럼 보이도록 많은 사물들을 그림에 배치했다고 하였다.

[문제] 빈칸 ⓐ에 알맞은 말을 본문에서 찾아 쓰시오. (주어진 철자로 시작하는 단어를 사용하시오.)

본문

① Look at this painting. ② What do you see? ③ It looks like a simple bowl / filled with many types of vegetables. ④ But, / if you turn this painting upside down, / you see a different picture. ⑤ The bowl becomes a hat, / and the vegetables make the shape of a man's smiling face. ⑥ This unique style of painting / was created by Giuseppe Arcimboldo, / who was an artist / during the Renaissance.

⑦ During this period, / artists usually painted / either objects or portraits of people. ⑧ Arcimboldo combined these two styles. ⑨ Arcimboldo arranged the objects in his paintings / to look like people's faces. ⑩ If you look at one of his paintings / from far away, / you might see the picture of a human figure. ⑪ But, / up close, / you would see a collection of objects, / such as flowers, books, or animals.

⑫ Arcimboldo was famous / during his lifetime, / but most people forgot about his paintings / after his death / in the sixteenth century. ⑬ However, / his unique artwork became popular again / in the twentieth century. ⑭ His style of combining many objects / to make the strange shape of a person / inspired surrealist painters like Salvador Dali.

해석

① 이 그림을 봐라. ② 무엇이 보이는가? ③ 그것은 많은 종류의 채소로 가득 찬 단순한 그릇처럼 보인다. ④ 그러나, 이 그림을 거꾸로 돌리면 다른 그림이 보인다. ⑤ 그릇은 모자가 되고, 채소는 남자의 웃는 얼굴 모양을 만든다. ⑥ 이 독특한 방식의 그림은 르네상스 시대의 예술가인 주세페 아르침볼도에 의해 만들어졌다.

⑦ 이 시기에, 예술가들은 보통 사물 아니면 사람들의 초상화를 그렸다. ⑧ 아르침볼도는 이 두 가지 방식을 조합했다. ⑨ 아르침볼도는 사물들을 사람의 얼굴처럼 보이도록 그림에 배치했다. ⑩ 멀리서 그의 그림 중 하나를 본다면, 당신은 사람 형상의 그림을 볼지 모른다. ⑪ 그러나 가까이서 보면, 꽃, 책 또는 동물과 같은 사물들이 모여있는 것을

볼 수 있다.

⑫ 아르침볼도는 일생 유명했지만, 대부분의 사람은 16세기 그의 죽음 이후 그의 그림에 대해 잊어버렸다. ⑬ 그러나 그의 독특한 작품은 20세기에 다시 인기를 끌었다. ⑭ 괴상한 모양의 사람을 만들기 위해 많은 <u>사물들</u>을 조합한 그의 방식은 살바도르 달리와 같은 초현실주의 화가들에게 영감을 주었다.

구문해설

⑥ This unique style of painting was created by Giuseppe Arcimboldo, [who was an artist during the Renaissance].
→ [ ]는 선행사 Giuseppe Arcimboldo를 부연 설명하는 계속적 용법의 주격 관계대명사절

⑨ Arcimboldo arranged the objects in his paintings **to look** like people's faces.
→ to look은 〈목적〉을 나타내는 부사적 용법의 to부정사

⑭ His style [of combining many objects **to make** the strange shape of a person] inspired ....
　　　S ↑_____|　　　　　　　　　　　　　　　　　　　　　　　　　V
→ [ ]는 His style을 수식하는 전치사구
→ to make는 〈목적〉을 나타내는 부사적 용법의 to부정사

Review Test　　　　　　　　　　　　　　P. 102

A **1** ⓑ **2** ⓓ **3** ⓔ **4** ⓒ **5** ⓐ　　B **1** realistic **2** evaluates **3** accompany **4** participate　　C **1** get together **2** pass by **3** stand out from **4** in place of　　D **1** 대사 대신에 54곡의 아름다운 노래를 통해 이야기가 전달되며 발레와 현대 무용 모두 동반됩니다. **2** 그것은 마치 실제 3차원의 사물인 것처럼 거리에서 튀어나온다! **3** 내게, 그것은 대학에서의 4년을 보내는 완벽한 방법처럼 들렸다. **4** 이 시기에, 예술가들은 보통 사물 아니면 사람들의 초상화를 그렸다.　　E **1** The key to using perspective is knowing **2** the farther away an object is, the smaller it appears **3** were very difficult to read and wide in range

해석

A
1 강의: ⓑ 특정한 주제에 대한 강연
2 할인: ⓓ 보통의 가격에서 차감된 양
3 초상화: ⓔ 사람을 그린 그림이나 소묘
4 데뷔하다: ⓒ 대중에게 최초로 나타나다
5 의도하다: ⓐ 무언가를 할 때 목적을 가지다

B
1 우리는 우리가 원하는 만큼 멀리 갈 수 없기 때문에 <u>현실적</u>일 필요가 있다.
2 선생님은 매월 학생들의 성과를 <u>평가하신다</u>.
3 조이의 부모님은 현장 학습에 그와 <u>동행할</u> 것이다.
4 모든 학생들은 올해 학교 축제에 <u>참가해</u>야 한다.

C
1 모이다: get together
2 지나가다: pass by

SECTION 09

건강·의학

1 **1** ⑤ **2** ③ **3** ⓐ produce ⓑ produced
2 **1** ② **2** ④ **3** ③ **4** holding their breath and counting to ten
3 **1** ④ **2** to fall → fall[falling] **3** ④
4 **1** ② **2** ③ **3** believed **4** (1) F (2) T (3) F

---

01 흐르는 콧물, 지긋지긋해!   P. 106

정답 **1** ⑤ **2** ③ **3** ⓐ produce ⓑ produced

문제해설 **1** 콧물을 흐르게 하는 다양한 원인들에 대해서 설명하는 글이므로 ⑤ '콧물이 흐르게 하는 다양한 상태'가 주제로
적절하다.
① 더러운 공기를 마시는 것이 위험한 이유   ② 코가 맡은 중요한 역할
③ 콧물이 후각에 어떤 영향을 미치는가   ④ 감기를 낫게 하는 가장 효과적인 방법

2 눈물의 일부가 코로 들어가면 콧물이 증가하여 흐르게 되므로, '더 적은'의 의미인 ③ less는 적절하지 않다.

3 make가 '(목적어)가 …하게 하다'라는 의미의 사역동사로 쓰일 때는 목적격보어로 동사원형을 취하므로 ⓐ
는 produce가 되어야 하고, ⓑ는 the tears가 눈에 의해 '생성된' 것이기 때문에 수동의 의미인 과거분사
produced가 되어야 한다.

본문 ① Having a cold is / one of the most common causes of a runny nose, / but it's not the only one.
② A runny nose happens / when there is too much mucus / inside your nose.
③ In the winter time, / you breathe a lot of cold, dry air. ④ This makes your body / produce
more mucus. ⑤ This mucus makes / the air you breathe / wetter, / protecting your throat and
lungs. ⑥ However, if a lot of mucus accumulates / inside your nose, / it begins to run out of
your nose.
⑦ Crying can also cause a runny nose. ⑧ Some of the tears / produced by your eyes / enter
your nose. ⑨ This extra liquid / creates more mucus, / which causes your nose to run. ⑩ This
is why / you need to blow your nose / when you cry.
⑪ Another common cause of runny noses / is / eating spicy food. ⑫ Spicy food not only causes
a burning sensation / on your tongue, / but it also affects your nose. ⑬ To prevent irritation, /

your nose starts running / and washes the spiciness away.

⑭ Runny noses might be annoying, / but as you can see, / they actually mean / that your body is protecting itself.

해석

① 감기에 걸리는 것은 콧물이 흐르는 가장 흔한 원인 중 하나이나, 그것만이 유일한 원인은 아니다. ② 콧물이 흐르는 것은 코안에 너무 많은 콧물이 있을 때 일어난다.

③ 겨울에는, 당신은 차고 건조한 공기를 많이 마신다. ④ 이는 당신의 몸이 더 많은 콧물을 만들게 한다. ⑤ 이 콧물은 당신이 호흡하는 공기를 더 습하게 만들면서 당신의 목과 폐를 보호한다. ⑥ 그러나 당신의 코안에 많은 콧물이 쌓이면 그것은 코 밖으로 흘러나오기 시작한다.

⑦ 우는 것 또한 콧물을 흘리게 한다. ⑧ 당신의 눈에서 생성된 눈물의 일부는 당신의 코로 들어간다. ⑨ 이 추가된 액체는 더 많은 콧물을 만들어내는데, 이것이 당신의 코가 콧물을 흘리게 한다. ⑩ 이것이 당신이 울 때 코를 풀어야 하는 이유이다.

⑪ 콧물을 흘리게 하는 또 다른 흔한 원인은 매운 음식을 먹는 것이다. ⑫ 매운 음식은 당신의 혀에 화끈거리는 느낌을 일으킬 뿐만 아니라, 그것은 또한 당신의 코에도 영향을 미친다. ⑬ 자극을 방지하기 위해, 당신의 코는 콧물을 흘리기 시작하여 매운 것을 씻어낸다.

⑭ 콧물이 흐르는 것은 성가신 일일지도 모르지만, 당신도 볼 수 있듯이 그것은 실제로는 당신의 몸이 자신을 스스로 보호하고 있다는 것을 의미한다.

구문해설

① Having a cold **is** *one of the most common causes* of a runny nose, ...
　　　　S　　　V

→ Having a cold는 문장의 주어로 쓰인 동명사구로 단수 취급하므로 단수 동사 is가 쓰임.

→ one of the+최상급+복수 명사: 가장 …한 것들 중 하나

⑤ This mucus **makes** the air [(that[which]) you breathe] **wetter**, [protecting your throat
　　　　　　　V　　　O　　　　　　　　　　　　　　　　　OC

and lungs].

→ make+목적어+형용사: (목적어)를 …한 상태로 만들다

→ 첫 번째 [ ]는 선행사 the air를 수식하는 관계대명사절에서 목적격 관계대명사 that[which]가 생략됨.

→ 두 번째 [ ]는 〈연속동작(결과)〉을 나타내는 분사구문

⑨ This extra liquid creates more mucus, [which **causes** your nose **to run**].

→ [ ]는 앞 절 전체를 선행사로 하는 계속적 용법의 관계대명사절

→ cause+목적어+to부정사: (목적어)가 …하도록 유발하다

⑫ Spicy food **not only** causes a burning sensation on your tongue, **but** it **also** affects your nose.

→ not only A but also B: A뿐만 아니라 B도

02 딸꾹질 멈추… 딸꾹! P. 108

정답
1 ② **2** ④ **3** ③ **4** holding their breath and counting to ten

문제해설
1 딸꾹질을 멈추게 하는 여러 가지 방법을 소개하는 글이므로 ② '딸꾹질을 낫게 하는 방법'이 제목으로 적절하다.
  ① 딸꾹질의 위험성   ③ 딸꾹질의 주기
  ④ 무엇이 딸꾹질을 하게 만드는가?   ⑤ 침착함을 유지하는 좋은 방법

2 a special trick은 딸꾹질을 멈추게 하는 특별한 비법을 의미하며, ④ '깜짝 놀라게 하는 것'은 언급되지 않았다.

3 (A) make가 '(목적어)가 …하게 하다'라는 사역동사로 쓰이면 목적격보어로 동사원형을 취한다.
  (B) recommend는 목적어로 동명사를 취한다.
  (C) 계속적 용법의 주격 관계대명사 which가 바로 앞의 절 전체를 지칭할 때는 3인칭 단수 취급한다.

4 This는 바로 앞의 문장에서 언급한 딸꾹질을 멈추게 하는 방법으로, 숨을 참고 열까지 세는 것을 가리킨다.

본문
① When you get the hiccups, / it sometimes seems like / they'll never go away. ② Do you have / a special trick / for making them stop? ③ Most people do. ④ But / can any of these methods / be proven scientifically?
⑤ The answer is "yes." ⑥ Some people get rid of their hiccups / by holding their breath / and counting to ten. ⑦ This increases the carbon dioxide / in their blood, / which decreases the sensitivity / of the part of their brain / that makes them hiccup. ⑧ Some people recommend / pulling on your tongue. ⑨ This stimulates the nerves / in the back of your throat, / which interrupts the hiccups. ⑩ Placing sugar under your tongue / has a similar effect, / as sugar affects the nerves / that control the hiccups.
⑪ There are other methods, too. ⑫ Some people swallow water, / which breaks up the cycle of hiccups / and calms the nerves. ⑬ Others press their fingers / on their ears, / because this stimulates a nerve / that tells the body / to stop hiccuping. ⑭ Of course, / if you try that, / be careful / not to push too hard!

해석
① 당신이 딸꾹질을 할 때, 가끔은 그것이 영영 없어지지 않을 것 같다. ② 당신은 딸꾹질을 멈추게 하는 특별한 비법을 갖고 있는가? ③ 대부분의 사람들은 그렇다. ④ 하지만 이 방법 중 어떤 것이라도 과학적으로 입증될 수 있을까?
⑤ 답은 '그렇다'이다. ⑥ 어떤 사람들은 숨을 참고 열까지 셈으로써 딸꾹질을 멈추게 한다. ⑦ 이것은 혈중 이산화탄소를 증가시키는데, 이는 그들이 딸꾹질을 하게 만드는 뇌 부분의 민감도를 감소시킨다. ⑧ 어떤 사람들은 혀를 잡아당기는 것을 추천한다. ⑨ 이것은 목구멍 뒤쪽의 신경을 자극하는데, 이는 딸꾹질을 멈추게 한다. ⑩ 혀 밑에 설탕을 놓는 것도 비슷한 효과가 있는데, 설탕이 딸꾹질을 통제하는 신경에 영향을 주기 때문이다.
⑪ 다른 방법들도 있다. ⑫ 어떤 사람들은 물을 마시는데, 이는 딸꾹질의 주기를 끊고 신경을 안정시킨다. ⑬ 다른 사람들은 손가락으로 귀를 누르는데, 이것이 딸꾹질을 멈추라고 신체에 알리는 신경을 자극하기 때문이다. ⑭ 물론, 이를 시도한다면 너무 세게 누르지 않도록 주의하라!

① ..., **it** sometimes **seems like** (**that**) they'll never go away.

→ it seems like (that)＋주어＋동사: (주어)가 …하는 것 같다

⑦ This increases the carbon dioxide in their blood, **which** decreases the sensitivity of <u>the part of their brain</u> [that makes them hiccup].

→ which는 바로 앞의 절 전체를 부연 설명하는 계속적 용법의 주격 관계대명사

→ [ ]는 선행사 the part of their brain을 수식하는 주격 관계대명사절

⑩ <u>Placing sugar under your tongue</u> **has** a similar effect, ...
    S   V

→ Placing sugar under your tongue은 문장의 주어로 쓰인 동명사구로 단수 취급하므로 단수 동사 has가 옴.

03 참을 수 없는 졸음   P. 110

정답   **1** ④   **2** to fall → fall[falling]   **3** ④

문제해설   **1** ④ 기면증의 치료 사례에 대해서는 언급되지 않았다.

2 지각동사 see는 목적격보어로 동사원형이나 현재분사를 취하므로 to fall은 fall[falling]이 되어야 한다.

3 주어진 문장은 히포크레틴이 수면 패턴을 조절한다는 내용이므로, 히포크레틴에 대해 처음으로 언급하는 문장과 그것이 기면증의 원인으로 추정되는 내용이 언급되는 문장 사이인 ④에 들어가는 것이 가장 적절하다.

본문

① Have you ever seen someone / suddenly fall asleep / while walking or eating? ② There are some people / who cannot stay awake / if they are sleepy. ③ People like this / might fall to the ground / and start snoring / while shopping in a store. ④ Or perhaps they fall asleep / with their face in a dish / while eating dinner at a restaurant. ⑤ This disorder can cause dangerous situations / if people fall asleep / while driving or crossing the road.

⑥ The condition isn't a simple lack of sleep / but a serious disease / known as narcolepsy. ⑦ The most common symptoms of narcolepsy / are sleepiness during the day / and sudden sleep attacks. ⑧ Psychological factors do not cause narcolepsy. ⑨ Rather, / a problem with a protein called hypocretin / causes it. ⑩ <u>Hypocretin controls sleep patterns.</u> ⑪ However, / people with narcolepsy have / reduced levels of hypocretin / in their brain. ⑫ So far, / nobody is sure why.

⑬ Today / it is estimated / that about three million people worldwide / suffer from narcolepsy. ⑭ Most of them first noticed signs / between their teen years and the age of 30. ⑮ Unfortunately, / doctors have found narcolepsy / hard to cure.

해석   ① 걷거나 먹는 도중에 갑자기 잠드는 사람을 본 적이 있는가? ② 졸음이 오면 깨어 있을 수 없는 사람들이 있다. ③ 이런 사람들은 상점에서 쇼핑을 하다가 땅에 쓰러져 코를 골기 시작할지도 모른다. ④ 혹은 어쩌면 음식점에서 저

녁식사를 하던 도중 접시에 얼굴을 박은 채로 잠이 들기도 한다. ⑤ 이런 장애는 (그것을 앓고 있는) 사람이 운전을 하거나 길을 건너는 중에 잠이 든다면 위험한 상황을 초래할 수 있다.

⑥ 이러한 질환은 단순히 잠이 부족한 것이 아니라 기면증이라고 알려진 심각한 질병이다. ⑦ 기면증의 가장 흔한 증상은 낮 동안의 졸음과 갑작스러운 수면 발작이다. ⑧ 심리적인 요소는 기면증을 유발하지 않는다. ⑨ 그보다는, 히포크레틴이라고 불리는 단백질에 생기는 문제가 그것을 유발한다. ⑩ 히포크레틴은 수면 패턴을 조절한다. ⑪ 그러나 기면증을 앓는 사람들은 뇌 속의 히포크레틴 수치가 줄어들어 있다. ⑫ 지금까지 아무도 그 이유를 확실히 알지 못한다.

⑬ 오늘날 전 세계적으로 약 3백만 명의 사람들이 기면증을 앓고 있는 것으로 추정된다. ⑭ 그들 중 대부분은 십 대에서 서른 살 사이에 처음 증상을 알아차린다. ⑮ 불행히도, 의사들은 기면증을 치료하기 어렵다고 여긴다.

구문해설

① **Have you ever** <u>seen</u> <u>someone</u> suddenly fall asleep [while walking or eating]?

　　　　　　　V　　　O　　　　　　　　　　OC

　→ Have you ever seen ...?은 '…을 본 적이 있니?'의 뜻으로 〈경험〉을 나타내는 현재완료임.

　→ [ ]는 의미를 명확히 하기 위해 접속사 while을 생략하지 않은 분사구문으로 〈때〉를 나타냄.

④ Or perhaps they fall asleep **with** their face **in a dish** while eating dinner at a restaurant.

　→ with + 목적어 + 전치사구: (목적어)가 …에 있는 채로

⑥ The condition is**n't** a simple lack of sleep **but** <u>a serious disease</u> [known as narcolepsy].

　　→ not A but B: A가 아니라 B

　　→ [ ]는 a serious disease를 수식하는 과거분사구

⑦ <u>The most common symptoms</u> of narcolepsy <u>are</u> sleepiness during the day and sudden

　　　S　　　　　　　　　　　　　　　　V

sleep attacks.

　→ 문장의 주어는 The most common symptoms이므로 복수 동사 are가 쓰임.

⑮ Unfortunately, doctors have **found** narcolepsy <u>hard</u> *to cure*.

　　→ find + 목적어 + 형용사: (목적어)가 …라고 여기다

　　→ to cure는 형용사 hard를 수식하는 부사적 용법의 to부정사

04　**Myths and Facts about Eggs**　　P. 112

정답　　**1** ②　**2** ③　**3** believed　**4** (1) F　(2) T　(3) F

문제해설　**1** (A) 달걀 섭취가 HDL이라는 콜레스테롤의 수치를 높이기는 하지만 HDL은 몸에 좋은 콜레스테롤이라고 했으므로 오해이다.

　　(B) 달걀에는 눈에 좋은 영양소가 있다고 했으므로 사실이다.

　　(C) 달걀 껍데기 색은 건강상의 가치와는 관계가 없다고 했으므로 오해이다.

　　[문제] (A), (B), (C)에 들어갈 말로 가장 적절한 것을 고르시오.

　2 threaten은 '위태롭게 하다'라는 뜻이므로 반대되는 말은 '보호하다'라는 의미의 ③ protect이다.

[문제] 밑줄 친 ⓐ threaten과 의미가 반대인 것은?

① 경고하다 ② 피해를 입히다 ③ 보호하다 ④ 영향을 미치다 ⑤ 해를 끼치다

3 'HDL은 심장병의 위험을 줄여 준다고 여겨진다'라는 의미이므로, 수동태 「be동사＋과거분사」의 형태가 되도록 believed로 써야 한다.

[문제] ⓑ를 어법에 알맞은 형태로 쓰시오.

4 (1) 달걀이 콜레스테롤을 많이 함유하고 있는 것은 사실이라고 했다.

(3) 달걀 껍데기 색은 암탉의 품종과 관련된 것이라고 했다.

[문제] 달걀에 관한 이 글의 내용과 일치하면 T에, 일치하지 않으면 F에 표시하시오.

(1) 달걀은 실제로 콜레스테롤을 거의 함유하고 있지 않다.

(2) 달걀을 먹음으로써 루테인이라는 영양소를 얻을 수 있다.

(3) 달걀 껍데기의 색은 달걀의 신선도와 관계가 있다.

본문

① Eggs are a popular food. ② They are easily available, / inexpensive / and very nutritious. ③ But some people warn about their health risks. ④ Here are some myths and facts / about eating eggs.

⑤ **Eggs threaten your health / by increasing your cholesterol levels.**

⑥ MYTH! ⑦ It is true / that eggs contain a high amount of cholesterol. ⑧ One egg contains / about 200 mg of cholesterol. ⑨ However, / eating eggs only increases / the body's levels of HDL, / which is known as "good cholesterol." ⑩ HDL is actually believed / to lower the risk of heart disease. ⑪ So don't be afraid / to have eggs for breakfast / once in a while!

⑫ **Eggs are good for your eyes.**

⑬ FACT! ⑭ Eggs help keep our eyes / healthy and strong. ⑮ A recent study found / that eggs contain high amounts of a nutrient / called lutein, / which protects the eyes / against age-related blindness. ⑯ In other words, / eating eggs can help you / avoid losing your vision / as you grow old.

⑰ **Brown eggs are better for your health.**

⑱ MYTH! ⑲ According to the British Nutrition Foundation, / there is no difference / in the health benefits / of white and brown eggs. ⑳ The color of the shell / is related to the breed of the hen / rather than the health value of the egg itself.

해석

① 달걀은 인기 있는 음식이다. ② 그것들은 쉽게 구할 수 있고, 비싸지 않으며, 영양가도 매우 높다. ③ 그러나 어떤 사람들은 달걀이 가지고 있는 건강상의 위험에 대해 경고한다. ④ 여기 달걀을 먹는 것에 관한 몇 가지 오해와 사실이 있다.

⑤ **달걀은 콜레스테롤 수치를 높여 건강을 위협한다.**

⑥ 오해! ⑦ 달걀이 많은 양의 콜레스테롤을 함유하고 있는 것은 사실이다. ⑧ 달걀 하나는 약 200mg의 콜레스테롤을 함유하고 있다. ⑨ 하지만, 달걀을 먹는 것은 몸속의 HDL 수치만 증가시키는데, HDL은 '좋은 콜레스테롤'로 알려져 있다. ⑩ HDL은 실제로 심장 질환의 위험을 줄여 준다고 여겨진다. ⑪ 그러니 가끔씩 아침식사로 달걀을 먹는 것을 두려워하지 마라!

⑫ **달걀은 눈에 좋다.**

⑬ 사실! ⑭ 달걀은 눈을 건강하고 튼튼하게 유지하는 데 도움이 된다. ⑮ 최근 연구는 달걀이 루테인이라고 불리는

영양소를 많이 함유하고 있다는 것을 발견했는데, 루테인은 노화와 연관된 실명으로부터 눈을 보호한다. ⑯ 다시 말해, 달걀을 먹는 것은 당신이 나이가 들면서 시력이 감퇴되는 것을 피하는 데 도움이 될 수 있다.

⑰ **갈색 달걀이 건강에 더 좋다.**

⑱ <u>오해!</u> ⑲ 영국 영양 재단에 따르면, 흰 달걀과 갈색 달걀 사이의 건강상 이점에는 차이가 없다. ⑳ 달걀 껍데기의 색상은 달걀 그 자체의 건강상의 가치보다는 암탉의 품종과 관련이 있다.

구문해설

⑦ **It** is true [that eggs contain a high amount of cholesterol].
→ It은 가주어, [ ]가 진주어

⑨ However, <u>eating eggs</u> only **increases** the body's levels of HDL, [which is known as "good cholesterol."]
→ eating eggs는 문장의 주어로 쓰인 동명사구로 단수 취급하므로 단수 동사 increases가 옴.
→ [ ]는 선행사 HDL을 부연 설명하는 계속적 용법의 주격 관계대명사절

⑮ A recent study found that eggs contain high amounts of <u>a nutrient</u> [called lutein], **which** protects the eyes against age-related blindness.
→ [ ]는 a nutrient를 수식하는 과거분사구
→ which 이하는 선행사 a nutrient called lutein을 부연 설명하는 계속적 용법의 주격 관계대명사절

⑯ In other words, eating eggs can **help you** *avoid* losing your vision <u>as</u> you grow old.
→ help+목적어+동사원형: (목적어)가 …하는 것을 돕다
→ avoid는 목적어로 동명사를 취함.
→ as: …함에 따라

Review Test
P. 114

A ③   B 1 ①   2 ③   3 ②   4 ⑤   C 1 get rid of   2 fall asleep   3 stay awake   4 blow their noses
D 1 이 추가된 액체는 더 많은 콧물을 만들어내는데, 이것이 당신의 코가 콧물을 흘리게 한다.   2 이러한 질환은 단순히 잠이 부족한 것이 아니라 기면증이라고 알려진 심각한 질병이다.   3 달걀이 많은 양의 콜레스테롤을 함유하고 있는 것은 사실이다.   4 달걀을 먹는 것은 당신이 나이가 들면서 시력이 감퇴되는 것을 피하는 데 도움이 될 수 있다.   E 1 This mucus makes the air you breathe wetter   2 Placing sugar under your tongue has a similar effect
3 doctors have found narcolepsy hard to cure

해석

A
① 부족: 무언가를 충분하게 가지지 않은 상태
② 경고하다: 누군가에게 발생 가능한 문제나 위험에 대해 말하다
③ 근거 없는 믿음: 사람들이 거의 믿지 않으나 사실인 생각
④ 추정하다: 어떤 것의 크기, 가치 또는 비용을 추측하다
⑤ 장애: 신체나 정신의 비정상적이거나 건강하지 않은 상태

B

1 나는 많은 다양한 방법들을 시도해 보았지만, 그중 어느 것도 효과가 있지 않았다.

① 방법들　　　② 결과들　　　③ 결정들　　　④ 순간들　　　⑤ 기계들

2 의사는 피부암을 치료할 수 있는 약을 찾기 위해 노력하고 있다.

① 야기하다　　② 깨다　　　③ 치유하다　　④ 찾다　　　⑤ 증명하다

3 나는 완벽한 삶은 달걀을 만드는 비법을 가지고 있다.

① 물건　　　② 비결　　　③ 손상　　　⑤ 계획　　　⑤ 공간

4 많은 사람들이 그 영화를 추천했기 때문에 나는 그것을 볼 것이다.

① 지시했다　　② 알아보았다　　③ 납득했다　　④ 발생했다　　⑤ 제안했다

C

1 제거하다: get rid of

2 잠들다: fall asleep

3 자지 않고 깨어 있다: stay awake

4 코를 풀다: blow one's nose

SECTION 10

역사·유래

1　**1** ③　**2** ③　**3** gap

2　**1** ④　**2** ⑤　**3** so that kids could call Santa and talk to him　**4** ③

3　**1** ⑤　**2** ③　**3** ⑤　**4** plane, carpenter

4　**1** ②　**2** ②　**3** ⓐ been ruined ⓑ had been　**4** (1) T (2) F

---

01 1582년 10월에 생긴 일 P. 118

정답　　**1** ③　**2** ③　**3** gap

문제해설

1 ③ 새로운 달력인 그레고리력은 새 교황 선출을 기념하기 위해 만들어진 것이 아니라 율리우스력의 문제점 때문에 만들어졌다.

2 (A) know의 목적어로 쓰인 간접의문문에서 주어가 필요하므로 의문사가 주어 역할을 하는 what이 적절하다.

(B) 뒤에 주어와 동사가 있는 완전한 절이 오므로 접속사 As가 적절하다. 전치사 during 다음에는 명사(구)가 온다.

(C) decide는 to부정사를 목적어로 취하므로 to make가 적절하다.

3 기존에 사용하던 율리우스력과 실제 시간 사이에 차이가 있었고, 시간이 지나면서 그 차이가 점점 커지자 이를 없애기 위해 그레고리력을 만들었다고 했으므로 빈칸에 알맞은 말은 gap(차이)이다.

그레고리력은 예전 달력과 실제 시간 사이의 차이를 없애기 위해 만들어졌다.

① Do you know / what happened in Europe / from October 5 to 14, 1582? ② In fact, / nothing happened / because those days didn't even exist!

③ Before that time, / people were using the Julian calendar, / which was established / by Julius Caesar in 45 B.C. ④ In this calendar, / one year lasted in 365.25 days. ⑤ But an actual year is / a few minutes shorter. ⑥ This meant / there was a gap / between the calendar and real time. ⑦ As time went by, / this gap got bigger and bigger. ⑧ In 1582, it finally reached 10 full days.

⑨ That's why / Pope Gregory XIII decided / to make a new calendar, / which became known as the Gregorian calendar. ⑩ But first / he removed 10 days / from the old calendar. ⑪ So in 1582, / the day after October 4 / was October 15!

해석

① 1582년 10월 5일부터 14일까지 유럽에서 무슨 일이 일어났는지 아는가? ② 사실 그 날짜는 존재조차 하지 않았기 때문에, 아무 일도 일어나지 않았다! ③ 그 이전에는, 사람들은 율리우스력을 사용하고 있었는데, 그것은 기원전 45년 줄리어스 시저에 의해 제정된 것이었다. ④ 이 달력에서 일 년은 365.25일이었다. ⑤ 하지만 실제의 일 년은 이보다 몇 분 더 짧다. ⑥ 이것은 달력과 실제 시간 사이에 차이가 있었다는 것을 의미했다. ⑦ 시간이 흘러갈수록, 이 차이는 점점 더 커졌다. ⑧ 1582년에는 마침내 그 차이가 꽉 찬 열흘에 이르게 되었다. ⑨ 그것이 교황 그레고리우스 13세가 새로운 달력을 만들기로 한 이유인데, 그 달력은 그레고리력이라고 알려졌다. ⑩ 하지만 우선 그는 이전 달력에서 열흘을 없앴다. ⑪ 그리하여 1582년에 10월 4일 다음 날은 10월 15일이었다!

구문해설

① Do you know [what happened in Europe from October 5 to 14, 1582]?
→ [ ]는 동사 know의 목적어로 쓰인 「의문사+주어+동사」 어순인 간접의문문으로, 의문사 what이 주어 역할을 함.

③ ..., people were using the Julian calendar, [which was established by Julius Caesar in 45 B.C].
→ [ ]는 선행사 the Julian calendar를 부연 설명하는 계속적 용법의 주격 관계대명사절

⑨ **That's why** Pope Gregory XIII decided to make a new calendar, [which became known as the Gregorian calendar].
→ that's why ...: 그것이 …한 이유이다 (뒤에 결과가 옴)
→ [ ]는 선행사 a new calendar를 부연 설명하는 계속적 용법의 주격 관계대명사절

02 산타는 어디에?   P. 120

정답   1 ④   2 ⑤   3 so that kids could call Santa and talk to him   4 ③

문제해설   1 ④ 산타 추적 서비스 이용 비용에 관한 내용은 언급되지 않았다.
① 어떤 조직이 산타의 위치를 추적하는가
② 어떻게 아이들이 서비스를 이용할 수 있는가

③ 그 조직은 언제 서비스를 시작했는가

④ 서비스를 이용하는 데 얼마의 비용이 드는가

⑤ 아이들로부터 첫 번째 전화를 받은 사람은 누구인가

2 stand for는 '…을 나타내다[의미하다]'라는 뜻이므로 ⑤ represent와 바꿔 쓸 수 있다.

① 의도하다 ② 정의하다 ③ 창조하다 ④ 설명하다 ⑤ 나타내다

3 '(주어)가 …할 수 있도록'이라는 뜻이 되도록 「so that＋주어＋can＋동사원형」의 어순으로 배열한다.

4 ③ 빈칸 앞 부분에서 이런 서비스는 실수로 시작되었다는 내용이 나오고 빈칸 뒤에서는 산타와 대화하기 위해 광고에 적힌 번호로 전화를 걸었으나 NORAD에 잘못 걸렸다고 했으므로 전화번호가 잘못 인쇄되었음을 유추할 수 있다.

① 광고에 없었다   ② 너무 작아서 읽을 수가 없었다

③ 잘못 인쇄되었다   ④ 매우 인기가 있었다

⑤ 기억하기 쉬웠다

본문

① Every Christmas Eve, / parents tell their children / that Santa is coming with toys and gifts. ② The kids get excited / and want to know exactly / where Santa is. ③ So what can they do? ④ They can pick up a phone / and call NORAD. ⑤ NORAD stands for / the North American Aerospace Defense Command. ⑥ It is the military organization / that protects the United States / by tracking airplanes with radar. ⑦ But every December 24, / it provides a very different service. ⑧ If children call 1-877-HI-NORAD, / a NORAD volunteer will give them information / about Santa's current location.

⑨ This probably seems like a strange thing / for a military organization / to do. ⑩ In fact, / the whole thing started / with a mistake. ⑪ In 1955 / a department store put an advertisement / featuring a picture of Santa / in a local newspaper. ⑫ It included a phone number / so that kids could call Santa / and talk to him. ⑬ However, / the number was printed incorrectly. ⑭ When kids called it, / they reached a NORAD officer / named Harry Shoup! ⑮ But instead of getting annoyed and hanging up, / Shoup told the kids / that he could see Santa / on his radar. ⑯ And this is / how a charming tradition began.

해석

① 매년 크리스마스이브에, 부모는 그들의 자녀들에게 산타가 장난감과 선물을 가지고 오고 있다고 말한다. ② 아이들은 흥분해서 산타가 어디에 있는지 정확하게 알고 싶어 한다. ③ 그래서 그들은 무엇을 할 수 있을까? ④ 그들은 전화기를 들고 NORAD에 전화할 수 있다. ⑤ NORAD는 북미항공우주방위사령부를 나타낸다. ⑥ 그것은 레이더로 항공기를 추적함으로써 미국을 보호하는 군사 조직이다. ⑦ 그러나 매년 12월 24일에 그것은 매우 다른 서비스를 제공한다. ⑧ 아이들이 1-877-HI-NORAD에 전화하면, NORAD 자원봉사자가 그들에게 산타의 현재 위치에 대한 정보를 전해준다.

⑨ 이것은 아마도 군사 조직이 하기에는 이상한 일처럼 보인다. ⑩ 사실, 모든 것이 실수로 시작되었다. ⑪ 1955년 한 백화점이 지역 신문에 산타의 사진이 담긴 광고를 냈다. ⑫ 그것은 아이들이 산타에게 전화하여 그에게 이야기할 수 있도록 전화번호를 포함하고 있었다. ⑬ 그러나, 그 번호는 잘못 인쇄되었다. ⑭ 아이들이 그곳에 전화했을 때, 그들은 해리 쇼프라는 이름의 NORAD 장교에게 연락이 되었다! ⑮ 그러나, 짜증을 내거나 전화를 끊는 대신에, 쇼프는 아이들에게 그의 레이더에서 산타를 볼 수 있다고 말했다. ⑯ 그리고 이렇게 해서 매력적인 전통이 시작되었다.

구문해설

① Every Christmas Eve, parents <u>tell</u> <u>their children</u> <u>[that Santa is coming with toys and gifts]</u>.
                  V   IO   DO
    → [ ]는 tell의 직접목적어로 쓰인 명사절

② The kids **get excited** and want to know exactly [where Santa is].
    → get+형용사: …한 상태가 되다
    → [ ]는 know의 목적어로 쓰인 간접의문문으로 「의문사+주어+동사」의 어순임.

⑥ It is <u>the military organization</u> [that protects the United States **by tracking** airplanes with radar].
    → [ ]는 선행사 the military organization을 수식하는 주격 관계대명사절
    → by v-ing: …함으로써

⑨ This probably seems like <u>a strange thing</u> *for a military organization* <u>**to do**</u>.
    → to do는 a strange thing을 수식하는 형용사적 용법의 to부정사이고, for a military organization은 to do의 의미상의 주어

⑪ In 1955 a department store put <u>an advertisement</u> [featuring a picture of Santa] in a local newspaper.
    → [ ]는 an advertisement를 수식하는 현재분사구

---

03 치즈를 쓱싹쓱싹   P. 122

정답
    1 ⑤   **2** ③   **3** ⑤   **4** plane, carpenter

문제해설
    1 한 노르웨이인 목수가 목공 일을 하는 데 쓰던 대패를 응용하여 주방용 기구인 치즈 슬라이서를 발명했다는 내용의 글이므로, ⑤ '목수의 작업장에서 주방으로'가 제목으로 적절하다.
    ① Thor Bjørklund: 노련한 목수   ② 목수 아내로부터의 귀중한 선물
    ③ 치즈 산업의 발달   ④ 목수의 대패: 다용도 연장

    2 (A) 아내가 점심을 준비한 것은 목수가 휴식을 취한 과거 시점(took)보다 더 이전에 일어난 일이므로 과거완료인 had prepared가 적절하다.
    (B) cause는 목적격보어로 to부정사를 취하므로 to melt가 와야 한다.
    (C) 선행사 His invention을 부연 설명하는 계속적 용법의 관계대명사가 와야 하므로 which가 적절하다. 관계대명사 that은 계속적 용법으로는 사용할 수 없다.

    3 ⑤ 마지막 문장에서 특허를 받았다고 했으나, 그 시기는 언급되지 않았다.

    4 목수인 Thor는 작업장에서 달라붙은 치즈를 대패로 잘라 보았다가 치즈 슬라이서를 발명하게 되었다.
    Thor는 그의 발명품에 대한 아이디어를 대패에서 얻었는데, 그것은 <u>목수</u>의 연장이다.

본문

① The cheese slicer is a convenient kitchen tool. ② Surprisingly, / the design of the cheese slicer / is based on a carpenter's tool / called a plane.

③ It was invented in 1927 / by a Norwegian carpenter / named Thor Bjørklund. ④ One hot summer day, / he took a break in his workshop / to eat the lunch / his wife had prepared for him. ⑤ There were four pieces of bread / and some slices of cheese. ⑥ Unfortunately, / the day's heat had caused / the cheese / to melt together. ⑦ He tried to cut it / with a knife, / but the slices were too thick. ⑧ Then he noticed his plane / on a nearby table. ⑨ To his surprise, / it cut the cheese perfectly. ⑩ However, / it was too big to be easily used. ⑪ So he found a thin piece of steel. ⑫ He cut a hole in it / and bent the front edge down. ⑬ Then he bent the back edge up.

⑭ This allowed / a perfect slice of cheese / to pass through it. ⑮ His invention, / which can also be used / to slice butter and cucumbers, / is now patented.

해석

① 치즈 슬라이서는 편리한 주방 도구이다. ② 놀랍게도, 치즈 슬라이서의 디자인은 대패라고 불리는 목수의 연장에 기반을 둔 것이다.

③ 그것은 1927년에 Thor Bjørklund라는 이름의 노르웨이인 목수에 의해 발명되었다. ④ 어느 더운 여름날, 그는 아내가 그를 위해 준비해준 점심을 먹기 위해 자신의 작업장에서 휴식을 취했다. ⑤ 빵 네 조각과 치즈 몇 조각이 있었다. ⑥ 안타깝게도, 낮의 열기가 치즈를 녹여 서로 달라붙게 만들었다. ⑦ 그는 칼로 그것을 자르려고 해봤지만, (치즈) 조각들은 너무 두꺼웠다. ⑧ 그러다가 그는 근처에 있는 탁자에서 대패를 발견했다. ⑨ 놀랍게도, 그것은 치즈를 완벽하게 잘랐다. ⑩ 그러나, 그것은 너무 커서 쉽게 사용될 수 없었다. ⑪ 그래서 그는 얇은 강철 조각을 찾아냈다. ⑫ 그는 그것에 구멍을 내고 앞쪽 끝을 아래로 구부렸다. ⑬ 그런 다음 뒤쪽 끝을 세웠다.

⑭ 이것은 이상적인 치즈 조각이 (잘려) 나오게 했다. ⑮ 그의 발명품은 버터와 오이를 자르는 데에도 사용될 수 있으며, 현재 특허를 받은 상태이다.

구문해설

④ ..., he took a break in his workshop **to eat** the lunch [(that[which]) his wife had prepared ...].

→ to eat은 〈목적〉을 나타내는 부사적 용법의 to부정사

→ [ ]는 선행사 the lunch를 수식하는 관계대명사절로, 목적격 관계대명사 that[which]가 생략됨.

⑩ However, it was **too** big **to be** easily **used**.

→ too+형용사+to-v: 너무 …해서 ~할 수 없다

⑭ This **allowed** a perfect slice of cheese **to pass** through it.

→ allow+목적어+to-v: (목적어)가 …하게 하다

⑮ His invention, [which can also **be used to slice** butter and cucumbers], is now patented.

→ [ ]는 선행사 His invention을 부연 설명하는 계속적 용법의 주격 관계대명사절

→ be used to-v: …하는 데 사용되다

04 Blame the Weather! P. 124

정답 **1** ② **2** ② **3** ⓐ been ruined ⓑ had been **4** (1) T (2) F

문제해설 **1** 날씨가 영향을 미친 역사적인 사건들의 사례를 설명하고 있으므로 ② '날씨가 어떻게 역사를 바꿔 왔나'가 제목으로 가장 적절하다.

[문제] 이 글의 제목으로 가장 적절한 것은?

① 추운 날씨를 견디는 방법 ③ 나폴레옹은 왜 유럽을 정복할 수 없었나

④ 추운 날씨가 우리의 일상생활에 미치는 영향 ⑤ 미국 역사에 큰 영향을 미쳤던 사건들

2 (A) 빈칸 앞에서 '날씨가 세상의 사건에 강하게 영향을 미친다'라고 말한 후, 빈칸 뒤에서 '날씨가 역사를 바꾸기도 했다'라는 같은 맥락의 내용이 추가적으로 연결되고 있으므로 '사실'이라는 뜻의 In fact가 적절하다.

(B) 빈칸을 전후로 내용의 흐름이 반대로 바뀌었으므로, 역접의 연결사 However가 적절하다.

3 ⓐ 현재완료인 「have p.p.」에 계획이 '망쳐지는' 것이므로 수동태 「be동사+p.p.」가 결합된 현재완료 수동태인 「have been p.p.」의 형태가 되어야 하므로 been ruined가 적절하다.

ⓑ 주절의 시제가 「조동사의 과거형+have p.p.」인 가정법 과거완료이므로, if절의 동사는 「had p.p.」의 형태가 적절하다.

[문제] ⓐ와 ⓑ를 어법에 알맞은 형태로 쓰시오.

4 (2) 듀이의 많은 지지자들이 궂은 날씨 때문에 투표를 하지 않아서 트루먼이 대통령으로 당선되었다.

[문제] 이 글의 내용과 일치하면 T에, 일치하지 않으면 F에 표시하시오.

(1) '1월 장군'과 '2월 장군'은 러시아의 혹독한 추위를 의미한다.

(2) 트루먼의 많은 지지자들은 궂은 날씨 때문에 투표를 하러 나가지 않았다.

본문

① How many times / have your weekend plans been ruined / by sudden rain? ② When this happens, / it becomes clear / that the weather strongly affects / events in our world. ③ In fact, / according to some historians, / weather has even changed history.

④ One famous example is / Napoleon's invasion of Russia. ⑤ At that time, / many people thought / he was going to conquer / all of Europe. ⑥ But he sent his armies / into Russia during the winter, / and they were defeated / because of the severe cold. ⑦ Nikolai I, / Russia's emperor at that time, said / that his country's two best generals were / "General January" and "General February."

⑧ Weather also played a big part / in the U.S. presidential election / of 1948. ⑨ In this race, / Dewey was expected to win. ⑩ However, / on the day of the election, / there was heavy wind and rain / in northern California, / where many of Dewey's supporters lived. ⑪ Because of this, / the turnout in the region was low, / and Truman was elected president, / not Dewey.

⑫ Of course, / weather was not the only reason / these events happened. ⑬ But history might have been different / if the weather had been better.

해석 ① 여러분의 주말 계획을 갑작스러운 비 때문에 몇 번이나 망쳤었는가? ② 이런 일이 일어날 때, 날씨가 우리 세상의 사건들에 강력하게 영향을 미친다는 사실은 명백해진다. ③ 사실, 일부 역사학자들에 의하면, 날씨는 심지어 역사를

바꾸기도 했다.

④ 한 가지 유명한 사례는 나폴레옹의 러시아 침략이다. ⑤ 그 당시에, 많은 사람들은 그가 유럽 전역을 정복할 것이라고 생각했다. ⑥ 하지만 나폴레옹은 겨울철에 그의 군대를 러시아에 파견했고 그들은 혹독한 추위 때문에 패배하였다. ⑦ 당시 러시아의 황제였던 니콜라이 1세는 자신의 나라의 가장 훌륭한 두 장군이 '1월 장군'과 '2월 장군'이라고 말했다.

⑧ 날씨는 1948년 미국의 대통령 선거에서도 큰 역할을 했다. ⑨ 이 선거전에서, 듀이가 승리할 것이 예상되었다. ⑩ 그러나 선거 당일, 캘리포니아 북부에 강한 바람이 불고 많은 비가 내렸는데, 그곳에는 듀이의 지지자 중 다수가 살고 있었다. ⑪ 이 때문에, 그 지역의 투표율이 낮았고 듀이가 아닌 트루먼이 대통령으로 선출되었다.

⑫ 물론, 날씨가 이런 사건들이 일어난 유일한 이유는 아니었다. ⑬ 하지만 만약 날씨가 더 좋았더라면 역사가 달라졌을지도 모른다.

구문해설

② When this happens, **it** becomes clear [that the weather strongly affects ...].
→ it은 가주어, [ ]가 진주어

⑩ ..., there was heavy wind and rain in northern California, [where many of Dewey's supporters lived].
→ [ ]는 선행사 northern California를 부연 설명하는 계속적 용법의 관계부사절

⑪ ..., and Truman **was elected** president, not Dewey.
→ 「elect A B」의 수동태 구문인 「A be p.p. B」 형태임.

⑫ Of course, weather was not the only reason [(why) these events happened].
→ [ ]는 선행사 the only reason을 수식하는 관계부사절로, 관계부사 why가 생략됨. 선행사로 the place, the time, the reason 등의 일반적인 명사가 오는 경우, 관계부사는 흔히 생략됨.

Review Test

P. 126

A 1 ⓓ 2 ⓒ 3 ⓐ 4 ⓔ 5 ⓑ   **B** 1 election 2 remove 3 ruined 4 invasion   **C** 1 hang up 2 To his surprise 3 are based on 4 taking a break   **D** 1 시간이 흐를수록, 이 차이는 점점 더 커졌다. 2 이것은 아마도 군사 조직이 하기에는 이상한 일처럼 보인다. 3 어느 더운 여름날, 그는 아내가 그를 위해 준비해준 점심을 먹기 위해 자신의 작업장에서 휴식을 취했다. 4 하지만 만약 날씨가 더 좋았더라면 역사가 달라졌을지도 모른다.   **E** 1 too big to be easily used 2 it becomes clear that the weather strongly affects 3 where many of Dewey's supporters lived

해석

A

1 갑작스러운: ⓓ 경고 없이 매우 빨리 발생하는

2 심각한: ⓒ 매우 나쁘거나 매우 심각한

3 실제의: ⓐ 진짜의, 실제로 존재하는

4 특허를 받은: ⓔ 정부에 의해 발행된 독점권을 가진

5 매력적인: ⓑ 매우 만족스럽거나 매력적인

B

1 그는 훌륭한 지도자이지만 대통령 선거에서 졌다.

2 이 세제는 당신의 옷에서 대부분의 얼룩을 제거할 것이다.

3 야외 행사를 위한 장식은 폭우로 망가졌다.

4 그들은 침략 후 30년 동안 이 땅을 지배했다.

C

1 전화를 끊다: hang up

2 …가 놀랍게도: to one's surprise

3 …에 근거하다: be based on

4 휴식을 취하다: take a break

SECTION 11

환경·자연

1 **1** ⑤ **2** ④ **3** ⑤ held → holding

2 **1** ③ **2** ⑤ **3** ① **4** mirror

3 **1** ③ **2** ③ **3** Human activities

4 **1** ⑤ **2** cause → causes **3** ②

01 에뮤다! 손들어!

P. 130

정답
1 ⑤ **2** ④ **3** ⑤ held → holding

문제해설
1 ⑤ 관광객은 팔을 들어 올린 채 걸어 나갔다고 했다.

2 (A) 키가 가장 큰 에뮤가 우두머리이며, 우두머리는 자신보다 작은 에뮤를 부리로 공격한다는 내용에서 유추할 수 있다.

(B) 관광객이 팔을 들어 올리자 에뮤가 공격을 멈췄다는 것에서 유추할 수 있다.

3 〈동시동작〉을 나타내는 분사구문으로, 분사의 의미상의 주어 he와 분사가 능동 관계이므로 현재분사 holding 으로 써야 한다.

본문
① An emu is a giant bird / that lives in Australia. ② A tourist / who knew all about this bird / wanted to take a picture / of one. ③ When the man got near the emu, / the bird suddenly ran / toward him. ④ It tried / to attack his eyes / with its beak. ⑤ However, / the man was clever. ⑥ He knew / that the tallest emu / is always the "boss." ⑦ He also knew / that the tallest emu / often attacks the smaller ones / with its beak. ⑧ This way / it shows / who the boss is. ⑨ So, /

the emu was trying / to attack the tourist / because the tourist was <u>shorter</u>.
⑩ What did the tourist do? ⑪ He raised his arms. ⑫ At once, / the emu stopped. ⑬ Now the man was <u>taller</u> than the bird. ⑭ He took a nice picture, / turned around, / and walked away / — still holding his arms high / in the air!

해석 ① 에뮤는 호주에 사는 거대한 새이다. ② 이 새에 관한 모든 것을 아는 어떤 관광객이 에뮤 한 마리의 사진을 찍고 싶어 했다. ③ 그 남자가 에뮤에게 다가갔을 때, 그 새는 갑자기 그를 향해 달려왔다. ④ 에뮤는 부리로 그의 눈을 공격하려고 했다. ⑤ 그러나 그 남자는 영리했다. ⑥ 그는 가장 키가 큰 에뮤가 항상 '우두머리'라는 것을 알고 있었다. ⑦ 그는 또한 가장 키가 큰 에뮤가 종종 작은 에뮤들을 부리로 공격한다는 것도 알고 있었다. ⑧ 이런 방식으로 그것은 우두머리가 누구인지 보여 주는 것이다. ⑨ 그래서 그 에뮤는 그 관광객이 자기보다 (키가) 작기 때문에 그 관광객을 공격하려고 했다.
⑩ 그 관광객은 어떻게 했을까? ⑪ 그는 양팔을 들었다. ⑫ 즉시, 에뮤는 멈춰 섰다. ⑬ 이제는 그 남자가 에뮤보다 (키가) 컸다. ⑭ 그는 멋진 사진을 찍고, 돌아서서, 걸어 나갔는데, 여전히 자신의 팔을 공중에 높이 든 채였다!

구문해설 ② A tourist [who knew all about this bird] wanted to take a picture of **one**.
→ [ ]는 선행사 A tourist를 수식하는 주격 관계대명사절
→ 부정대명사 one은 앞에서 언급한 같은 종류의 사람·사물을 대신하여 쓰이며, 여기서는 앞의 this bird[an emu]를 가리킴.

⑥ He knew **that** the tallest emu *is* always the "boss."
→ that은 knew의 목적어가 되는 명사절을 이끄는 접속사
→ 가장 키가 큰 에뮤가 우두머리라는 것은 '변하지 않는 사실'이므로 주절의 시제(과거)와 무관하게 현재시제가 쓰임.

⑧ This way **it** shows [who the boss is].
→ it은 앞 문장의 the tallest emu를 가리킴.
→ [ ]는 shows의 목적어로 쓰인 간접의문문으로, 「의문사＋주어＋동사」 어순임.

02 모래 없는 사막 P. 132

정답 **1** ③ **2** ⑤ **3** ① **4** mirror

문제해설 **1** ③ 우유니 소금사막은 건기에는 바싹 말라 있지만, 우기에는 그 표면이 물로 젖어 있다고 했다.
2 '행방불명이 되다'라는 뜻의 go missing은 ⑤ disappear와 의미가 가장 가깝다.
① 죽다 ② 머무르다 ③ 무시하다 ④ 떠나다 ⑤ 사라지다
3 원급 비교에서 부정을 나타낼 때 not은 「as＋형용사[부사]의 원급＋as」의 앞에 위치해야 한다.
4 우기의 우유니 소금사막 표면에 주변 경치가 반사되는 것을 거대한 거울에 비유했다.
그 위에 모든 것을 반사함으로써, 우유니 소금사막은 우기에 아주 큰 <u>거울</u>이 된다.

① You may have seen big mirrors before, / but probably not as big as 10,582 km²! ② That's / how big Salar de Uyuni is. ③ It is the world's largest salt flat / located in Bolivia, / South America. ④ There are 10 billion tons of salt / in Salar de Uyuni, / and the salt is / more than 10 meters thick / in the center.

⑤ During the dry season, / Salar de Uyuni is completely dried up. ⑥ During the wet season, / in contrast, / it is covered with a thin sheet of water. ⑦ This creates a huge "mirror" / that makes beautiful reflections. ⑧ At night / you can see an amazing sight / — both the sky and the earth / are full of beautiful stars! ⑨ It is difficult to tell / how far away they are, / or where the sky begins and ends.

⑩ Although these reflections are very beautiful, / they are also confusing. ⑪ Sometimes / people get lost / in Salar de Uyuni, / and every year / a few people go missing there. ⑫ If you have a chance / to go there, / be sure to follow your guide / — otherwise, / you might never come home!

해석

① 여러분은 예전에 커다란 거울을 본 적이 있을지도 모르지만, 아마 10,582km²만큼 크지는 않았을 것이다! ② 그것은 우유니 소금사막의 크기이다. ③ 이곳은 남아메리카, 볼리비아에 위치한 세계 최대의 소금 평원이다. ④ 우유니 소금사막에는 100억 톤의 소금이 있고, 그 중심부는 소금의 두께가 10미터가 넘는다.

⑤ 건기에 우유니 소금사막은 완전히 바싹 마른다. ⑥ 반대로 우기에 이곳은 얇은 층의 물로 덮여 있다. ⑦ 이것이 아름다운 반사된 상을 만들어 내는 거대한 '거울'을 창조해 낸다. ⑧ 밤에 여러분은 놀라운 광경을 볼 수 있다. 하늘과 땅 모두가 아름다운 별들로 가득 차는 것이다! ⑨ 별들이 얼마나 멀리 있는지, 그리고 하늘이 어디서 시작하고 어디서 끝나는지를 분간하기가 어려울 정도다.

⑩ 이런 반사된 상은 매우 아름답긴 하지만, 그것은 또한 혼란스럽기도 하다. ⑪ 때때로 사람들은 우유니 소금사막에서 길을 잃고, 매년 몇몇 사람들이 그곳에서 실종된다. ⑫ 여러분이 그곳에 갈 기회가 있다면 반드시 가이드를 잘 따라다니도록 해라. 그렇지 않으면 당신은 영영 집에 돌아가지 못할 수도 있다!

구문해설

① You **may have seen** big mirrors before, but probably not as big as 10,582 km²!
→ may have p.p.: …했을지도 모른다 (과거 사실에 대한 불확실한 추측)

⑨ **It** is difficult **to tell** [how far away they are], or [where the sky begins and ends].
→ It은 가주어이고, to tell 이하는 진주어로 쓰인 명사적 용법의 to부정사구
→ 두 개의 [ ]는 모두 동사 tell의 목적어인 간접의문문으로 「의문사＋주어＋동사」의 어순임.

03 하룻밤 사이에 무슨 일이? P. 134

정답 1 ③ 2 ③ 3 Human activities

문제해설 1 싱크홀의 실제 사례와 싱크홀이 발생하는 다양한 원인 및 이가 초래하는 위험성에 대한 글이므로 ③ '싱크홀의 원인과 위험성'이 주제로 적절하다.
① 세계에서 가장 큰 싱크홀 ② 사상 최악의 인재(人災)

④ 지하수의 다양한 용도　　　⑤ 과테말라 싱크홀의 비극

2 (A) 자동사 appear는 수동태로 쓸 수 없으므로 appeared가 적절하다.

(B) 〈연속동작〉을 나타내는 분사구문으로, 분사의 의미상 주어 This water와 분사가 능동 관계이므로 현재분사 expanding이 적절하다.

(C) 계속적 용법의 주격 관계대명사 which가 앞의 절(water located beneath the city quickly gets used up) 전체를 선행사로 할 때는 단수 취급하므로 creates가 적절하다.

3 싱크홀은 인구가 밀집된 도시에서 지하수를 남용하거나 지하 공사와 같은 인간 활동들에 의해 생길 수 있다고 하였다.

지하수 남용이나 무분별한 개발과 같은 <u>인간의 활동들</u>이 도시에서의 싱크홀을 유발한다.

본문

① In May of 2010, / people in Guatemala City woke up / and found a surprising sight. ② A giant hole had suddenly appeared / in the center of the city! ③ A three-story building fell into the hole / and 15 people died. ④ What was it? ⑤ It was a geological feature / called a sinkhole. ⑥ Sinkholes form suddenly, / often without warning.

⑦ Sinkholes are generally caused / by underground water. ⑧ This water flows into cracks / in the earth's bedrock, / expanding them. ⑨ Later, / it flows back out. ⑩ Without the water / to support it, / the rock above the empty spaces / collapses. ⑪ This is a natural process / which is hard / to control or prevent.

⑫ However, / sinkholes can also form / due to human activities. ⑬ Cities with large populations / require a lot of water. ⑭ So water located beneath the city / quickly gets used up, / which creates empty spaces / that can collapse. ⑮ Underground construction, / such as the digging of subway tunnels, / can also cause sinkholes. ⑯ City sinkholes are very dangerous, / as they usually occur / in areas with many people and buildings. ⑰ If we don't stop uncontrolled development, / we will not be able to avoid another tragedy.

해석

① 2010년 5월, 과테말라시티 사람들은 잠에서 깨어 놀라운 광경을 발견했다. ② 거대한 구멍이 도시 중심에 갑자기 나타난 것이다! ③ 삼 층짜리 건물이 구덩이 안으로 무너졌고, 열다섯 명이 사망했다. ④ 그것은 무엇이었을까? ⑤ 그것은 싱크홀이라고 불리는 지질 구조였다. ⑥ 싱크홀은 흔히 조짐 없이 갑자기 형성된다.

⑦ 싱크홀은 일반적으로 지하수에 의해 생긴다. ⑧ 지하수는 땅의 기반암에 있는 갈라진 틈으로 흘러 들어가 그 틈을 넓힌다. ⑨ 나중에, 지하수는 다시 빠져나온다. ⑩ 바위를 지지해주는 물이 없어지면, 빈 공간 위의 암석은 무너지게 된다. ⑪ 이것은 통제하거나 예방하기 어려운 자연적인 과정이다.

⑫ 그러나 싱크홀은 인간의 활동들 때문에 생기기도 한다. ⑬ 대규모 인구가 있는 도시들은 많은 물이 필요하다. ⑭ 따라서 도시 아래에 위치한 물은 빨리 소모되고, 이것은 붕괴될 수 있는 빈 공간들을 만든다. ⑮ 지하철 터널을 파내는 것과 같은 지하 공사 역시 싱크홀을 유발할 수 있다. ⑯ 도시의 싱크홀은 매우 위험한데, 대개 사람과 건물이 많은 지역에서 발생하기 때문이다. ⑰ 우리가 무분별한 개발을 멈추지 않는다면, 우리는 또 다른 비극을 피할 수 없을 것이다.

구문해설　⑩ Without the water **to support** it, the rock [above the empty spaces] *collapses*.
　　　　　　　　　　　　　S
→ to support는 the water를 수식하는 형용사적 용법의 to부정사

→ 문장의 주어는 전치사구 [ ]의 수식을 받는 the rock이므로 동사는 단수 주어에 수를 일치시킴.

⑪ This is a natural process [which is hard **to control or (to) prevent**].

　　→ [ ]는 선행사 a natural process를 수식하는 주격 관계대명사절

　　→ to control or (to) prevent는 형용사 hard를 수식하는 부사적 용법의 to부정사구

⑭ So water [located beneath the city] quickly gets used up, **which** creates empty spaces [that can collapse].

　　→ 첫 번째 [ ]는 water를 수식하는 과거분사구

　　→ which 이하는 앞의 절 전체를 부연 설명하는 계속적 용법의 관계대명사절

　　→ 두 번째 [ ]는 선행사 empty spaces를 수식하는 주격 관계대명사절

---

04 Unpleasant Visitor in Spring　　P. 136

정답　　**1** ⑤　**2** cause → causes　**3** ②

문제해설　**1** 대기오염 물질인 미세먼지의 원인과 위험성에 대한 글이므로 ⑤ '또 다른 대기오염 물질: 미세먼지'가 제목으로 적절하다.

[문제] 이 글의 제목으로 가장 적절한 것은?

① 아름다운 봄철　　　　　② 황사의 습격

③ 건강을 해치는 유독성 금속　④ 질병을 유발하는 일상 활동들

2 상관접속사 「not only A but also B」의 A와 B 자리에 오는 단어나 구의 문법적 형태는 같아야 하므로, cause는 앞의 단수 동사 reduces처럼 causes가 되어야 한다.

[문제] 밑줄 친 문장에서 어법상 틀린 부분을 찾아 바르게 고쳐 쓰시오.

3 ② 몽골의 사막에서 불어오는 모래로 이루어진 것은 황사이다.

[문제] 다음 중 미세먼지에 관한 이 글의 내용과 일치하지 않는 것은?

① 너비는 머리카락 한 올보다도 좁다.

② 몽골 사막으로부터 온 마른 모래로 이루어져 있다.

③ 양초를 켜는 것이나 요리하는 것에 의해 만들어진다.

④ 신체에 해로운 유독성 금속을 포함하고 있다.

⑤ 실내에 머무는 것이 그것을 피하기 위한 가장 좋은 방법이다.

본문　① Though it is springtime, / the sky is no longer clear or blue / like it used to be. ② The reason is / that the air is filled with dust.
③ What blocks our view / is fine-dust particles. ④ Fine-dust particles are compounds / that are smaller than 2.5 micrometers. ⑤ The width of one of these particles / is smaller than / that of a single human hair. ⑥ Fine-dust is sometimes confused / with yellow dust. ⑦ In truth, / yellow dust consists of small, dry sand / typically from the deserts of Mongolia and Northern China.

⑧ Fine-dust particles, / however, / are created from everyday activities. ⑨ They are caused by fuel exhaust / from automobiles and other vehicles. ⑩ Common indoor activities / like burning candles and cooking / also produce fine-dust particles.

⑪ Recently, / the amount of fine-dust particles / is increasing. ⑫ The elevated level / not only reduces visibility / but also causes health problems. ⑬ In the short term, / the particles cause eye, nose, and throat irritation. ⑭ Moreover, / toxic metals / like lead, cadmium, and copper / are also found in these particles. ⑮ The particles and their toxins / travel deep into our body, / reaching our lungs. ⑯ Chronic exposure to these toxins / can lead to heart disease / and even cancer.

⑰ To prevent fine-dust particles / from affecting your health, / you should wear a mask outside / and wash your hands and face thoroughly. ⑱ Of course, / the best way to keep safe / is to stay indoors.

해석

① 봄철이 되었지만, 하늘은 예전처럼 더 이상 맑거나 파랗지 않다. ② 그 이유는 공기가 먼지로 가득 차 있기 때문이다.

③ 우리의 시야를 가리는 것은 미세먼지이다. ④ 미세먼지는 2.5 마이크로미터보다 더 작은 화합물이다. ⑤ 미세먼지 입자 하나의 너비는 인간의 머리카락 한 올보다도 좁다. ⑥ 미세먼지는 가끔씩 황사와 혼동된다. ⑦ 사실, 황사는 일반적으로 몽골과 중국 북부 사막으로부터 온 작고 마른 모래로 이루어져 있다. ⑧ 하지만 미세먼지는 일상적인 활동에 의해 만들어진다. ⑨ 그것들은 자동차 및 다른 운송 수단들로부터 나오는 배기가스로 인해 유발된다. ⑩ 양초를 켜는 것이나 요리와 같은 흔한 실내 활동들도 미세먼지를 만들어 낸다.

⑪ 최근, 미세먼지의 양은 늘어나고 있다. ⑫ 높아진 (미세먼지) 수치는 가시성을 떨어트릴 뿐만 아니라 건강 문제도 유발한다. ⑬ 단기적으로, (미세먼지) 입자들은 눈, 코, 그리고 목 염증을 유발한다. ⑭ 게다가, 납, 카드뮴, 그리고 구리와 같은 유독성 금속들이 미세먼지 안에서 발견되기도 한다. ⑮ 먼지 입자들과 그 안의 독성 물질은 우리 몸속 깊이 들어가 폐까지 다다른다. ⑯ 이러한 독성 물질에 장기적으로 노출되는 것은 심장병과 심지어 암까지 유발할 수 있다.

⑰ 미세먼지가 건강에 영향을 미치는 것을 방지하기 위해서, 여러분은 외부에서는 마스크를 쓰고, 손과 얼굴을 꼼꼼히 씻어야 한다. ⑱ 물론, 안전하게 지내기 위한 가장 좋은 방법은 실내에 머무는 것이다.

구문해설

③ **What** blocks our view is fine-dust particles.
　　　　 S　　　 V　　　 C
→ What은 문장의 주어가 되는 명사절을 이끄는 선행사를 포함하는 관계대명사

⑤ The width [of one of these particles] **is** smaller than *that* of a single human hair.
　　 S 　　　　　　　　　　　　　 V
→ 문장의 주어는 전치사구 [ ]의 수식을 받는 The width이므로 be동사는 단수 주어에 일치시킴.
→ 지시대명사 that은 앞에 언급된 the width를 가리킴.

⑮ The particles and their toxins travel deep into our body, [reaching our lungs].
→ [ ]는 〈연속동작〉을 나타내는 분사구문

⑱ Of course, the best way **to keep** safe is *to stay* indoors.
→ to keep은 the best way를 수식하는 형용사적 용법의 to부정사
→ to stay는 주격보어로 쓰인 명사적 용법의 to부정사

A ⑤　　B 1 ①　2 ③　3 ⑤　4 ②　　C 1 went missing　2 used up　3 consists of　4 turn around
D 1 이런 방식으로 그것은 우두머리가 누구인지 보여 주는 것이다.　2 여러분은 예전에 커다란 거울을 본 적이 있을지도 모르지만, 아마 10,582km² 만큼 크지는 않았을 것이다!　3 이것은 통제하거나 예방하기 어려운 자연적인 과정이다.　4 미세먼지 입자 하나의 너비는 인간의 머리카락 한 올보다도 좁다.　E 1 It is difficult to tell how far away the stars are　2 water located beneath the city quickly gets used up　3 To prevent fine-dust particles from affecting your health

해석

A

① 거대한: 극도로 큰

② 유독성의: 독을 포함한

③ 붕괴되다: 갑자기 무너지다

④ 비극(적인 사건): 슬픔을 유발하는 매우 안 좋은 사건

⑤ 높은: 주변을 둘러싼 땅보다 낮은 높이에 놓여 있는

B

1 왕은 그의 제국을 서쪽으로 확장했다.

　① 확장했다　　② 표현했다　　③ 발견했다　　④ 결정했다　　⑤ 추정했다

2 나르시스는 자신의 물에 비친 모습을 보고 그것과 사랑에 빠졌다.

　① 애정　　② 기능　　③ 비친 상[모습]　　④ 의도　　⑤ 해결

3 우리는 햇빛에 노출되는 것으로부터 대부분의 비타민 D를 얻는다.

　① 파괴　　② 결과　　③ 증상　　④ 보호　　⑤ 노출

4 나는 사용자 설명서를 읽었지만 그것은 너무 헷갈려서 이해할 수 없었다.

　① 즐거운　　② 헷갈리는　　③ 지루한　　④ 설득력 있는　　⑤ 실망스러운

C

1 행방불명이 되다: go missing

2 (…을) 다 쓰다: use up

3 …로 구성되다: consist of

4 회전하다: turn around

SECTION 12

인물
1   **1** ⑤ **2** ④ **3** ⑤ **4** wrote a letter to the BBC
2   **1** ② **2** Even though he was just a teenager **3** ② **4** ①
3   **1** ② **2** ④ **3** color, sound
4   **1** ① **2** ④ playing → play[to play] **3** (1) F (2) F (3) T

01   모든 여성이 당당히 교육받는 그 날까지   P. 142

정답   **1** ⑤ **2** ④ **3** ⑤ **4** wrote a letter to the BBC

문제해설   **1** 탈레반의 부당한 행동을 세계에 알리고, 그들의 공격에도 굴하지 않고 여성 교육 증진을 위해 힘썼다고 했으므로 말랄라 유사프자이를 묘사하는 말로 가장 적절한 것은 ⑤ courageous이다.
    ① 예의 바른 ② 정직한 ③ 외향적인 ④ 관대한 ⑤ 용감한

    2 ④ 말랄라의 날이 지정되고 나서 1년 후에 노벨평화상을 받았다고 했다.

    3 사역동사 let은 목적격보어로 동사원형을 취하므로 stopping이 아닌 stop이 되어야 한다.

    4 탈레반 정부가 여학생들의 등교를 금지시키자 말랄라는 BBC에 편지를 썼다고 했다.
    탈레반이 소녀들이 학교에 가는 것을 막은 후에 말랄라는 무엇을 했는가?
    → 탈레반에 맞서서, 말랄라는 자신의 지역에서의 부당한 상황을 설명하는 <u>편지를 BBC에 썼다</u>.

본문   ① Malala Yousafzai was born / in a region of Pakistan / known as the Swat Valley. ② As a young girl, / Malala loved to read and learn. ③ However, / Malala's education was threatened / when a group / named the Taliban / took over the Swat Valley. ④ The Taliban set up a new government / that did not allow girls / to go to school. ⑤ But 12-year-old Malala stood up to the Taliban. ⑥ She wrote a letter / to the BBC / that explained this unfair situation in her region. ⑦ The BBC reported Malala's story, / and the world learned of the Taliban's actions.
⑧ The Taliban knew about Malala's actions, / and they sent men / to shoot her. ⑨ But Malala survived the Taliban's attack. ⑩ Since then, / she began to speak out to the world / about the importance of education. ⑪ She gave a powerful speech / at the United Nations (U.N.) headquarters / about the need for girls' education. ⑫ The U.N. then named July 12 Malala Day / in her honor. ⑬ One year later, / Malala became the youngest person / in history / to win the Nobel Peace Prize. ⑭ Malala has let nothing stop her, / and she continues to promote girls' education / as a U.N. Messenger of Peace.

해석   ① 말랄라 유사프자이는 스와트 밸리라고 알려진 파키스탄의 한 지역에서 태어났다. ② 어린 소녀로, 말랄라는 읽고 배우는 것을 매우 좋아했다. ③ 그러나 탈레반이라는 이름의 단체가 스와트 밸리를 장악했을 때 말랄라의 교육은 위협을 받았다. ④ 탈레반은 소녀들이 학교에 가는 것을 허용하지 않는 새로운 정부를 수립했다. ⑤ 그러나 12세의 말랄라는 탈레반에 맞섰다. ⑥ 그녀는 BBC에 자신의 지역에서의 이 부당한 상황을 설명하는 편지를 썼다. ⑦ BBC는 말랄라의 이야기를 보도했고, 세계는 탈레반의 행동을 알게 되었다.

⑧ 탈레반은 말랄라의 행동에 대해 알게 되었고, 그들은 사람들을 보내어 그녀를 (총으로) 쏘라고 했다. ⑨ 그러나 말랄라는 탈레반의 공격에서 살아남았다. ⑩ 그 이후로, 그녀는 교육의 중요성에 대해 세계에 알리기 시작했다. ⑪ 그녀는 국제연합(UN) 본부에서 여성 교육의 필요성에 관해 강력한 연설을 했다. ⑫ 그러자 UN은 그녀에게 경의를 표하기 위해 7월 12일을 말랄라의 날로 지정했다. ⑬ 1년 후, 말랄라는 역사상 노벨평화상을 받은 가장 어린 인물이 되었다. ⑭ 말랄라는 어떠한 것도 그녀를 막게 두지 않았고, UN 평화 메신저로서 계속해서 여성 교육을 증진하고 있다.

구문해설

③ However, Malala's education was threatened when a group [named the Taliban] took over
the Swat Valley.

→ [ ]는 a group을 수식하는 과거분사구

④ The Taliban set up a new government [that did not **allow** girls **to go** to school].

→ [ ]는 선행사 a new government를 수식하는 주격 관계대명사절

→ allow+목적어+to-v: (목적어)가 …하게 허용하다

⑥ She wrote a letter to the BBC [that explained this unfair situation in her region].

→ [ ]는 선행사 a letter를 수식하는 주격 관계대명사절로 선행사와 관계대명사절은 서로 떨어져 있을 수도 있음.

→ in her region은 this unfair situation을 수식하는 전치사구

⑫ The U.N. then **named** July 12 **Malala Day** in her honor.

→ name+목적어+목적격보어(명사): (목적어)를 …라고 이름 짓다, 명명하다

⑬ ..., Malala became the youngest person in history [to win the Nobel Peace Prize].

→ [ ]는 the youngest person을 수식하는 형용사적 용법의 to부정사구

02 10대 소년, 암을 연구하다 P. 144

정답 1 ② **2** Even though he was just a teenager **3** ② **4** ①

문제해설

1 ② 200명의 의료진에게 연락했으나, 199번 거절당했다고 했다.

2 양보를 나타내는 접속사 even though를 가장 먼저 쓰고, 「주어(he)+동사(was)+보어(just a teenager)」의 순서로 배열한다.

3 (A) 분사의 의미상의 주어 he와 분사가 수동 관계로 '영감을 받아'라는 의미가 되어 「being p.p.」 형태가 된다. 이때 being은 대부분 생략된다.

(B) 전치사 by의 목적어로 (동)명사가 와야 하므로 contacting이 적절하다.

(C) 분사의 의미상의 주어 Jack과 분사가 능동 관계이므로 현재분사 Using이 적절하다.

4 오랜 시간의 연구 끝에 목표를 이룬 것이므로 빈칸에는 '마침내'라는 뜻의 ① Finally가 적절하다.

① Jack Andraka was just 15 years old / when a close friend of his family / died of pancreatic cancer. ② Inspired by this tragedy, / he did some research / and learned / that pancreatic cancer is usually found too late. ③ If it were found early, / the patient's chance of survival / would be much higher. ④ Unfortunately, / the tools / used to detect pancreatic cancer / were expensive and unreliable.

⑤ Even though he was just a teenager, / Jack decided to do something about this. ⑥ He started / by contacting 200 medical professionals, / asking for help with his plan. ⑦ He was rejected 199 times. ⑧ Just when Jack was about to give up, / a doctor at Johns Hopkins School of Medicine / agreed to be his mentor. ⑨ Using the doctor's lab, / Jack carefully examined 8,000 proteins / found in human blood.

⑩ Finally, / after endless hours of hard work, / he discovered / what he was looking for / — a protein / that revealed pancreatic cancer / even in its earliest stages. ⑪ Jack used this protein / to create a new test / for diagnosing pancreatic cancer. ⑫ It costs just three cents, / takes five minutes / and is nearly 100% accurate. ⑬ For his amazing work, / Jack was named / the winner of the Intel International Science & Engineering Fair. ⑭ But more importantly, / he invented something / that has the potential / to save many lives.

해석

① 잭 안드라카는 가족의 친한 친구 한 명이 췌장암으로 죽었을 때 겨우 15살이었다. ② 이 비극적인 사건에 영감을 받아, 그는 약간의 조사를 했고 췌장암이 대개 너무 늦게 발견된다는 것을 알게 되었다. ③ 췌장암이 빨리 발견된다면 환자의 생존 가능성은 훨씬 높아질 것이었다. ④ 불행히도, 췌장암을 진단하는 데 사용되는 도구들은 비싸고 믿을만 하지 못했다.

⑤ 비록 그는 그저 십 대였으나, 잭은 이에 대해 무언가 하기로 결심했다. ⑥ 그는 200명의 전문 의료진에게 연락하여 자신의 계획에 대한 도움을 요청하는 것으로 시작했다. ⑦ 그는 199번 거절당했다. ⑧ 잭이 막 포기하려던 바로 그때, 존스 홉킨스 의과대학의 의사 한 명이 잭의 멘토가 되는 것에 동의했다. ⑨ 그 의사의 연구실을 사용해서 잭은 사람의 혈액에서 발견되는 8천 개의 단백질을 주의 깊게 조사하였다.

⑩ 마침내, 끝없는 시간의 노력 끝에, 그는 그가 찾던 것, 즉, 가장 초기 단계에서도 췌장암을 밝혀주는 단백질을 발견했다. ⑪ 잭은 췌장암을 진단하기 위한 새로운 검사를 만들기 위해 이 단백질을 이용했다. ⑫ 그 검사는 단 3센트밖에 들지 않고, 5분이 걸리며, 거의 100퍼센트 정확하다. ⑬ 그의 놀라운 업적으로, 잭은 인텔 국제과학기술경진대회의 수상자로 이름을 올렸다. ⑭ 하지만 더욱 중요한 것은, 그는 많은 생명을 구할 수 있는 가능성을 가진 무언가를 발명했다는 것이다.

구문해설

③ If it **were** found early, the patient's chance of survival **would be** *much* higher.

→ 「if + 주어 + 동사 과거형, 주어 + 조동사 과거형 + 동사원형」은 현재 또는 미래의 일과 반대되는 상황을 가정하는 가정법 과거로 if절의 be동사는 were를 사용함.

→ 비교급을 강조할 때는 비교급 앞에 much, even, far, a lot, still 등의 부사를 사용함.

④ Unfortunately, the tools [used **to detect** pancreatic cancer] *were* expensive and unreliable.

→ [ ]는 the tools를 수식하는 과거분사구

→ to detect는 〈목적〉을 나타내는 부사적 용법의 to부정사

→ 문장의 주어는 the tools이므로 be동사는 복수 주어에 일치시킴.

⑩ ..., he discovered **what** he was looking for — a protein [that revealed pancreatic cancer

even in its earliest stages].

→ what은 선행사를 포함하는 관계대명사로 동사 discovered의 목적어 역할을 하는 명사절을 이끎.

→ [ ]는 선행사 a protein을 수식하는 주격 관계대명사절

---

03 제3의 눈 P. 146

정답 **1** ② **2** ④ **3** color, sound

문제해설 **1** 색맹인 남자가 과학 기술의 힘을 빌려 색깔을 소리로 변환해서 듣는다는 내용이므로 ② '닐 하비슨: 나는 색깔을 들어요'가 제목으로 적절하다.

① 회색조의 세상   ③ 음악과 미술의 결합

④ 우리의 타고난 감각을 확장하는 방법   ⑤ 닐 하비슨의 삶과 죽음

2 주어진 문장의 This information은 sound frequencies(음향 주파수)로, 이는 색상 주파수에서 전환된 것이다. 이 정보가 머리 뒤의 칩으로 보내지면 두개골을 지날 때 소리를 듣는다는 내용이므로, 주어진 문장은 ④에 오는 것이 알맞다.

3 아이보그는 색상 주파수를 감지하여 이를 음향 주파수로 바꾸어 닐이 소리를 통해 색상을 감지할 수 있도록 해주는 장치이다.

닐 하비슨의 전자 눈은 색상 주파수를 음향 주파수로 바꾸어 준다.

본문
① Instead of dressing in a way / that looks good, / he dresses in a way / that "sounds" good. ② He eats pop songs / as an appetizer, / and his main course is a piano sonata. ③ Does it sound weird? ④ This is / how Neil Harbisson describes his day. ⑤ Clearly, / he is unlike ordinary people.

⑥ Harbisson was born completely color blind / and can only see shades of gray. ⑦ But one day / he met a computer scientist / named Adam Montandon, / and together they developed a device / called an eyeborg. ⑧ It is like an electronic eye / Harbisson wears / on his head. ⑨ It detects color frequencies / and changes them / into sound frequencies. ⑩ This information is then sent / to a chip at the back of his head. ⑪ Harbisson can hear the sound waves / as they pass through his skull.

⑫ So, for Harbisson, / going to an art gallery / is like going to a concert. ⑬ And shopping at a supermarket / is like being in a nightclub. ⑭ Using his eyeborg / has even made him / more sensitive to colors. ⑮ In addition to the 300 colors / most humans can see, / he can also detect invisible colors / such as ultraviolet.

⑯ Now / he wants more people / to have the opportunity / to use similar devices. ⑰ Harbisson thinks / all of us should expand our natural senses / by combining them with technology. ⑱ He believes / it can help us see the world / in a new way, / while making our lives much more exciting!

해석

① 멋있게 보이는 방식으로 옷을 입는 대신, 그는 좋게 '들리도록' 옷을 입는다. ② 그는 애피타이저로 팝송을 먹으며, 그의 메인 요리는 피아노 소나타이다. ③ 이상하게 들리는가? ④ 이것이 닐 하비슨이 자신의 하루를 묘사하는 방법이다. ⑤ 분명, 그는 보통 사람들과는 다르다.

⑥ 하비슨은 완전히 색맹으로 태어났고 회색의 색조만을 볼 수 있다. ⑦ 그러나 어느 날 그는 애덤 몬탠던이라는 이름의 한 컴퓨터 과학자를 만나게 되었고, 그들은 함께 아이보그라고 불리는 장치를 개발했다. ⑧ 아이보그는 하비슨이 머리에 쓰는 전자 눈 같은 것이다. ⑨ 그것은 색상 주파수를 감지하여 그것을 음향 주파수로 변환한다. ⑩ 그러고 나서 이 정보는 그의 머리 뒤쪽의 칩으로 보내진다. ⑪ 하비슨은 음파가 그의 두개골을 지날 때 그것을 들을 수 있다. ⑫ 따라서 하비슨에게는 미술관에 가는 것이 콘서트에 가는 것과 같다. ⑬ 그리고 슈퍼마켓에서 장을 보는 것은 나이트클럽에 있는 것과 같다. ⑭ 아이보그를 사용하는 것은 심지어 그가 색에 더 민감해지도록 하였다. ⑮ 대부분의 사람들이 볼 수 있는 3백 가지의 색상 외에도, 그는 자외선과 같은 보이지 않는 색상들도 감지할 수 있다.

⑯ 이제 그는 더 많은 사람들이 비슷한 기기를 사용할 기회를 얻기를 바란다. ⑰ 하비슨은 우리 모두가 타고난 감각을 과학 기술과 결합함으로써 그 감각을 확대해야 한다고 여긴다. ⑱ 그는 그것이 우리로 하여금 삶을 훨씬 더 흥미롭게 만들면서 세상을 새로운 방법으로 보도록 도와준다고 믿는다!

구문해설

① Instead of dressing in a way [that looks good], he dresses in a way [that "sounds" good].
→ 두 개의 [ ]는 모두 선행사 a way를 수식하는 주격 관계대명사절

⑭ Using his eyeborg **has** even made him more sensitive to colors.
    S   V   O   OC
→ Using his eyeborg는 주어로 쓰인 동명사구로 단수 취급하므로 단수 동사 has가 옴.

⑮ **In addition to** the 300 colors [(that[which]) most humans can see], he can also detect invisible colors such as ultraviolet.
→ in addition to: …에 더하여, …일 뿐 아니라
→ [ ]는 선행사 the 300 colors를 수식하는 관계대명사절로, 목적격 관계대명사 that[which]가 생략됨.

⑱ He believes (**that**) it can help us see the world in a new way, [while making our lives much more exciting]!
→ 동사 believes의 목적어가 되는 명사절을 이끄는 접속사 that이 생략됨.
→ [ ]는 〈시간〉을 나타내는 분사구문으로, 의미를 명확하게 하기 위해 접속사 while을 생략하지 않음.

04 Hidden Hero of the Moon Landing P. 148

정답   **1** ①   **2** ④ playing → play[to play]   **3** (1) F (2) F (3) T

문제해설   **1** (A) 이어지는 절에서 많은 사람들이 알려지지 않았다고 했으므로 양보를 나타내는 접속사 Although가 이끄는 종속절에서는 이와 반대되는 famous가 적절하다. infamous는 '악명이 높은'의 의미이다.
(B) 그녀가 아프리카계 미국인이기 때문에 백인 동료들과 따로따로 일하고 식사를 하도록 '요구받았다'는 내용이 이어지는 것이 적절하므로 required가 알맞다. inquire는 '묻다, 알아보다'의 의미이다.
(C) 앞 문장에서 캐서린 존슨이 NASA에서 중요한 역할을 했다고 나왔으므로, 그녀의 업적이 '놀라웠다'는 의미

의 amazing이 들어가는 것이 적절하다. amusing은 '즐거운'의 의미이다.

[문제] (A), (B), (C)에서 문맥에 맞는 낱말로 가장 적절한 것을 고르시오.

2 ④ 5형식 동사 help는 목적격보어로 동사원형이나 to부정사를 쓴다.

[문제] ①~⑤ 중, 어법상 <u>틀린</u> 것을 골라 바르게 고쳐 쓰시오.

3 (1) 캐서린 존슨은 10살 때 고등학교에 다니고, 그 이후 대학도 졸업했다고 했다.

(2) West Area Computing Unit은 복잡한 수학 문제를 풀었던 아프리카계 미국인 여성 집단이라고 했다.

[문제] 이 글의 내용과 일치하면 T에, 일치하지 않으면 F에 표시하시오.

(1) 캐서린 존슨은 학교에 가지 않고 수학을 독학했다.

(2) West Area Computing Unit은 백인 남성 엔지니어들로 구성되어 있었다.

(3) 캐서린 존슨은 백인 동료들과 점심을 먹을 수 없었다.

본문

① The first astronauts landed / on the moon / in 1969. ② Although the astronauts themselves quickly became famous, / many of the other people / involved in the project / remained unknown. ③ One of these people was Katherine Johnson.

④ Johnson had a great talent for mathematics. ⑤ Even at a young age, / she stood out in her classes. ⑥ When she was just 10, / she began attending high school. ⑦ After graduating from college, / she joined NASA's West Area Computing Unit. ⑧ It was a group of African-American women / who solved complicated math problems / for the program's engineers. ⑨ Unfortunately, / working for NASA at that time / was difficult for people / who weren't white men. ⑩ Because she was African American, / she was required / to work and eat separately / from her white coworkers. ⑪ And because she was a woman, / she was not allowed / to attend meetings with male engineers and scientists. ⑫ She couldn't even put her name / on the reports / she worked on.

⑬ Despite all of this, / Johnson's brilliant math skills helped her play an important role at NASA. ⑭ Eventually, / she performed difficult calculations for Apollo 11, / which was the first manned mission to the Moon. ⑮ Due to her amazing work, / she was awarded the Presidential Medal of Freedom in 2015. ⑯ Today / she is considered a role model / for both women and African Americans.

해석

① 최초의 우주 비행사는 1969년에 달에 착륙했다. ② 우주 비행사 본인들은 금세 유명해졌음에도 불구하고, 이 프로젝트에 참여한 다른 사람들 중 다수는 알려지지 않았다. ③ 이 사람들 중 한 명이 캐서린 존슨이었다.

④ 존슨은 수학에 큰 재능을 보였다. ⑤ 어렸을 때조차도, 그녀는 수업에서 두각을 나타냈다. ⑥ 겨우 10살이었을 때, 그녀는 고등학교에 다니기 시작했다. ⑦ 대학을 졸업한 후, 그녀는 NASA의 West Area Computing Unit에 합류했다. ⑧ 그것은 프로그램 엔지니어들을 위해 복잡한 수학 문제를 풀었던 아프리카계 미국인 여성 집단이었다. ⑨ 불행히도, 그 당시 NASA에서 일하는 것은 백인 남성이 아닌 사람들에게는 힘들었다. ⑩ 그녀는 아프리카계 미국인이었기 때문에, 백인 동료들과 따로따로 일하고 식사를 하도록 요구받았다. ⑪ 그리고 그녀는 여자였기 때문에, 남성 엔지니어와 과학자들과의 회의에 참석하는 것이 허용되지 않았다. ⑫ 그녀가 작성한 보고서에 자신의 이름조차 올릴 수 없었다.

⑬ 이러한 모든 상황에도 불구하고, 존슨의 뛰어난 수학 능력은 그녀가 NASA에서 중요한 역할을 하는 데 도움이 되었다. ⑭ 마침내, 그녀는 아폴로 11호에 대해 어려운 계산을 수행했는데, 아폴로 11호는 최초의 달 유인 탐사였다.

⑮ 놀라운 업적 덕분에, 그녀는 2015년에 대통령 훈장을 받았다. ⑯ 오늘날 그녀는 여성과 아프리카계 미국인들 모두에게 역할 모델로 여겨지고 있다.

② Although the astronauts **themselves** quickly became famous, <u>many of the other people</u>
S
[involved in the project] <u>remained</u> <u>unknown</u>.
V   C

→ themselves는 종속절의 주어 the astronauts를 강조하는 재귀대명사

→ [ ]는 many of the other people을 수식하는 과거분사구

⑦ [After graduating from college], she joined NASA's West Area Computing Unit.

→ [ ]는 「전치사＋동명사구」의 형태. 또는 〈시간〉을 나타내는 분사구문으로, 의미를 명확하게 하기 위해 접속사를 생략하지 않은 것으로 볼 수도 있음.

⑨ Unfortunately, <u>working for NASA at that time</u> <u>was</u> difficult for <u>people</u> [who weren't white
S   V   men].

→ 문장의 주어는 working이 이끄는 동명사구이므로 동사는 단수 취급

→ [ ]는 선행사 people을 수식하는 주격 관계대명사절

⑫ She couldn't even put her name on <u>the reports</u> [(that[which]) she worked on].

→ [ ]는 선행사 the reports를 수식하는 관계대명사절로, 목적격 관계대명사 that[which]가 생략됨.

Review Test   P. 150

A 1 ⓑ **2** ⓓ **3** ⓐ **4** ⓔ **5** ⓒ   **B 1** inspired **2** accurate **3** invisible **4** reject   **C 1** was about to **2** stand up to **3** speak out **4** graduating from   **D 1** 1년 후, 말랄라는 역사상 노벨평화상을 받은 가장 어린 인물이 되었다. **2** 그것이 빨리 발견된다면 환자의 생존 가능성은 훨씬 높아질 것이었다. **3** 아이보그를 사용하는 것은 심지어 그가 색에 더 민감해지도록 하였다. **4** 불행히도, 그 당시 NASA에서 일하는 것은 백인 남성이 아닌 사람들에게는 힘들었다. **E 1** that did not allow girls to go to school **2** the tools used to detect pancreatic cancer were **3** many of the other people involved in the project remained unknown

A

1 기이한: ⓑ 매우 이상하고 설명하기 어려운

2 신뢰할 수 없는: ⓓ 믿어질 수 없는

3 폭로하다: ⓐ 알게 만들다

4 조사하다: ⓔ 문제의 원인을 찾기 위해 무언가를 면밀히 관찰하다

5 결합하다: ⓒ 둘 이상의 것들을 함께 결합하다

B

1 이 그림은 그 작곡가가 음악을 만들도록 <u>고무시켰다</u>.

2 그녀는 파티에 오는 사람들의 <u>정확한</u> 숫자가 필요했다.

3 나는 나를 <u>보이지 않게</u> 만들 수 있는 마법의 외투를 원한다.

4 그는 공손한 방법으로 그 초대를 <u>거절하는</u> 방법을 몰랐다.

C

1 막 …하려는 참이다: be about to-v

2 …에게 저항하다[맞서다]: stand up to

3 공개적으로 말하다[밝히다]: speak out

4 …을 졸업하다: graduate from

MEMO

MEMO

MEMO

MEMO